HTML 5 und CSS 3 für Einsteiger

Der leichte Weg zur eigenen Webseite

Paul Fuchs

1. Auflage: Juni 2019

ISBN 978-3-96645-025-6

Herausgegeben durch:
BMU Media GmbH
Hornissenweg 4
84034 Landshut

HTML 5 und CSS 3 für Einsteiger

Inhaltsverzeichnis

Alle Programmcodes aus diesem Buch stehen kostenfrei zum Download bereit. Dadurch müssen Sie Code nicht abtippen.

Außerdem erhalten Sie die eBook Ausgabe zum Buch im PDF Format kostenlos auf unserer Website:

www.bmu-verlag.de/html-css
Downloadcode: siehe Kapitel 23

Kapitel 1

Einführung

Das Internet hat das Leben der Menschen innerhalb von nur zwei Jahrzehnten enorm verändert. Ende der 90er Jahre hatten nur relativ wenige Privathaushalte einen Internetanschluss. Diese Technik setzte sich gerade erst langsam an Schulen, Universitäten und in einigen Unternehmen durch. Das Angebot beschränkte sich im Wesentlichen auf E-Mail-Dienste und Informationsseiten. Um das Internet zu nutzen, kam ein gewöhnlicher PC zum Einsatz. Die Anbindung erfolgte über die Festnetzleitung – manchmal über ISDN aber häufig auch noch auf analogem Weg.

Mittlerweile hat sich dieses Bild in allen Bereichen stark verändert. Einen der wesentlichen Unterschiede stellt die deutlich höhere Übertragungsgeschwindigkeit dar. Seit der flächendeckenden Einführung von DSL haben sich die Ladezeiten stark reduziert. Selbst umfangreichere Daten lassen sich damit in kürzester Zeit herunterladen. Das stellt die Voraussetzung für viele neue Dienste dar – von Online-Computerspielen bis hin zum Video-Streaming. Die höhere Übertragungsgeschwindigkeit führte daher zu einer deutlichen Ausweitung des Angebots. Darüber hinaus haben sich die Geräte, die für den Internetzugang infrage kommen, stark verändert. Vor 20 Jahren kamen hierfür meistens Desktop-PCs zum Einsatz, die keinerlei Mobilität boten. Heutzutage findet der Internetzugang immer häufiger über das Smartphone statt. Dieses kleine Gerät lässt sich bequem in der Hosentasche transportieren und ist daher stets einsatzbereit. Darüber hinaus ist mittlerweile eine schnelle Datenübertragung über das Mobilfunknetz möglich. All diese technischen Neuerungen führen dazu, dass das Internet für die meisten Menschen den ganzen Tag über präsent ist. Man kann jede freie Minute nutzen, um über das Internet mit anderen Menschen zu kommunizieren, um sich Informationen zu beschaffen oder um sich mit Spielen oder Videos die Zeit zu vertreiben.

Ein weiterer wichtiger Punkt ist die wirtschaftliche Bedeutung, die das Internet mittlerweile hat. Hier kann man mittlerweile beinahe alles bestellen – von Elektronik-Artikeln über Kleidung bis hin zu Lebensmitteln. Die Umsätze, die online erzielt werden, steigen bereits seit vielen Jahren enorm an und drängen den stationären Handel immer weiter zurück. Darüber hinaus sind immer mehr Produkte auf das Internet angewiesen. Ein Haushalt ohne Smart-TV oder automatisierten Haustechnik-Geräten ist mittlerweile kaum mehr vorstellbar. Auch in der Industrie kommen immer häufiger vernetzte Maschinen zum Einsatz. Für all diese Anwendungen ist das Internet unverzichtbar.

HTML und CSS stellen zwei grundlegende Techniken dar, die für die Gestaltung von Internetseiten zum Einsatz kommen. HTML wurde bereits Ende der 80er Jahre entwickelt und stellte die Grundlage der ersten Internetseiten dar. CSS kam zwar erst einige Jahre später hinzu. Doch zählt diese Technik ebenfalls zu den grundlegenden Elementen für die Gestaltung einer Internetseite. Mittlerweile kamen zwar noch viele weitere Möglichkeiten hinzu. Für dynamisch gestaltete Seiten kommen beispielsweise häufig die Programmiersprachen PHP und JavaScript zum Einsatz. Beide bauen jedoch auf HTML auf. Um eine dynamische Seite mit diesen Programmiersprachen zu erstellen, benötigt man daher ebenfalls gute HTML- und CSS-Kenntnisse. Diese Techniken sind bis heute für die meisten Internetangebote unverzichtbar. Wer sich mit der Gestaltung von Internetseiten befassen will, sollte daher auf jeden Fall zunächst HTML und CSS lernen. Dieses Buch vermittelt die hierfür notwendigen Kenntnisse.

1.1. HTML: wesentliche Technik seit der Entstehung des Internets

Die Ursprünge des Internets gehen bereits bis in die späten 60er Jahre zurück. Damals entwarf die amerikanische Luftwaffe ein Projekt mit der Bezeichnung ARPANET (Advanced Research Projects Agency Network). Dieses diente dazu, verschiedene Universitäten, die im Auftrag der US-Armee forschten, miteinander zu vernetzen. Obwohl der Grundgedanke dieses Projekts sehr ähnlich wie beim heutigen Internet ist, war die Umsetzung dennoch eine ganz andere. HTML kam im ARPANET beispielsweise nicht zum Einsatz. Die Entwicklung dieser Auszeichnungssprache erfolgte erst wesentlich später.

Die Entstehung von HTML geht auf ein wissenschaftliches Projekt zurück. Das Internet – und damit auch die hierfür verwendete Auszeichnungssprache HTML – entstand am Kernforschungszentrum CERN. Dieses verfügte über zwei Standorte – einen in Frankreich und einen in der Schweiz. Diese Aufteilung machte es jedoch schwierig, die Forschungsergebnisse, die die Mitarbeiter erzielten, den Kollegen am jeweils anderen Standort zugänglich zu machen. Kopien auf digitalen Datenträgern oder sogar auf Papier zu erstellen und über die Grenze hinweg zu transportieren, war mit einem erheblichen Aufwand verbunden.

Aus diesem Grund hatte der Physiker Tim Berners-Lee, der am CERN beschäftigt war, bereits 1980 eine neue Lösung für dieses Problem vorgeschlagen, in deren Rahmen die Daten digital übertragen werden sollten. Bis zur Umsetzung sollten jedoch noch viele Jahre vergehen. Erst 1989 wurde ein Team zusammengestellt, das konkrete Lösungen hierfür entwickeln sollte. Der Projektleiter war der bereits erwähnte Tim Berners-Lee. Für die Datenübertragung per Telefonleitung waren verschiedene Techniken notwendig. Berners-Lee entwickelte beispielsweise den Übertragungsstandard HTTP (Hyper Text Transfer Protocol), der für die Übermittlung der Daten zum Einsatz kam. Darüber hinaus schrieb er eine Server-Software, die die HTTP-Anfragen der Anwender beantworten konnte. Schließlich stellte sich noch die Frage, wie die Informationen dargestellt werden sollten. Es wäre sicherlich möglich gewesen, sie in reiner Textform zu präsentieren. Das wäre jedoch sehr unübersichtlich gewesen – insbesondere bei langen wissenschaftlichen Ausarbeitungen. Aus diesem Grund beschloss das Entwicklerteam, hierfür eine Auszeichnungssprache zu gestalten. Deren wesentlicher Zweck bestand darin, einzelne Textelemente wie Überschriften oder Absätze deutlich zu machen und sie anschließend übersichtlicher darzustellen. Eine große Bedeutung hatten dabei auch Links. Diese erlaubten es, Dokumente, die für die Forschungsergebnisse ebenfalls von Bedeutung waren, einzubinden. Die Sprache, die Berners-Lee mit seinem Team entwickelte, erhielt den Namen HTML (Hyper Text Markup Language). Die erste offizielle HTML-Spezifikation erschien 1992. Aufgrund der Leistungen rund um die Entwicklung von HTTP und HTML gilt Berners-Lee als der Vater des Internets.

1.2. CSS als wichtige Ergänzung zu HTML-Seiten

Die ersten Internetseiten, die Anfang der 90er Jahre mit reinem HTML entstanden, waren sehr schlicht gehalten. Sie bestanden vorwiegend aus reinem Text. Dieser war in Überschriften und Absätze gegliedert. Hinzu kamen Listen und Links. Die meisten Seiten bestanden ausschließlich aus schwarzem Text auf weißem Hintergrund. 1993 kam schließlich die Möglichkeit hinzu, Bilder und Grafiken in die Seiten einzubinden. Dieses Element diente in erster Linie dazu, wissenschaftliche Schaubilder zu integrieren. Es bot jedoch bereits die Möglichkeit, das Layout der Seite etwas ansprechender zu gestalten. Insgesamt bleibt jedoch festzuhalten, dass HTML nur sehr wenige Möglichkeiten bot, um ein ansprechendes Design zu erstellen.

Bereits nach kurzer Zeit stellte sich heraus, dass das Internet nicht nur für wissenschaftliche Publikationen von Interesse war. Darüber hinaus kam es schon nach einiger Zeit auch für die Gestaltung von Nachrichtenportalen, Informationsseiten und sogar für die ersten Online-Shops zum Einsatz. Durch diese Entwicklung bekam das Layout eine vollkommen neue Bedeutung. Die Besucher waren nun nicht mehr ausschließlich auf die Inhalte fokussiert. Darüber hinaus sollten sie durch eine ansprechende Darstellung dazu gebracht werden, die entsprechende Seite regelmäßig zu besuchen.

Es gab einige Ansätze, die versuchten, die bisherigen HTML-Tags für die Gestaltung ansprechender Seiten zu verwenden. Insbesondere Tabellen kamen häufig zum Einsatz, um der Seite eine Struktur zu verleihen. Allerdings führten diese Techniken nicht zu optimalen Ergebnissen. Daher wurde schnell klar, dass es notwendig war, die Gestaltungsmöglichkeiten zu erweitern. Einige Ansätze sahen vor, HTML um entsprechende Befehle zu erweitern. Diese konnten sich jedoch nicht durchsetzen. Anstatt dessen wurde eine parallele Sprache für das Layout der Seite entwickelt.

Treibende Kraft hinter diesem Vorhaben war Håkon Wium Lie, der wie Berners-Lee am CERN arbeitete. Dieser stellte 1994 einen ersten Vorschlag für dieses Projekt vor – unter der Bezeichnung "Cascading HTML style sheets". Parallel dazu entwickelte Bert Bos einen neuen Browser mit der Bezeichnung Argo, der ebenfalls ein Style-Sheet-Konzept umsetzen sollte. Aufgrund der Überschneidungen beschlossen die beiden Wissenschaftler, ihre Projekte zu vereinigen. Die Sprache sollte Cascading Style Sheets (CSS) heißen.

Nachdem die Entwickler ihre Ergebnisse auf Konferenzen in den USA in den Jahren 1994 und 1995 präsentiert hatten, wurde das World Wide Web Consortium (W3C) auf CSS aufmerksam. Diese Institution war mittlerweile dafür verantwortlich, allgemeine Web-Standards zu definieren. CSS fand schnell viele Anhänger. Die Sprache erweiterte nicht nur die Gestaltungsmöglichkeiten für Internetseiten erheblich. Darüber hinaus trennte sie das Layout vom Inhalt. Auf diese Weise erleichterte sie auch die Wartung der Seiten erheblich. Sie machte es möglich, Inhalte zu verändern, ohne dadurch das Design zu beeinflussen. Mittlerweile hat sich CSS neben HTML zur wichtigsten Web-Technologie entwickelt.

1.3. HTML – eine Auszeichnungssprache

Viele Menschen, die gerne mit der Gestaltung von Internetseiten beginnen möchten, gehen davon aus, dass es sich bei HTML um eine Programmiersprache handelt. Diese Annahme ist jedoch falsch. HTML ist eine Auszeichnungssprache. Dieses Kapitel stellt vor, worin die Unterschiede bestehen.

Eine Programmiersprache dient dazu, ein Computerprogramm zu gestalten. Zu diesem Zweck verfügt sie über Ein- und Ausgabebefehle. Das bedeutet, dass entweder der Anwender Eingaben machen kann oder, dass das Programm dazu in der Lage ist, Daten aus anderen Quellen einzulesen. Die Ergebnisse, die es erzeugt, kann es ausgeben – entweder direkt über den Bildschirm oder indem es die Daten in eine Datei oder in eine Datenbank schreibt. Darüber hinaus erlaubt es eine Programmiersprache, Daten in Variablen zu erfassen. Man kann mit diesen daraufhin verschiedene Rechenoperationen durchführen. Auch Texte in Form von Zeichenketten lassen sich damit verarbeiten. Schließlich enthalten Programmiersprachen verschiedene Steuerungsanweisungen. Diese erlauben es beispielsweise, eine bestimmte Aktion an eine Bedingung zu knüpfen oder zu wiederholen.

HTML verfügt über kaum eine der genannten Funktionen. Diese Sprache ermöglicht es lediglich, bestimmte Stellen eines Texts auszuzeichnen – beispielsweise als Überschrift, als Zeile einer Liste oder als gewöhnlichen Absatz. Darüber hinaus ist es möglich, einige zusätzliche Angaben zum Dokument zu machen, wie etwa einen Titel vorzugeben oder wichtige Schlüsselbegriffe dafür zu nennen. Doch auch diese Bereiche verfügen lediglich über gewöhnlichen Text und die Tags, die für die Auszeichnung notwendig ist. Damit ist es jedoch weder möglich, einen Ablauf vorzugeben, noch eine Berechnung durchzuführen. HTML sorgt lediglich dafür, dass ein Text-Dokument eine Struktur erhält. Der Browser interpretiert diese Angaben daraufhin und sorgt für eine entsprechende Darstellung – beispielsweise indem er Überschriften größer gestaltet oder indem er Listen und Tabellen entsprechend der Vorgaben zusammenfügt.

Lediglich im Bereich der Ein- und Ausgabe bestehen einige Gemeinsamkeiten mit einer Programmiersprache. HTML erlaubt es, den Inhalt auf dem Bildschirm auszugeben. In sehr begrenztem Umfang ist es auch möglich, Werte vom Anwender abzufragen, indem man ein Formular mit Eingabefeldern erstellt. HTML kann diese Werte jedoch nicht selbst auswerten. Es ist lediglich möglich, sie an ein anderes Programm zu übermitteln.

Aus dieser Aufzählung wird deutlich, dass sich HTML stark von einer Programmiersprache unterscheidet. Das bedeutet auf der einen Seite, dass man auf diese Weise nur statische Darstellungen erzeugen kann, die keine wirkliche Interaktion mit dem Anwender erlauben. Auf der anderen Seite ist die Komplexität von HTML im Vergleich zu einer Programmiersprache ausgesprochen gering. Das macht es leicht, diese Auszeichnungssprache zu erlernen.

1.4. Statische und dynamische Internetseiten

Wenn der Anwender eine Internetseite aufruft, fordert der Browser eine Datei vom Server an. Deren Inhalte stellt er daraufhin dar, damit der Besucher diese aufnehmen kann. Dabei gibt es jedoch Unterschiede zwischen statischen und dynamischen Internetseiten. Um den Anwendungsbereich von HTML zu verstehen, ist es wichtig, auf dieses Detail kurz einzugehen.

Wenn eine Internetseite statisch ist, bedeutet das, dass eine Datei stets die gleichen Inhalte liefert. Die Internetseite sieht immer genau gleich aus – unabhängig davon, wer sie aufruft und zu welchem Zeitpunkt dies passiert. Die einzige Möglichkeit, um die Inhalte zu verändern, besteht darin, die Datei manuell zu bearbeiten und sie in der aktualisierten Version auf dem Server abzulegen.

Dynamische Internetseiten können ihre Inhalte hingegen verändern. Die Datei, die abgerufen wird, bleibt dabei jedoch stets die gleiche. Allerdings läuft hierbei ein Computerprogramm ab, das die Inhalte zusammenstellt. Auch das Layout lässt sich damit beeinflussen. Die entsprechenden Programme rufen beispielsweise Informationen aus Datenbanken ab und fügen diese dann in die Seite ein. Wenn sich die Inhalte der Datenbank verändern, ändert sich auch die angezeigte Internetseite – obwohl die Datei, die sie erzeugt, die gleiche bleibt. Darüber hinaus gibt es dynamische Internetseiten, die Eingaben des Nutzers aufnehmen und damit die Inhalte der Seite gestalten können. Wenn ein Webshop beispielsweise die Produkte auflistet, die der Kunde bestellt hat, handelt es sich dabei um ein dynamisches Angebot.

HTML dient lediglich der Erstellung statischer Internetseiten. Das bedeutet, dass die Inhalte, die sie präsentieren, stets gleich bleiben. Nur wenn man die zugrunde liegende Datei bearbeitet, ändern sich auch die Inhalte. Dynamische Angebote sind mit reinem HTML nicht möglich. Hierfür ist es notwendig, eine Programmiersprache zu verwenden. Besonders häufig kommt PHP oder JavaScript für diese Aufgabe zum Einsatz.

1.5. HTML als Grundlage für die Programmierung mit PHP, JavaScript und anderen Sprachen

Im vorherigen Abschnitt wurde dargelegt, dass HTML der Erstellung statischer Internetseiten dient. Für dynamische Angebote sind Programmiersprachen – in erster Linie PHP und JavaScript – notwendig. Allerdings benötigen auch Webdesigner, die sich der Gestaltung dynamischer Internetseiten widmen wollen, sehr gute HTML-Kenntnisse.

Wenn man eine dynamische Seite serverseitig programmiert, dann muss man dafür ein entsprechendes Programm schreiben. Dieses ruft beispielsweise Informationen aus Datenbanken, Dateien oder von anderen Internetseiten ab. Auch die Eingaben des Besuchers können verwendet werden. Diese Informationen bereitet das Programm dann auf und gestaltet damit eine neue Seite.

Dabei muss man das Programm jedoch so gestalten, dass es eine gültige HTML-Seite erzeugt. Diese Seite übermittelt es dann an den Browser, sodass dieser sie darstellen kann. Wenn man beispielsweise PHP für diese Aufgabe verwendet, muss der Programmierer das Programm so gestalten, dass die einzelnen Ausgabebefehle HTML-Code erzeugen.

Auch für clientseitig programmierte dynamische Seiten spielt HTML eine wichtige Rolle. Hierbei sind die Befehle in eine HTML-Seite eingebaut und können die Inhalte der einzelnen HTML-Elemente beeinflussen.

Daraus ergibt sich, dass HTML auch für dynamische Seiten von großer Bedeutung ist. Hierfür ist es selbstverständlich notwendig, eine entsprechende Programmiersprache zu erlernen. Um die Seiten zu gestalten, sind jedoch auch gute HTML-Kenntnisse erforderlich. Wenn ein Programm HTML-Code ausgeben soll, muss man selbstverständlich genau wissen, wie dieser aufgebaut ist. Auch wenn man clientseitige Scripte in eine HTML-Seite einbettet, sind für deren Gestaltung profunde Kenntnisse in dieser Auszeichnungssprache notwendig. Daher besteht der erste Schritt stets darin, diese zu erlernen. Wenn man später dynamische Angebote erstellen will, kann man auf diesen Kenntnissen aufbauen und die hierfür notwendigen Techniken zusätzlich erlernen.

Kapitel 2

HTML: Entstehungsgeschichte und Versionen

Bevor wir damit beginnen, die ersten Seiten mit HTML zu erstellen, sollen hier kurz die Entstehungsgeschichte und die verschiedenen Versionen von HTML etwas ausführlicher vorgestellt werden. Das ist nicht nur wichtig, um die Ursprünge und die Anwendungen dieser Auszeichnungssprache besser zu verstehen. Darüber hinaus ist das notwendig, um die Unterschiede der verschiedenen Versionen besser nachvollziehen zu können. Dieses Buch stellt vor, wie man Seiten mit HTML5 gestaltet. Internetangebote, die eine der früheren Versionen verwenden, können jedoch erhebliche Unterschiede dazu aufweisen. Als Webdesigner kommt es immer wieder vor, dass man Seiten nicht von Grund auf selbst erstellt, sondern die Entwürfe anderer Designer überarbeiten muss. Wenn diese in einer anderen Version erstellt sind, muss man den Code ebenfalls verstehen können.

2.1. HTML: Die Urversion für reine Textauszeichnungen

Die Entwicklung von HTML geht auf das Jahr 1989 zurück. In diesem Jahr begann Tim Berners-Lee mit seinem Projekt, Computer miteinander zu vernetzen. 1990 entwickelte er bereits eine Server-Software und einen Browser als Grundlage des Internets. Dabei kam bereits ein erster Vorläufer von HTML zum Einsatz. Diese Sprache orientierte sich an SGMLguid – einer Auszeichnungssprache, die am CERN für die Formatierung wissenschaftlicher Dokumente zum Einsatz kam. Nachdem die Testphase beendet war, veröffentlichte Berners-Lee einen Artikel mit der Bezeichnung HTML-Tags. Dieser stellte 18 verschiedene Tags vor. Dabei handelt es sich um die Urversion von HTML, die manchmal auch als HTML 1 bezeichnet wird. Allerdings hatte sie zum Zeitpunkt der Veröffentlichung keine Versionsnummer.

Bereits die Tatsache, dass die Urversion nur 18 verschiedene Tags enthielt, lässt darauf schließen, dass sie nur stark eingeschränkte Möglichkeiten bot. Außerdem kommt hinzu, das einige dieser Tags lediglich interne Funktionen für den entsprechenden Browser hatten. Daher trugen sie nicht dazu bei, den eigentlichen Inhalt zu formatieren.

Allerdings waren in dieser Zusammenstellung bereits viele wichtige Tags enthalten. Die Mehrheit von ihnen wird auch heute noch von aktuellen HTML-Versionen unterstützt. Bei manchen von ihnen handelt es sich auch bei aktuellen Seiten um die am häufigsten verwendeten HTML-Tags.

Die 18 Tags der Urversion machten es beispielsweise möglich, einen Titel für ein Dokument zu bestimmen, Überschriften auszuzeichnen und gewöhnliche Absätze zu definieren. Außerdem unterstützte sie zwei verschiedene Arten von Listen. Darüber hinaus war es von Anfang an möglich, Links in das Dokument einzufügen, um Querverbindungen zu anderen Dokumenten zu erzeugen.

Der Aufbau der einzelnen Tags ist ebenfalls seit der Urversion der gleiche geblieben. Jedes Tag beginnt mit einem Kleinerzeichen (<). Danach steht der Name des Tags und darauf folgt ein Größerzeichen (>). Wenn man beispielsweise ein `p`-Tag für einen Absatz erstellen will, sieht dieses so aus: `<p>`. Die Groß- und Kleinschreibung spielte dabei ursprünglich keine Rolle. Die Tags `<p>` und `<P>` haben genau die gleiche Funktion. Es ist jedoch mittlerweile üblich, die Namen der Tags klein zu schreiben.

Die meisten Tags verfügen über ein öffnendes und ein schließendes Element. Dazwischen steht der Inhalt, der dargestellt werden soll. Für das schließende Tag muss man erneut den Namen des Tags in Kleiner- und Größerzeichen schreiben. Allerdings ist dabei noch ein Schrägstrich integriert, der anzeigt, dass es sich hierbei um das schließende Tag handelt. Um den Absatz zu beenden, ist daher folgendes Zeichen notwendig: `</p>`

Zwischen diesen beiden Tags steht ein beliebiger Text. Dieser wird dann vom Browser als ein zusammenhängender Absatz präsentiert:

```
<p>Hier steht ein Absatz</p>
```

Darüber hinaus gibt es jedoch auch einige Tags, die kein schließendes Element haben. Dabei handelt es sich um Inhalte, die keinen Text enthalten. Wenn man beispielsweise einen einfachen Zeilenumbruch oder ein Bild einfügen will, soll hierbei kein Text auf der Seite angezeigt werden. Daher ist auch kein Text vorhanden, den die Tags umschließen könnten. Aus diesem Grund ist für derartige Elemente nur ein einziges Tag notwendig.

2.2. Zahlreiche Weiterentwicklungen im Laufe der Jahre

Wenn man die im vorherigen Abschnitt beschriebenen Möglichkeiten mit einer modernen Internetseite vergleicht, dann wird schnell klar, dass es im Laufe der Zeit zu zahlreichen Änderungen gekommen sein muss.

Die erste umfangreiche Erweiterung des HTML-Wortschatzes fand bereits kurz nach der Veröffentlichung der ursprünglichen Version statt. 1993 erschien ein weiterer Artikel, der neue Tags vorstellte. Von besonderer Bedeutung war dabei die Einführung des `img`-Tags. Dieses erlaubte es, Fotos, Schaubilder oder weitere Grafiken in die Seiten einzufügen. Zu dieser Zeit stand bei der Entwicklung von HTML nach wie vor die Darstellung wissenschaftlicher Schriften im Vordergrund. Diese verwendeten jedoch häufig Schaubilder, um ihre Ergebnisse zu veranschaulichen. Das machte es notwendig, eine Möglichkeit für die Einbindung grafischer Elemente bereitzustellen. Diese Entwicklung erlaubte es jedoch auch, die Seiten für den Betrachter deutlich anschaulicher zu gestalten. Sie war ein wichtiger Schritt, um das Internet zu einem beliebten Informations- und Unterhaltungsmedium zu machen. Darüber hinaus wurden in dieser neuen Version viele weitere Auszeichnungen implementiert. Beispielsweise war es fortan möglich, den Text fett oder kursiv darzustellen.

Bei allen bisherigen HTML-Versionen handelte es sich nicht um offizielle Standards, sondern um persönliche Publikationen von Berners-Lee. Dennoch hatten sie für die ersten Entwicklungsschritte des Internets eine große Bedeutung. Der erste allgemeingültige HTML-Standard wurde erst 1995 veröffentlicht – unter der Bezeichnung HTML 2.0. Damit bestand erstmals ein verbindliches Regelwerk für die Verwendung von HTML. Darüber hinaus wurden einige neue Funktionen eingeführt. Insbesondere die Verwendung von Formularen ist dabei hervorzuheben.

Die eigentlich geplante Version HTML 3.0 wurde niemals veröffentlicht. Daher kam es erst im Januar 1997 zu einer neuen Ausführung: HTML 3.2. Diese führte unter anderem Tabellen ein. Außerdem bot sie die Möglichkeit, Applets einzubinden. Dabei handelt es sich um kleine Programme, die in der Regel in Java programmiert wurden. Diese ließen sich in die Seite integrieren und konnten dynamische Inhalte erzeugen.

Im Dezember des gleichen Jahres erschien bereits HTML 4.0. Diese Version zeichnete sich in erster Linie dadurch aus, dass sie Stylesheets (CSS) unterstützte. Damit war es möglich, präzise Layouts zu erstellen. Das führte zu Internetseiten, die optisch deutlich ansprechender wirken und außerdem leichter zu pflegen sind. CSS entwickelte sich zu einer der wesentlichen Technologien des Internets und stellt deshalb auch einen wichtigen Teil dieses Buchs dar. Daher ist der Übergang zu HTML 4.0 als ein wichtiger Umbruch zu bewerten, der bis heute die meisten Internetangebote prägt.

2.3. XHTML: Eine Abwandlung von HTML

Im Jahre 2000 erschien mit XHTML eine weitere Möglichkeit für die Gestaltung von Internetseiten. Diese Abkürzung steht für Extensible Hypertext Markup Language. Bereits der Name lässt vermuten, dass hierbei eine enge Beziehung zu HTML besteht. Nicht nur der Anwendungsbereich ist genau der gleiche. Auch die Syntax ist sehr ähnlich. Wer sich bereits gut mit HTML auskennt, sollte daher keine Schwierigkeiten damit haben, Dokumente in XHTML zu verstehen. Dennoch gibt es dabei einige Besonderheiten zu beachten.

XHTML ist eine Neuformulierung von HTML unter Beachtung der XML-Syntax. Hierbei handelt es sich um eine weitere Auszeichnungssprache, die jedoch einen deutlich weiteren Anwendungsbereich hat. XML dient in erster Linie dazu, Informationen so abzuspeichern, dass sie einfach maschinell zu verarbeiten sind. Auch XML verwendet Tags, die mit einem Kleinerzeichen beginnen und mit einem Größerzeichen beendet werden. Allerdings kann man hierbei die Namen der Tags frei wählen und an die Bedeutung des jeweiligen Inhalts anpassen.

Eine der grundsätzlichen Regeln von XML besteht darin, dass hierbei jedes Tag wieder geschlossen werden muss. Das führt zu einem der wesentlichen Unterschiede zwischen XHTML und gewöhnlichem HTML. Die vorherigen Versionen beinhalteten einige Tags, die nur für sich alleine standen, ohne dass sie geschlossen werden mussten. Ein Beispiel hierfür ist das br-Tag, das einen Zeilenumbruch erzeugt. In XHTML darf hingegen kein Tag alleine stehen. Daher ist es auch hierbei notwendig, ein schließendes Tag einzufügen: `<br></br>`. Eine weitere Möglichkeit besteht darin, den Schrägstrich, der das schließende Tag kennzeichnet, bereits in das ursprüngliche Tag einzubauen: `<br/>`. Wenn man diesen Strich am Ende des Tags einfügt, gilt es ebenfalls als beendet.

HTML ist außerdem nicht sehr streng bei der Auslegung der Syntaxregeln. Da viele Internetseiten von Personen erstellt wurden, die nur begrenzte Kenntnisse in diesem Bereich vorwiesen, kam es dabei zu zahlreichen Fehlern. Die Anwender empfinden es jedoch sehr unangenehm, wenn anstatt der Inhalte Fehlermeldungen auf der Seite erscheinen. Aus diesem Grund sind die gängigen Browser so gestaltet, dass sie die Inhalte trotz der Syntaxfehler darstellen. Es ist sogar häufig möglich, das End-Tag wegzulassen, obwohl dieses eigentlich nach den offiziellen Regeln erforderlich wäre. XHTML ist in dieser Hinsicht jedoch wesentlich strenger. Wenn in einem XHTML-Dokument ein Tag nicht geschlossen wird, wird dieser Fehler im Browser angezeigt.

Ein weiterer Unterschied besteht darin, dass XHTML ausschließlich klein geschriebene Tags akzeptiert. Bei gewöhnlichem HTML kann man diese auch groß schreiben. Darüber hinaus gibt es einige Unterschiede hinsichtlich der Angabe der Attribute eines Tags.

XHTML war über mehrere Jahre hinweg von großer Bedeutung für die Gestaltung von Internetseiten. Mittlerweile ist diese Technik jedoch überholt. Das bedeutet für die Leser dieses Buchs, dass sie sich mit dieser HTML-Abwandlung nicht weiter befassen müssen. Wenn man jedoch einmal auf eine ältere Internetseite trifft und den Quellcode bearbeiten muss, ist es möglich, dass es sich dabei um XHTML handelt. Damit in diesem Fall keine Verwirrung auftritt, ist es wichtig, die wichtigsten Grundlagen dieser Technik zu verstehen.

2.4. HTML5: Umfangreiche Anpassungen für eine zeitgemäße Darstellung von Internetseiten

Die bisher vorgestellten HTML-Versionen entstanden zu einer Zeit, zu der das Internet noch eine vergleichsweise geringe Bedeutung hatte. Im Jahre 2000 verfügte nur ein relativ kleiner Teil der Haushalte über einen Internetanschluss. Die Anschlüsse waren außerdem sehr langsam. Die Angebote bestanden vorwiegend aus Text und aus einigen Bildern.

In den darauffolgenden Jahren kam es jedoch zu einer technischen Revolution in diesem Bereich. Die Zahl der Internetanschlüsse stieg rasant an. Auch die Geräte, mit denen die Anwender auf das Internet zugriffen, änderte sich. Schließlich erweiterte sich die Bandbreite für die Datenübertragung erheblich. Das machte es möglich, auch umfangreiche Inhalte zu übermitteln – beispielsweise Animationen oder Videos.

HTML 4 war für diese Techniken jedoch genauso wenig geeignet wie XHTML. Das führte dazu, dass es hierfür notwendig war, den Browser mit Plug-Ins auszustatten. Sehr beliebt war beispielsweise die Verwendung von Flash. Damit war es möglich, interaktive Animationen zu programmieren. Auch für die meisten Audio- und Video-Inhalte waren Plug-Ins erforderlich. Das brachte jedoch zahlreiche Probleme mit sich. Für die Anwender war es mühsam, immer wieder neue Programme zum Browser hinzuzufügen. Die Entwickler konnten sich nicht sicher sein, welche Plug-Ins die Nutzer installiert hatten. Deshalb war es immer notwendig, alternative Formate anzubieten. Das erhöhte den Aufwand bei der Gestaltung der Seiten erheblich.

Diese Probleme führten dazu, dass der Wunsch entstand, diese Elemente in HTML einzubinden. Das machte es notwendig, HTML von Grund auf zu überarbeiten. In der Zwischenzeit erschienen zwar noch einige weitere Fassungen von XHTML. Doch liefen die Arbeiten für die neue HTML-Version bereits seit vielen Jahren auf Hochtouren. Es sollte jedoch noch einige Zeit dauern, bis sie endgültig vorgestellt wurde. Im Jahr 2014 war es endlich soweit und HTML5 erschien. Dabei handelt es sich um einen Zusammenschluss von HTML 4 und XHTML. Darüber hinaus wurde der Funktionsumfang deutlich vergrößert.

Neben einer erheblich verbesserten Unterstützung von Multimedia-Inhalten zeichnet sich HTML5 auch dadurch aus, dass diese Sprache eine semantische Auszeichnung der Seitenelemente erlaubt. Das bedeutet, dass das Menü, die Kopfleiste oder der Fuß der Seite nun nicht mehr nur durch ihre Positionierung erkenntlich sind. Darüber hinaus können diese Elemente direkt ausgezeichnet werden.

Hierbei handelt es sich nur um einen kurzen Überblick über die wichtigsten Neuerungen, die HTML5 mit sich brachte. Darüber hinaus bringt diese neue Version noch viele weitere Möglichkeiten mit sich. Außerdem vereinfacht sie den Code in vielen Bereichen. HTML5 ist die Antwort des W3C auf die technische Entwicklung, die das Internet erlebt hat. Auch dieses Buch verwendet HTML5. Auf diese Weise erlaubt es den Lesern, moderne Internetseiten mit vielfältigen Funktionen zu erstellen.

Kapitel 3

CSS: Unzählige Möglichkeiten für die Gestaltung einer Internetseite

CSS (Cascading Style Sheets) ist neben HTML der zweite wesentliche Bestandteil dieses Buchs. Hierbei handelt es sich um eine Stylesheet-Sprache. CSS ist demnach ebenfalls keine Programmiersprache. Vielmehr handelt es sich dabei um eine Layout-Vorgabe, die die Gestaltungsweise der einzelnen Elemente vorgibt. CSS ist jedoch keine eigenständige Technik. Diese Vorgaben werden stets auf ein HTML-Dokument angewendet. Das bedeutet, dass man zunächst mit HTML die Inhalte strukturieren muss. Danach kann man per CSS die Größe, die Position, die Farbe und viele weitere Details bestimmen.

3.1. Das Layout der Internetseiten wurde immer wichtiger

Als das Internet entstand, diente dieses Medium der Verbreitung wissenschaftlicher Texte. Die Vermittlung der Inhalte stand hierbei im Vordergrund. Dabei ist lediglich eine übersichtliche Gestaltungsweise wichtig, um die benötigten Informationen möglichst schnell zu finden. Das Layout spielt dabei hingegen eine untergeordnete Rolle. Bunte Farben oder ansprechende Fotos waren nicht erforderlich. Die verwendeten Grafiken dienten ebenfalls der Wissensübermittlung – beispielsweise indem ein Schaubild in den Text eingefügt wird. Die ersten HTML-Versionen waren ausschließlich für diesen Verwendungszweck bestimmt und unterstützten daher kaum Möglichkeiten, um das Layout zu beeinflussen.

Bereits kurze Zeit später wurde jedoch klar, dass das Internet noch viel mehr Potenzial bot. Auf diese Weise lassen sich nicht nur wissenschaftliche Texte in Sekundenschnelle in aller Welt abrufen. Das Gleiche gilt auch für Nachrichten, Warenbestellungen und für viele weitere Informationen. Dabei handelt es sich jedoch um kommerzielle Angebote.

Diese unterscheiden sich in vielen Aspekten von den wissenschaftlichen Texten, für die HTML ursprünglich geschaffen wurde. Beispielsweise ist hierbei nicht nur der Inhalt von Bedeutung. Darüber hinaus spielt das Layout eine wichtige Rolle. Der Besucher ist hier immer auch Kunde. Wenn er sich aufgrund einer ansprechend gestalteten Seite wohlfühlt, trägt das erheblich zum Erfolg des Angebots bei. Das führte dazu, dass das Layout eine immer größere Bedeutung gewann.

Ein erster Ansatz, um die Darstellung der Seiten zu verbessern, bestand darin, bestehende HTML-Tags dafür zu verwenden. Das wichtigste Beispiel hierfür sind Tabellen. Diese hatten eigentlich die Aufgabe, Informationen strukturiert auf der Seite auszugeben. Allerdings boten sie auch die Möglichkeit, der Seite eine Struktur zu geben. Es war möglich, für die einzelnen Zellen eine spezifische Größe vorzugeben. Darüber hinaus erlaubt es HTML, Zellen miteinander zu verbinden. Auf diese Weise lassen sich verschiedene Blöcke mit Texten oder Bildern gestalten und genau an der gewünschten Stelle auf der Seite anbringen. Damit erreicht man eine ansprechende Strukturierung und ein deutlich verbessertes Erscheinungsbild. Allerdings wird die Tabelle dabei zweckentfremdet, da sie nicht mehr für ihre eigentliche Aufgabe zum Einsatz kommt.

Darüber hinaus entstanden neue Tags, mit deren Hilfe sich das Layout beeinflussen ließ. Für die Vorgabe der Seitenstrukturen wurden beispielsweise Frames eingeführt. Ein weiteres wichtiges Beispiel ist das font-Tag. Mit dessen Hilfe konnte man unter anderem die Schriftart, die Schriftgröße und die Farbe eines Texts verändern. Das bot bereits zahlreiche Möglichkeiten für eine individuelle und ansprechende Gestaltung. Eine große Bedeutung erlangte auch das Attribut bgcolor. Dieses konnte man auf viele verschiedene HTML-Elemente anwenden, um den entsprechenden Bereichen eine ansprechende Hintergrundfarbe zu verleihen. Darüber hinaus entstanden einige weitere Tags und Attribute, mit denen man das Layout festlegen konnte.

Diese Vorgehensweise stieß allerdings auf erheblichen Widerstand. Zahlreiche Entwickler forderten, die Layout-Vorgaben nicht innerhalb von HTML umzusetzen, sondern eine separate Stylesheet-Sprache hierfür zu verwenden. Auf diese Weise entstand CSS. Diese Technik stellt eine Alternative zu den eben vorgestellten HTML-Attributen dar. Seit der Vorstellung der ersten offiziellen Version im Jahre 1996 setzten immer mehr Entwickler diese Technik um. Sie bot nicht nur deutlich mehr Möglichkeiten als die bisherigen HTML-Tags. Darüber hinaus erlaubt CSS eine deutlich effizientere Umsetzung. Das führte dazu, dass nur noch wenige Webentwickler das Layout per HTML festlegten. Ab HTML 4 wird die Verwendung von Tags und Attributen, die das Layout vorgeben, nicht mehr empfohlen. HTML5 unterstützt sie überhaupt nicht mehr. Daher verwenden alle modernen Internetangebote ausschließlich CSS für die Gestaltung des Layouts.

3.2. Einführung von CSS: Trennung von Inhalt und Design

Einer der wesentlichen Gründe, der für die Einführung von CSS und gegen die Umsetzung der Layoutvorgaben innerhalb von HTML sprach, war die Trennung zwischen Inhalt und Design. Diese erleichtert die Arbeitsabläufe bei der Gestaltung und der Pflege einer Internetseite erheblich.

Ein wichtiger Grund für die Trennung der beiden Bereiche besteht darin, dass für die Inhalte und für das Layout häufig unterschiedliche Personen verantwortlich sind – zumindest bei größeren Projekten. Bei einem Nachrichtenportal erstellen die Inhalte beispielsweise Redakteure und Journalisten. Um der Seite ein ansprechendes Layout zu geben, werden hingegen meistens spezialisierte Designer eingestellt. Es kommt hinzu, dass der HTML-Code sehr häufig über serverseitige Programme erzeugt wird. Für deren Erstellung sind Programmierer zuständig, die sich mit den Vorgaben für das Design nur ungern auseinandersetzen. Im Gegenzug verfügen die meisten Designer nur über geringe Programmierkenntnisse. Die konsequente Trennung der verschiedenen Bereiche vereinfacht die Zusammenarbeit erheblich. Auf diese Weise kann sich jede Fachkraft auf seinen eigenen Bereich konzentrieren, ohne dass das die Arbeit der Kollegen beeinträchtigt.

Ein weiterer Grund, der für die Verwendung von CSS spricht, ist die einfachere Pflege der Internetseiten. In der Regel erfährt das Layout über einen längeren Zeitraum hinweg keine Änderungen, wenn es einmal erstellt ist. Die Inhalte werden hingegen regelmäßig aktualisiert. Diese Aufgabe wird deutlich einfacher, wenn man sie getrennt von den Layout-Vorgaben erledigen kann.

Hin und wieder kommt es jedoch auch zu einer Überarbeitung des Designs der Seite. Bei dieser Aufgabe wirkt sich die Trennung zwischen den Inhalten und dem Design besonders positiv aus – insbesondere wenn man die CSS-Vorgaben in einem separaten Dokument abgespeichert hat. Wäre das Layout innerhalb der HTML-Tags definiert, müsste man jede einzelne Seite überarbeiten, um das Design anzupassen. Wenn man ein separates CSS-Dokument erstellt hat, muss man die Änderungen jedoch nur ein einziges Mal umsetzen. Sie werden dann automatisch auf jede einzelne Seite übertragen, die das entsprechenden Stylesheet verwendet. Das führt zu einer erheblichen Arbeitsersparnis.

Aufgrund dieser Vorteile setzte sich CSS sehr schnell durch. Mittlerweile zählt diese Technik zu den Kernsprachen des Internets und hat daher eine sehr große Bedeutung. Die Festlegung des Layouts per HTML ist nicht nur kompliziert und arbeitsintensiv. Seit der Einführung von HTML5 ist diese Vorgehensweise überhaupt nicht mehr möglich. Daher ist es zwingend notwendig, CSS zu verwenden, wenn man ein ansprechendes Design für eine Seite erstellen will.

3.3. Das Zusammenspiel zwischen HTML und CSS

In einem der vorherigen Abschnitte wurde bereits erwähnt, dass CSS keine eigenständige Sprache darstellt. Wenn man ein CSS-Stylesheet erstellt, ist es nicht möglich, dieses für sich alleine auszuführen. Die Angaben ergeben nur dann Sinn, wenn sie auf ein HTML-Dokument angewendet werden. Das bedeutet, dass es bei der Darstellung der Seite immer zu einer Interaktion zwischen den beiden Sprachen kommt. Aus diesem Grund ist es sinnvoll, das Zusammenspiel zwischen HTML und CSS etwas genauer zu untersuchen.

HTML zeichnet verschiedene Elemente der Seite aus. Wie bereits erwähnt, kann es sich dabei beispielsweise um Überschriften, um Links oder um Absätze handeln. Darüber hinaus gibt es jedoch noch viele weitere Möglichkeiten, die wir in diesem Buch ebenfalls noch kennenlernen werden. Wenn man diese Elemente ohne CSS-Vorgaben in eine Internetseite einfügt, werden sie dem Standard-Layout des Browsers entsprechend dargestellt. Dafür gibt es keine allgemeingültigen Vorgaben. Die Umsetzung hängt vom gewählten Browser ab. Allerdings sind die Unterschiede zwischen den verschiedenen Angeboten nur äußerst gering. Es ist beispielsweise üblich, dass die Überschriften größer als gewöhnlicher Text dargestellt werden. Links erscheinen bei fast allen Browsern in blauer Farbe.

Diese Standardeinstellungen sorgen jedoch in der Regel für ein Design, das recht langweilig wirkt. Die einzelnen Elemente werden dabei einfach untereinander aufgeführt. Der Hintergrund ist weiß und der Text schwarz. Wenn man eine Seite auf diese Weise gestaltet, werden nur wenige Besucher dort verweilen. Deshalb ist es sinnvoll, per CSS eigene Design-Vorgaben zu gestalten.

Wenn man eine Änderung per CSS vornimmt, muss sich diese immer auf ein HTML-Element beziehen. Ohne diesen Bezug hat die Vorgabe keinerlei Effekt. Um ihn herzustellen, kommen mehrere Möglichkeiten infrage. Sehr einfach – und daher bei Anfängern recht beliebt – ist es, die Style-Vorgaben direkt in das Tag zu schreiben. Auf diese Weise wird sofort klar, auf welches Element sie sich beziehen. Wenn man diese Methode wählt, geht jedoch der wesentliche Vorteil von CSS – die Trennung von Inhalt und Layout – verloren. Daher ist es besser, die CSS-Vorgaben in einem separaten Dokument oder zumindest im Kopfbereich der HTML-Seite anzubringen. Das macht es jedoch notwendig, genau festzulegen, auf welches HTML-Element sie sich beziehen.

Hierfür ist es möglich, Vorgaben für alle HTML-Elemente der Seite zu machen. Wenn man beispielsweise für alle Bereiche eine grüne Schrift verwenden will, dann kann man die entsprechende Anweisung so gestalten, dass sie für alle Elemente gültig ist. In vielen Fällen ist es jedoch erwünscht, dass das entsprechende Layout nur auf ganz bestimmte

Elemente angewandt wird. Es ist beispielsweise möglich, Vorgaben zu machen, die für alle Absätze oder für alle Überschriften gültig sind. Darüber hinaus kann man individuelle Klassen definieren. Wenn man eine Style-Vorgabe für eine Klasse macht, wird diese auf alle entsprechend ausgezeichneten Elemente angewandt – unabhängig davon, um welchen Typ es sich dabei handelt. Schließlich ist es möglich, einem Element eine spezifische ID zu verleihen. Diese Bezeichnung darf nur ein einziges Mal auf der Seite verwendet werden. Das macht es möglich, Vorgaben für ein ganz bestimmtes Element zu machen. Die vielfältigen Möglichkeiten, um die verschiedenen HTML-Elemente anzusprechen, erlauben eine effiziente und präzise Steuerung der Layout-Vorgaben.

Kapitel 4
Die Vorbereitungsmaßnahmen für die Gestaltung von Internetseiten mit HTML und CSS

Nachdem die vorherigen Kapitel einen Überblick über die wichtigsten Grundlagen von HTML und CSS gegeben haben, ist es nun an der Zeit, selbst die ersten Seiten zu gestalten. Schließlich soll dieses Buch nicht nur die entsprechenden Sprachen beschreiben, sondern dem Leser deren Verwendung beibringen. Daher stellen praktische Übungen und die Erstellung eigener Internetseiten einen wesentlichen Teil des Inhalts dar.

Wenn man eine eigene Webseite erstellen will, benötigt man dafür jedoch das richtige Handwerkszeug. Ohne dieses ist es nicht möglich, den Code zu erstellen und auszuführen. Von großer Bedeutung ist es beispielsweise, einen passenden Webbrowser auf dem Computer zu installieren – am besten in unterschiedlichen Ausführungen. Darüber hinaus ist ein Texteditor notwendig, um den Quellcode zu erzeugen. Hilfreich kann auch die Verwendung eines sogenannten WYSIWYG-Editors sein. Dieser verfügt über eine grafische Benutzeroberfläche, über die man verschiedene HTML-Elemente in die Seite einfügen kann, ohne den Code dafür selbst zu erstellen. Dieses Kapitel stellt die entsprechenden Werkzeuge vor und zeigt, wie man diese installiert.

4.1. Verschiedene Webbrowser für die Darstellung der Seiten

Wenn man eine Internetseite besuchen will, ist es notwendig, dafür einen Browser aufzurufen. Diese Software dient dazu, die HTML-Seiten aus dem Internet abzurufen. Allerdings zeigt sie nicht deren Quellcode an. Sie interpretiert diesen und sorgt auf diese Weise für eine ansprechende Darstellung.

Wenn wir unsere eigenen Internetseiten mit HTML und CSS gestalten, dann möchten wir selbstverständlich wissen, wie diese später auf den Besucher wirken. Nur so erkennen wir, ob wir die Vorstellungen, die wir für unser Layout entwickelt haben, richtig umgesetzt haben. Hierfür rufen wir sie ebenfalls in einem gewöhnlichen Webbrowser auf. Dieser stellt unsere Seiten auf genau die gleiche Weise dar, wie die Inhalte, die wir aus dem Internet abrufen.

Da ein Browser zur Standard-Ausstattung eines Computers gehört, ist es in der Regel nicht notwendig, diesen neu zu installieren. Lediglich Leser, die noch über keinen Browser verfügen, sollten dies nun nachholen. Hierfür gibt es mehrere kostenfreie Angebote im Internet. Sehr beliebt sind beispielsweise der Browser Chrome von Google und Firefox von Mozilla. Diese stehen unter folgenden Links zum Download bereit:

https://www.google.com/intl/de/chrome/

https://www.mozilla.org/de/firefox/new/

Dabei handelt es sich um die am häufigsten verwendeten Browser weltweit. Es steht dem Leser jedoch auch frei, jeden beliebigen anderen Browser zu verwenden.

Die Darstellung einer HTML-Seite ist in den verschiedenen Browsern beinahe identisch. Allerdings kann es dabei zu einigen feinen Unterschieden kommen. In den meisten Fällen sind diese so gering, dass sie kaum wahrnehmbar sind. Allerdings kommt es auch gelegentlich vor, dass ein kleiner Unterschied große Auswirkungen hat. Insbesondere der Browser Internet Explorer von Microsoft, der mittlerweile jedoch veraltet ist, zeichnete sich durch einige Besonderheiten gegenüber den übrigen Angeboten aus. Beispielsweise wurden hierbei die Abstände zwischen den verschiedenen Elementen anders berechnet. Die Unterschiede waren so gering, dass sie in der Regel kaum auffielen. Manchmal kam es jedoch vor, dass aufgrund dieses Unterschieds die Elemente nicht mehr in den dafür vorgesehenen Bereich passten. Das konnte das komplette Layout zerstören.

Wenn man eine Internetseite veröffentlicht, weiß man nicht, welchen Browser die Besucher verwenden. Das Ziel besteht jedoch darin, dass die Seite für alle Anwender ansprechend angezeigt wird. Aus diesem Grund ist es wichtig, die Darstellung mit verschiedenen Browsern auszuprobieren. Wenn man dabei feststellt, dass auf einem Browser die Darstellung nicht den Wünschen entspricht, kann man den Code vor der Veröffentlichung noch abändern. Falls man plant, die Seiten zu veröffentlichen, ist es daher sinnvoll, alle gängigen Browser zu installieren, um sie einem umfassenden Test zu unterziehen.

Die Screenshots in diesem Buch zeigen in der Regel die Darstellung mit dem Browser Chrome. Wer Wert darauf legt, dass die eigene Anzeige exakt mit diesen Bildern übereinstimmt, sollte daher ebenfalls Chrome installieren. Da die Unterschiede jedoch nur minimal sind, kann man aber auch problemlos einen anderen Browser verwenden.

4.2. Texteditor für die Gestaltung des Codes

Wenn man den Code für eine Webseite erstellt, dann besteht dieser aus reinem Text. Um diesen Text zu erstellen, ist jedoch ein geeignetes Programm notwendig. Auf den meisten Computern ist bereits ein Textverarbeitungsprogramm installiert – beispielsweise Word oder der Open Office Writer. Nun könnte man auf die Idee kommen, diese Programme für die Erstellung des Quellcodes zu verwenden. Das ist jedoch nicht möglich. Der Quellcode darf nur reinen Text enthalten. Die genannten Programme fügen jedoch noch vielfältige weitere Informationen hinzu – von der Schriftart über die Farben bis hin zu den Zeilenabständen. Der Browser kann Dateien mit diesen Zusatzinformationen nicht lesen.

Aus diesem Grund ist es notwendig, einen Texteditor zu verwenden. Dieser speichert das Dokument als reinen Text ab. Ein Beispiel hierfür ist der Microsoft-Editor, der auch unter dem Namen Notepad bekannt ist. Dieser ist auf allen Windows-Systemen standardmäßig installiert und ermöglicht es, den Quellcode im entsprechenden Format zu erstellen. Allerdings bietet er nur einen minimalen Funktionsumfang.

Es gibt zahlreiche weitere Texteditoren, die noch viele zusätzliche Funktionen anbieten. Beispielsweise rücken diese ineinander geschachtelte Tags automatisch ein. Das sorgt für eine übersichtlichere Darstellung. Außerdem stellen Sie Tags, Attribute und Inhalte in verschiedenen Farben dar. Auch das macht es einfacher, den Quellcode zu überblicken. Schließlich bieten viele Texteditoren eine automatische Vervollständigung. Wenn man ein Tag erstellt, fügt die Software automatisch das zugehörende Schluss-Tag hinzu. Das kann viel Zeit beim Erstellen der Seiten sparen. Hinzu kommen viele weitere Funktionen, die eine einfache und effiziente Codierung unterstützen.

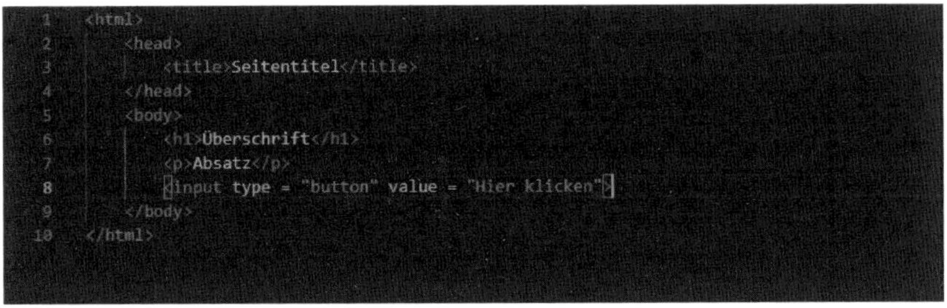

Screenshot 1: Die Darstellung des Codes in einem Texteditor

Aus den genannten Gründen ist es empfehlenswert, einen etwas höherwertigen Texteditor herunterzuladen und auf dem Computer zu installieren. Hierfür gibt es unzählige Gratis-Angebote. Im folgenden werden einige beliebte Beispiele für die Erstellung von HTML-Seiten vorgestellt. Bei der Auswahl wurde besonderer Wert darauf gelegt, dass die Software kostenlos erhältlich und einfach zu verwenden ist. Der Leser kann dabei frei entscheiden, welche Software er installiert. Selbstverständlich ist es auch möglich, einen Texteditor zu verwenden, der nicht in dieser Liste auftaucht.

- Visual Studio Code:

  https://code.visualstudio.com/download

- Bluefish:

  http://bluefish.openoffice.nl/index.html

- Sublime Text:

  http://www.sublimetext.com/

- phase 5:

  https://www.phase5.info/

- Geany:

  https://www.geany.org/download/releases

4.3. WYSIWYG-Editoren als Alternative

Für die Beispiele und Aufgaben in diesem Buch sind die im vorherigen Abschnitt vorgestellten Text-Editoren vollkommen ausreichend. Allerdings gibt es noch eine weitere Alternative, die der Vollständigkeit halber ebenfalls vorgestellt werden soll: WYSIWYG-Editoren.

Diese Abkürzung steht für "What you see is what you get". Dieser Ausdruck beschreibt bereits anschaulich, was diese Editoren auszeichnet. Sie verfügen über eine grafische Benutzeroberfläche, auf der der Anwender verschiedene Elemente per Mausklick einfügen kann. Die Darstellung sieht beinahe genau gleich aus, wie wenn man die entsprechende Seite in einem Browser aufruft. Der Editor erzeugt den Code, der dieser grafischen Darstellung entspricht, automatisch.

WYSIWYG-Editoren sind zum einen für Personen ohne HTML-Kenntnisse gedacht, die dennoch ihre eigenen Internetseiten gestalten möchten. Anhand der grafischen Benutzeroberfläche ist es ohne jegliche Vorkenntnisse möglich, eine Seite zu erstellen. Für die Leser dieses Buchs ist diese Form der Anwendung jedoch nicht von Interesse – schließlich soll hier ja gerade die Erstellung des HTML-Codes vermittelt werden. Wenn man nun auf die Idee kommt, dass man aufgrund dieser Technik darauf verzichten könnte, HTML zu lernen, ist man jedoch nicht gut beraten. Sollte man ausschließlich die grafische Benutzeroberfläche dieser Editoren verwenden, ohne selbst Hand an den Code anzulegen, entstehen in der Regel keine Seiten, die einen professionellen Eindruck erwecken. Daher eignet sich diese Vorgehensweise nur für private Projekte.

Dennoch gibt es auch viele professionelle Webdesigner, die mit WYSIWYG-Editoren arbeiten. Der Grund dafür liegt zum einen darin, dass diese eine effiziente Arbeitsweise unterstützen. Ein HTML-Element mit der Maus auf die Oberfläche zu ziehen, benötigt in der Regel weniger Zeit als die entsprechenden Tags in den Quellcode zu schreiben. Auf diese Weise lässt sich die Grundstruktur schnell und einfach erstellen. Diese Editoren verfügen jedoch auch über eine Code-Ansicht. Daher kann man den Quellcode ebenfalls bearbeiten. Das macht es möglich, die grundlegenden Elemente zunächst über die grafische Oberfläche einzufügen und die Feinheiten anschließend im Quellcode zu bearbeiten. Das bedeutet jedoch, dass für die Erstellung der Seiten ebenfalls gute HTML-Kenntnisse notwendig sind.

Ein weiterer Vorteil der WYSIWYG-Editoren besteht darin, dass man die Darstellung der Seite sehr schnell überprüfen kann. Wenn man den Code verfasst, ist es wichtig, die Seite zu öffnen, um herauszufinden, ob man dabei die gewünschten Ergebnisse erzielt hat. Wenn man sie jedes Mal in einem Webbrowser laden muss, benötigt das viel Zeit. WYSIWYG-Editoren ermöglichen jedoch in der Regel eine zweigeteilte Ansicht. In der einen Hälfte erscheint der Quellcode, sodass man diesen bearbeiten kann. In der anderen Hälfte kann man die Ergebnisse direkt in Echtzeit überprüfen.

Wenn man sich nun die Frage stellt, welche Software man zu diesem Zweck verwenden kann, dann ist an erster Stelle sicherlich Dreamweaver von Adobe zu nennen (https://www.adobe.com/de/products/dreamweaver.html). Diese Software bietet ausgesprochen viele Funktionen und ermöglicht eine sehr effiziente Gestaltung der Webseiten. Unzählige Webdesigner in aller Welt verwenden dieses Programm. Allerdings ist dieses nicht kostenfrei. Insbesondere wenn man ausschließlich private Projekte umsetzen will, sollte man sich genau überlegen, ob sich die hohen Ausgaben lohnen.

Darüber hinaus gibt es jedoch auch viele kostenfreie WYSIWYG-Editoren. Diese bieten in der Regel zwar nicht ganz so viele Funktionen wie Dreamweaver. Für Anfänger sind sie aber dennoch ausreichend. Unter den kostenfreien Editoren sind insbesondere die folgenden beiden Angebote sehr beliebt:

- BlueGriffon:

  http://bluegriffon.org/

- Mobirise:

  https://mobirise.com/

Für dieses Lehrbuch ist es jedoch nicht notwendig, einen WYSIWYG-Editor zu installieren. Wie bereits erwähnt reicht ein gewöhnlicher Texteditor vollkommen aus. Diese Möglichkeit soll lediglich als zusätzliche Option vorgestellt werden. Es bleibt dem Anwender überlassen, diese Programme herunterzuladen und auszuprobieren. Über die Code-Ansicht ist es dabei ebenfalls möglich, alle Aufgaben und Übungen in diesem Buch zu erledigen.

Kapitel 5

Der Aufbau einer HTML-Seite

Wenn ein passender Texteditor installiert und ein Browser auf dem Rechner verfügbar ist, sind die Vorbereitungsmaßnahmen abgeschlossen und wir können damit beginnen, die ersten eigenen Internetseiten zu erstellen. Die ersten Beispiele stellen den grundlegenden Aufbau einer Seite vor. Die meisten Elemente, die dabei eingeführt werden, müssen auf jeder korrekt gestalteten HTML-Seite vorhanden sein.

5.1. HTML-Seiten: aufgeteilt in head und body

Um die erste Internetseite zu erstellen, ist es notwendig, den Texteditor zu öffnen, der im Rahmen der Vorbereitungsmaßnahmen installiert wurde. Hier muss man dann eine leere Seite aufrufen. In diese können wir dann einen beliebigen Text einfügen – beispielsweise "Willkommen zum HTML-Kurs!". Nun müssen wir die Seite noch richtig abspeichern. Dazu können wir einen beliebigen Namen auswählen. Wichtig ist es lediglich, dass wir nach einem Punkt die Dateiendung html hinzufügen. Dieses Beispiel soll den Namen ersteSeite.html erhalten.

Alternativ dazu ist es möglich, die Dateiendung htm zu verwenden. Diese wurde eingeführt, da manche Betriebssysteme keine Dateiendungen mit mehr als drei Zeichen unterstützten. Diese Alternative wird zwar nach wie vor von allen gängigen Systemen unterstützt, allerdings ist sie nicht mehr gebräuchlich. Alle modernen Betriebssysteme erlauben die Verwendung von vier Buchstaben als Dateiendung. Daher sollten die Dateien in der Regel mit der Endung html abgespeichert werden.

Nun können wir den Ordner öffnen, in dem wir die Datei abgespeichert haben. Wenn wir sie doppelt anklicken, öffnet sich automatisch der Standard-Browser und gibt die entsprechende Seite aus:

Screenshot 2: Die Ausgabe der ersten Seite.

An diesem Beispiel sieht man, dass es ganz einfach ist, eine HTML-Seite zu erstellen. Obwohl wir hierfür kein einziges HTML-Tag verwendet haben, wird der eingegebene Text im Browser angezeigt. Allerdings handelt es sich hierbei um kein korrektes HTML-Dokument. Dieses widerspricht in vielen Bereichen den hierfür gültigen Regeln. Dass der Text trotzdem richtig angezeigt wird, liegt darin begründet, dass die meisten Browser sehr tolerant gegenüber ungültigem HTML-Code sind. Selbst wenn man dabei schwerwiegende Fehler macht, werden die Inhalte angezeigt. Das soll störende Fehlermeldungen beim Surfen im Internet vermeiden.

Dennoch besteht unser Ziel darin, korrekte HTML-Seiten zu erstellen. Aus diesem Grund ist es wichtig, sich zunächst mit dem grundlegenden Aufbau der Seite zu befassen. Eine HTML-Seite kann man sich wie Container-Boxen in unterschiedlichen Größen vorstellen, die man ineinander schachteln kann. Die größte Box, in der sich alle weiteren Elemente befinden, ist immer das html-Tag. Dieses zeigt an, dass der Inhalt der Seite in HTML verfasst ist. Alle übrigen Bestandteile der Seite stehen innerhalb der html-Tags. Dabei gibt es lediglich eine Ausnahme, die später in diesem Kapitel vorgestellt wird. Wenn wir die HTML-Tags einfügen, sieht der Code für die Seite so aus:

```
<html>
    Willkommen zum HTML-Kurs!
</html>
```

Die Struktur einer HTML-Seite sieht außerdem vor, dass diese in zwei Bereiche aufgeteilt sein muss. Zum einen gibt es den Kopfbereich, der in head-Tags steht. Dieser Bereich ist für weiterführende Angaben vorgesehen, die nicht direkt auf der Seite angezeigt werden. Hier stehen beispielsweise der Seitentitel, eine Kurzzusammenfassung der Seite, Angaben zum verwendeten Zeichensatz und viele weitere wichtige Informationen. Da wir jedoch noch nicht wissen, wie wir die entsprechenden Informationen einfügen können, lassen wir den head-Bereich vorerst leer. Um die Strukturen der Seite deutlich zu machen, sollen die entsprechenden Tags trotzdem in den Code eingefügt werden.

Die Inhalte der Seite stehen hingegen innerhalb der body-Tags. Hier sind alle Elemente aufgeführt, die auf der Seite angezeigt werden sollen. Da der Text, den wir bereits in die Datei eingefügt haben, auf diese Weise ausgegeben werden soll, muss er innerhalb der body-Tags stehen. Der Code sieht dann wie folgt aus:

```
<html>
    <head>
    </head>
    <body>
        Willkommen zum HTML-Kurs!
    </body>

</html>
```

Sowohl beim body- als auch beim head-Tag ist es wichtig, zu beachten, dass diese genau ein Mal auf der Seite vorkommen müssen. Wenn man sie mehrere Male in den Code einfügt, führt das zu einem fehlerhaften HTML-Dokument.

Mit diesen Nachbesserungen ist unsere Seite zwar immer noch nicht vollkommen fehlerfrei, doch sind nun immerhin die grundlegenden Strukturen vorhanden. In den folgenden Abschnitten werden die weiteren Elemente vorgestellt, die jede HTML-Seite enthalten muss.

Die Darstellung ändert sich durch diese Maßnahmen übrigens nicht. Wenn man die Seite erneut aufruft, wird sie auf genau die gleiche Weise angezeigt, wie im letzten Screenshot.

5.2. Wichtige Elemente innerhalb des head-Bereichs

Im bisherigen Beispiel haben wir den gesamten head-Bereich leer gelassen. Hier stehen in der Regel jedoch viele wichtige Angaben. Diese sind allerdings für den Besucher der Seite größtenteils nicht direkt zu erkennen. Das führt dazu, dass viele Anfänger ihnen nur wenig Bedeutung beimessen. Dennoch enthalten sie zahlreiche Informationen, die sehr wichtig für den Erfolg einer Internetseite sind.

Die wichtigste Angabe innerhalb des head-Bereichs ist der Titel der Seite. Dieser steht im `title`-Tag:


```
<html>
    <head>
        <title>
            Meine erste Seite
        </title>
    </head>

    <body>
        Willkommen zum HTML-Kurs!
    </body>
</html>
```

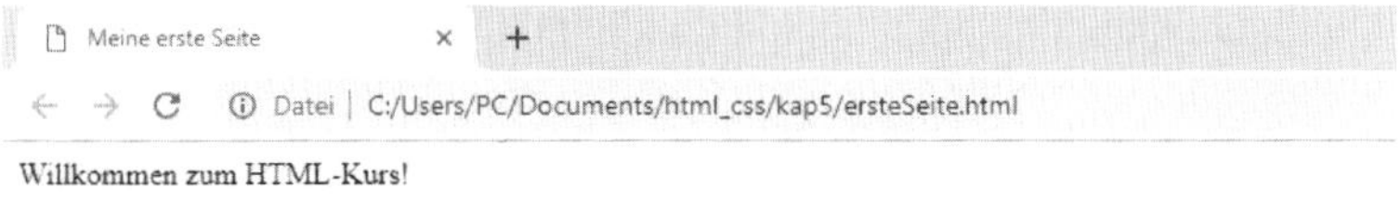

Screenshot 3: Die Seite mit der Anzeige des Titels

Hierbei handelt es sich um die einzige Angabe innerhalb des `head`-Tags, die der Besucher der Seite direkt erkennen kann. Der Text, den wir hier eingefügt haben, erscheint zwar nicht im Inhaltsbereich der Seite. Doch ist er ganz oben als Beschriftung der entsprechenden Registerkarte zu erkennen.

Wenn man die Seite später veröffentlicht und die Absicht hat, möglichst viele Besucher anzulocken, spielt der Titel ebenfalls eine wichtige Rolle.

Wenn man eine Anfrage bei einer Suchmaschine stellt, dann wird der Titel hier angezeigt. Falls dieser ansprechend und interessant erscheint, zieht das deutlich mehr Besucher an. Darüber hinaus ist es sinnvoll, an dieser Stelle wichtige Suchbegriffe einzufügen, damit die Seite bei einer entsprechenden Anfrage auch angezeigt wird.

Eine weitere wichtige Angabe ist der verwendete Zeichensatz. In der Informatik gibt es mehrere Zusammenstellungen von Schriftzeichen, die jeweils unterschiedliche Symbole enthalten. Damit der Browser den Inhalt richtig darstellen kann, ist es wichtig, dass er dafür den korrekten Zeichensatz verwendet. Normalerweise empfiehlt es sich, den Zeichensatz UTF-8 zu verwenden, der auch als Unicode bezeichnet wird. Dieser enthält alle Umlaute sowie das scharfe S. Auch die Buchstaben fast aller anderen Sprachen der Welt sind darin enthalten. In HTML5 muss folgender Befehl für die Bestimmung des Zeichensatzes eingefügt werden:

```
<meta charset="UTF-8">
```

Auf älteren Seiten findet man häufig auch folgende Angabe:

```
<meta http-equiv="Content-Type" content="text/
html;charset=ISO-8859-1">
```

Diese kam in älteren HTML-Versionen zum Einsatz und erfüllte dort genau die gleiche Aufgabe. Mittlerweile ist sie jedoch überholt.

Darüber hinaus ist es möglich, eine kurze Beschreibung der Seite einzufügen. Dafür ist folgender Befehl notwendig:

```
<meta name="description" content="Die erste HTML-Seite in diesem
Lehrbuch">
```

Außerdem kann man wichtige Schlüsselbegriffe eingeben:

```
<meta name="keywords" content="HTML,Lehrbuch,Internetseite">
```

Diese beiden Angaben spielen in erster Linie für die Suchmaschinenoptimierung eine wichtige Rolle. Sie führen dazu, dass die Inhalte der

Seite in den Suchmaschinen besser dargestellt werden und auf diese Weise mehr Besucher anlocken. Allerdings spielt das keyword-Tag mittlerweile keine Rolle mehr. Deshalb lassen es viele Webentwickler heutzutage weg.

Schließlich ist es möglich, den Autor der Seite zu benennen. Doch ist dies ebenfalls nicht unbedingt notwendig und hat keinen großen Einfluss auf das Projekt. Dennoch soll der entsprechende Befehl der Vollständigkeit halber vorgestellt werden:


```
<meta name="author" content="Max Mustermann">
```

Mit Ausnahme des Titels begannen alle Tags, die in diesem Kapitel vorgestellt wurden, mit dem Ausdruck meta. Das bedeutet, dass es sich hierbei um weiterführende Informationen handeln, die nicht direkt mit den Inhalten in Verbindung stehen. Aufgrund dieser Gemeinsamkeit werden sie auch als `meta`-Tags bezeichnet.

Bei den hier vorgestellten Beispielen handelt es sich um die wichtigsten `meta`-Tags. Darüber hinaus gibt es jedoch auch einige weitere Möglichkeiten, die man bei Bedarf ebenfalls in die Seite einfügen kann. Da dies jedoch in der Regel nicht notwendig ist, werden diese hier nicht alle erläutert.

Wenn man dafür sorgen will, dass die Seite auch auf Smartphones und Tablets ansprechend dargestellt wird, ist es darüber hinaus wichtig, das `viewport-meta`-Tag einzufügen. Dieses wird jedoch erst im weiteren Verlauf dieses Buchs vorgestellt.

5.3. Die Doctype-Angabe

In Kapitel 5.1 wurde gesagt, dass alle Elemente der Seite innerhalb der `html`-Tags stehen und dass es dabei nur eine einzige Ausnahme gibt. Dabei handelt es sich um die Doctype-Angabe. Diese steht immer ganz zu Beginn des Dokuments – also noch vor dem öffnenden html-Tag. Daher handelt es sich hierbei genau genommen nicht um ein Element dieser Auszeichnungssprache. Die Doctype-Angabe stellt eine Deklaration dar, die dem Browser anzeigt, welche Sprache für die Gestaltung der Seite verwendet wird.

In HTML5 ist die Doctype-Angabe recht einfach aufgebaut:

```
<!DOCTYPE html>
```

Diese Angabe sollte am Anfang aller Internetseiten stehen, die wir verfassen. Bei älteren Seiten, die etwa in HTML 4.01 oder in XHTML verfasst sind, finden sich jedoch auch andere Doctype-Angaben. Diese sind nicht nur komplizierter aufgebaut. Darüber hinaus gibt es dabei auch viele verschiedene Möglichkeit – je nachdem, welche genaue HTML-Spezifikation man verwendet. Eine mögliche Doctype-Angabe sieht beispielsweise so aus:

```
<!DOCTYPE HTML PUBLIC "-//W3C//DTD HTML 4.01//EN" "http://www.w3.org/
TR/html4/strict.dtd">
```

Da moderne Seiten in HTML5 verfasst werden sollten, ist es jedoch nicht mehr sinnvoll, derartige Doctype-Angaben einzufügen. Daher ist es auch nicht notwendig, die genauen Details zu beschreiben. An dieser Stelle ist es lediglich wichtig, zu wissen, dass man bei älteren Seiten gelegentlich auf derartige Angaben stößt und dass sich diese auf ältere HTML-Versionen beziehen.

Wenn man nun auch die Doctype-Angabe in die Seite eingefügt hat, sieht der Code dafür so aus:

```
<!DOCTYPE html>
<html>
    <head>
        <title>
            Meine erste Seite
        </title>
        <meta charset="UTF-8">
        <meta name="description" content="Die erste HTML-Seite in
        diesem Lehrbuch">
        <meta name="keywords" content="HTML,Lehrbuch,Internetseite">
        <meta name="author" content="Max Mustermann">
    </head>
```

```
    <body>
        Willkommen zum HTML-Kurs!
    </body>
</html>
```

5.4. Die Sprache der Seite angeben

Darüber hinaus ist es in HTML möglich, die Sprache anzugeben, in der die Seite verfasst ist. Das ist für die automatisierte Verarbeitung der Inhalte und für die in vielen Browsern verfügbare Rechtschreibprüfung sinnvoll.

Um die Sprache vorzugeben, kommt jedoch kein eigenes Tag zum Einsatz. Anstatt dessen nutzt man hierfür ein Attribut. Attribute sind zusätzliche Angaben, die für den Inhalt des Tags gelten, in dem sie stehen. Daraus geht hervor, dass man ein Attribut immer zu einem Tag hinzufügen muss.

Nun stellt sich die Frage, in welches Tag man das Attribut für die Sprache einfügen soll. Die Sprachvorgabe soll immer für alle Inhalte gelten – sowohl für die Angaben im `head`- als auch im `body`-Bereich. Daher ist es erforderlich, die Angabe in das `html`-Tag zu setzen, das alle weiteren Elemente umfasst.

Das Sprach-Attribut wird mit dem Begriff lang eingefügt. Danach folgt – wie bei allen Attributen üblich – ein Gleichheitszeichen. Anschließend steht innerhalb von Anführungszeichen der Wert, den es annehmen soll. Für Seiten auf Deutsch kommt beispielsweise die Abkürzung de zum Einsatz. Das Kürzel en steht für englischsprachige Seiten, fr für Französisch und es für Spanisch. Darüber hinaus gibt es für jede gängige Sprache der Welt ebenfalls eine passende Bezeichnung. Wenn wir nun eine Seite in deutscher Sprache verfassen wollen, sieht das `html`-Tag dafür so aus:

```
<html lang = "de">
```

Damit ist der Code unserer ersten Seite vollständig. Nachdem alle notwendigen Angaben eingefügt wurden, sieht er so aus:

```
<!DOCTYPE html>
<html lang = "de">
    <head>
        <title>
            Meine erste Seite
        </title>
        <meta charset="UTF-8">
        <meta name="description" content="Die erste HTML-Seite in
        diesem Lehrbuch">
        <meta name="keywords" content="HTML,Lehrbuch,Internetseite">
        <meta name="author" content="Max Mustermann">
    </head>
    <body>
        Willkommen zum HTML-Kurs!
    </body>
</html>
```

5.5. Die Seite validieren

Wenn man eine HTML-Seite erstellt hat, ist es sinnvoll, zu überprüfen, ob sie allen formalen Anforderungen entspricht. Diese Überprüfung müssen wir jedoch nicht von Hand vornehmen. Hierfür gibt es sogenannte Validatoren. Von besonderer Bedeutung ist dabei der offizielle W3C-Validator. W3C ist die gleiche Organisation, die auch die offiziellen HTML-Standards verabschiedet. Daher stellt der Validator dieser Organisation die beste Möglichkeit dar, um die Seite auf Fehler zu überprüfen.

Dieser Validator ist unter folgender Adresse verfügbar:

https://validator.w3.org/

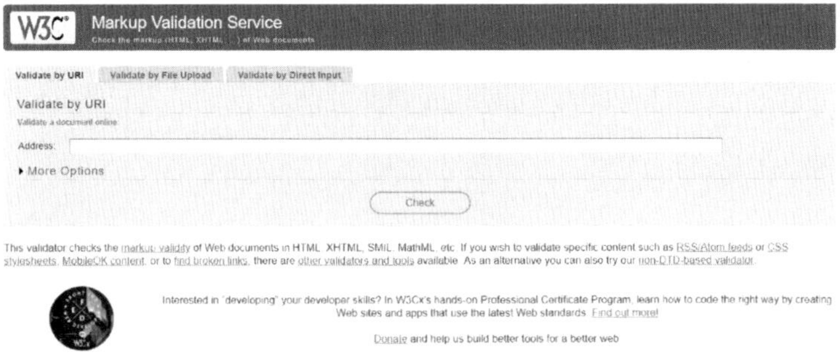

Screenshot 4: Der offizielle HTML-Validator

Hier kann man nun eine beliebige Internetadresse eingeben, um die Seite zu validieren. Da unsere Seite jedoch auf keinem Server verfügbar ist, scheidet diese Methode aus. Daher ist es notwendig, auf die Registerkarte mit der Aufschrift "Validate by File Upload" zu klicken. Nun kann man eine Datei vom eigenen Rechner hochladen. Daraufhin muss man nur noch die Datei auswählen, die wir gerade erstellt haben und auf den Button mit der Aufschrift "Check" klicken.

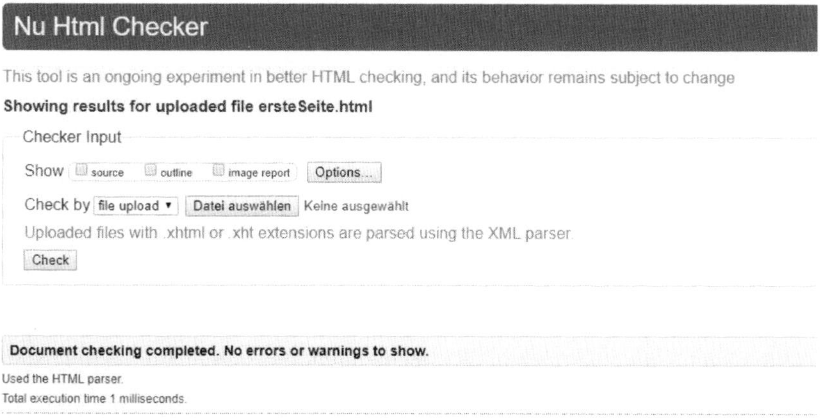

Screenshot 5: Das Ergebnis der Überprüfung

Die Überprüfung zeigt folgendes Ergebnis an: "Document checking completed. No errors or warnings to show." Das bedeutet, dass unsere Seite korrekt erstellt wurde.

Um zu überprüfen, welche der Elemente, die wir eingefügt haben, für eine formal korrekte HTML-Seite notwendig sind, kann man diese einzeln entfernen und die Seite daraufhin erneut überprüfen. Dabei stellt man beispielsweise fest, dass das `title`- und das `head`-Tag genauso wie die `doctype`-Angabe und das `charset`-Tag unbedingt erforderlich sind. Wenn man hingegen die Keywords oder die Angabe des Autors entfernt, führt das zu keiner Fehlermeldung. Das bedeutet, dass diese Inhalte optional sind.

5.5. Übungsaufgabe: die Struktur einer HTML-Seite gestalten

Damit sich die beschriebenen Inhalte besser einprägen, steht am Ende der meisten Kapitel eine kleine Übungsaufgabe. Diese greift im Wesentlichen die Themen auf, die in den vorherigen Abschnitten erläutert wurden. Doch werden auch die Kenntnisse aus den vorherigen Kapiteln vorausgesetzt.

In der Regel sollte es möglich sein, die entsprechenden Aufgaben ohne weitere Hilfestellung zu erledigen. Sollten für die Lösung dennoch einmal Kenntnisse erforderlich sein, die noch nicht vermittelt wurden, werden diese kurz erklärt.

Am Ende wird immer eine Musterlösung angeboten. Es ist jedoch empfehlenswert, dass Sie zunächst versuchen, die Aufgaben selbstständig zu lösen. Die Musterlösung dient dem Abgleich der fertigen Ergebnisse. Sollten Sie jedoch alleine nicht weiterkommen, können Sie hier ebenfalls nachschauen. Dabei müssen Sie außerdem beachten, dass es in der Informatik meistens nicht eine einzige richtige Lösung gibt. Häufig führen mehrere Wege ans Ziel. Das bedeutet, dass Sie in erster Linie selbst überprüfen müssen, ob Ihre Lösung alle Anforderungen erfüllt. Diese kann selbst dann richtig sein, wenn sie von der angegebenen Musterlösung abweicht.

In diesem Kapitel sollen Sie folgende Aufgabe lösen:

Erstellen Sie eine einfache Internetseite für ein Tierheim. Die Inhalte können Sie dabei frei wählen. Validieren Sie den Code, den Sie erstellt haben. Die Seite soll so gestaltet werden, dass weder Fehler- noch Warnmeldungen erscheinen. Optionale Elemente im `head`-Bereich sind nicht erforderlich.

Lösung:

```
<!DOCTYPE html>
<html lang = "de">
    <head>
        <title>
            Unser Tierheim
        </title>
        <meta charset="UTF-8">
    </head>

    <body>
        In unserem Tierheim finden Tiere ein neues Zuhause.
    </body>
</html>
```

Screenshot 6: So sieht die fertige Seite aus.

Alle Programmcodes aus diesem Buch stehen kostenfrei zum Download bereit. Dadurch müssen Sie Code nicht abtippen.

Außerdem erhalten Sie die eBook Ausgabe zum Buch im PDF Format kostenlos auf unserer Website:

www.bmu-verlag.de/html-css
Downloadcode: siehe Kapitel 23

Kapitel 6

Der body-Bereich für die Inhalte der Seite

Im vorherigen Abschnitt haben wir bereits die wesentlichen Elemente des `head`-Bereichs kennengelernt. Der `body`-Bereich enthielt hingegen lediglich einen einfachen Text. Doch sollten auch hier alle Inhalte innerhalb weiterer Tags angeordnet und nicht einfach ohne jegliche Auszeichnung eingefügt werden. Die Verwendung weiterer Tags gibt uns viele zusätzliche Gestaltungsmöglichkeiten für die Seite.

6

Aus diesem Grund befasst sich das folgende Kapitel mit den wesentlichen Elementen, die im `body`-Bereich enthalten sein sollten. Mit diesen Kenntnissen lassen sich die Inhalte bereits deutlich ansprechender und strukturierter darstellen.

6.1. Überschriften für die einzelnen Bereiche der Seite

Am Anfang einer Internetseite steht in der Regel eine Überschrift. Diese soll die Aufmerksamkeit auf sich ziehen und dem Leser mitteilen, was ihn im darauf folgenden Text erwartet. Die Überschrift hat daher eine wichtige Funktion für die Seite. Daher wird sie in der Regel deutlich größer als der normale Text dargestellt.

HTML bietet die Möglichkeit, Überschriften auszuzeichnen. Die enorme Bedeutung dieser Auszeichnung zeigt sich bereits darin, dass das hierfür notwendige Tag schon in der Ur-Version von HTML enthalten war und bis heute unterstützt wird. Für Überschriften kommen `h`-Tags (für headline) zum Einsatz. Die Hauptüberschrift einer Seite wird mit `h1`-Tags ausgezeichnet. Um das zu zeigen, können wir wieder das Beispielprogramm aus dem vorherigen Kapitel heranziehen und dieses um weitere Elemente ergänzen. Wenn man eine entsprechende Überschrift einfügt, sieht der Code für die Seite so aus:

```
<!DOCTYPE html>
<html lang = "de">
    <head>
        <title>
            Meine erste Seite
        </title>
        <meta charset="UTF-8">
        <meta name="description" content="Die erste HTML-Seite in
        diesem Lehrbuch">
        <meta name="keywords" content="HTML,Lehrbuch,Internetseite">
        <meta name="author" content="Max Mustermann">
    </head>

    <body>
        <h1>Überschrift H1</h1>
        Willkommen zum HTML-Kurs!
    </body>
</html>
```

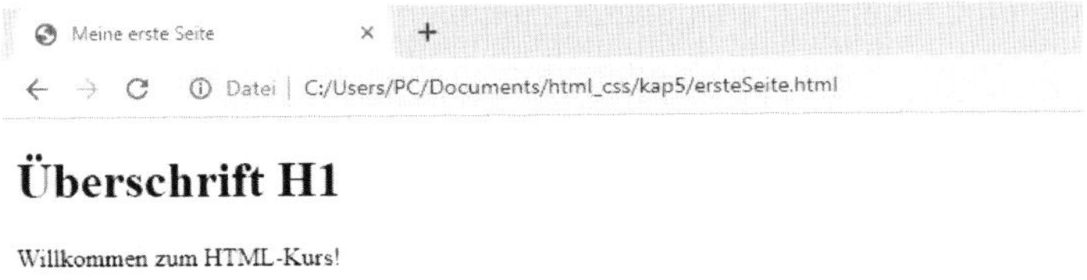

Screenshot 7: Die Seite mit der Überschrift

Am Screenshot kann man erkennen, dass die Überschrift deutlich größer als der normale Text dargestellt wird.

Gerade im Internet ist es sehr wichtig, den Texten eine klare Struktur zu verleihen und sie in kurze Absätze einzuteilen. Das verbessert die Lesbarkeit deutlich. Damit der Leser den Inhalt eines Absatzes bereits auf den ersten Blick erkennt, ist es sinnvoll, Zwischenüberschriften einzufügen. Diese sind nicht von ganz so großer Bedeutung wie die Hauptüberschrift. Um das zum Ausdruck zu bringen, sollten sie etwas kleiner dargestellt werden. HTML ermöglicht es, Überschriften mit präzisen Hierarchien zu gestalten. Dazu dienen die Tags `h1` bis `h6`. Die Größe der Schrift nimmt dabei immer weiter ab. Eine `h6`-Überschrift ist in der Standardeinstellung sogar kleiner als gewöhnlicher Text.

Die folgende Seite enthält alle unterstützten Arten von Überschriften. Allerdings ist es recht ungewöhnlich, dass eine Seite alle `h`-Tags ausnutzt. Bei den meisten Internetangeboten kommen lediglich die Tags `h1` bis `h3` zum Einsatz. Diese bieten ausreichende Gliederungsmöglichkeiten.

```
<!DOCTYPE html>
<html lang = "de">
    <head>
        <title>
            Meine erste Seite
        </title>
        <meta charset="UTF-8">
        <meta name="description" content="Die erste HTML-Seite in
        diesem Lehrbuch">
        <meta name="keywords" content="HTML,Lehrbuch,Internetseite">
        <meta name="author" content="Max Mustermann">
    </head>

    <body>
        <h1>Überschrift H1</h1>
        <h2>Überschrift H2</h2>
        <h3>Überschrift H3</h3>
        <h4>Überschrift H4</h4>
        <h5>Überschrift H5</h5>
        <h6>Überschrift H6</h6>
        Willkommen zum HTML-Kurs!
    </body>
</html>
```

Screenshot 8: Die Seite mit den verschiedenen Arten von Überschriften

6.2. Absätze in die Seite einfügen

Eine weitere wichtige Gliederungsmöglichkeit für Texte besteht darin, Absätze zu definieren. Hierfür kommt das p-Tag (nach dem englischen Ausdruck paragraph) zum Einsatz. Auch dieses ist bereits seit der ersten HTML-Version vorhanden.

Das p-Tag dient dazu, einfachen Text zu kennzeichnen und als Absatz zu markieren. Es sorgt dafür, dass der Inhalt als eigener Block dargestellt wird. Danach folgen ein Zeilenumbruch und ein kleiner Abstand, ehe das nächste Element auf der Seite angezeigt wird.

Der Text, den wir bisher auf der Seite anzeigen, steht ohne weitere Kennzeichnung im body-Tag. Das sollte jedoch vermieden werden. Besser ist es, ihn in p-Tags zu schreiben. Um zu zeigen, wie die verschiedenen Elemente dargestellt werden, soll nun jedoch eine Seite mit mehreren Absätzen und Zwischenüberschriften entstehen.

An dieser Stelle stellt sich jedoch die Frage, welche Inhalte man in die Absätze einfügen soll. Schließlich dient die Seite nur zur Veranschaulichung der Tags und wir haben hierfür keine konkreten Texte entworfen.

Dieses Problem haben viele Webdesigner. Daher verwenden sie einen Dummy-Text. Man könnte hierfür beispielsweise einen beliebigen Text aus dem Internet kopieren. Allerdings hat sich hierfür die Verwendung von Lorem ipsum eingebürgert.

Hierbei handelt es sich um einen Text, der bereits im 16. Jahrhundert Verwendung als Dummy-Text fand. Damals erstellte ein unbekannter Buchdrucker ein Buch über verschiedene Zeichensätze. Um dafür jeweils ein Textbeispiel zu präsentieren, verwendete er den Lorem-ipsum-Text. Diese Verwendung hats sich nun bereits über mehr als fünf Jahrhunderte hinweg erhalten. Wie dieser Text entstand, ist jedoch heute nicht mehr genau nachzuvollziehen. Es gilt als sicher, dass er auf einem Werk Ciceros aus dem Jahr 45 v. Chr beruht. Allerdings wurden dabei einige Wörter verändert und durchgemischt. Daher ergibt der Lorem-ipsum-Text keinen Sinn – selbst wenn man Latein versteht.

Die Verwendung dieses Texts bietet sich aus mehreren Gründen an. Zum einen ist er einfach verfügbar. Das Internet ist voll von sogenannten Lore-ipsum-Generatoren (z.B. https://www.blindtextgenerator.de/). Hier muss man einfach die gewünschte Länge eingeben und schon kann man den benötigten Text kopieren und in die Seite einfügen. Da dieses Werk sehr lang ist, erhält man auch für lange Seiten problemlos genug Inhalte.

Ein weiterer Vorteil besteht darin, dass der Text den Leser nicht ablenkt. Wenn man einen Dummy-Text verwendet, dann geht es in erster Linie darum, das Layout zu beurteilen. Wenn man hier einen Text auf Deutsch präsentiert, lenkt das ab. Da der Inhalt des Lorem-ipsum-Texts jedoch nicht verständlich ist, richten die Betrachter hierbei ihre volle Aufmerksamkeit auf das Layout. Außerdem erzeugt er eine natürliche Schriftverteilung. Man könnte auch ein einzelnes Wort verwenden und dieses beliebig oft kopieren. Das führt jedoch zu einer unnatürlichen Verteilung des Schriftbilds, die das Layout beeinträchtigt. Aus diesen Gründen soll auch für die folgenden Beispiele der Lorem-ipsum-Text verwendet werden. Wenn man mehrere Absätze mit Zwischenüberschriften erstellt, sieht der Code für die Seite so aus:

```
<!DOCTYPE html>
<html lang = "de">
    <head>
        <title>
            Die Verwendung von Absätzen
        </title>
        <meta charset="UTF-8">
        <meta name="description" content="Die Darstellung von
        Absätzen in HTML">
        <meta name="keywords" content="HTML,Lehrbuch,Internetseite,p-
        Tags,Absätze">
        <meta name="author" content="Max Mustermann">
    </head>

    <body>
        <h1>Hauptüberschrift</h1>
        <p>
            Lorem ipsum dolor sit amet, consectetuer adipiscing elit.
            Aenean commodo
            ligula eget dolor. Aenean massa. Cum sociis natoque
            penatibus et magnis
```

```
        dis parturient montes, nascetur ridiculus mus. Donec quam
        felis,
        ultricies nec, pellentesque eu, pretium quis, sem. Nulla
        consequat massa quis enim.
    </p>
    <h2>Zwischenüberschrift mit einem längeren Absatz</h2>
    <p>
        Lorem ipsum dolor sit amet, consectetuer adipiscing elit.
        Aenean commodo
        ligula eget dolor. Aenean massa. Cum sociis natoque
        penatibus et magnis
        dis parturient montes, nascetur ridiculus mus. Donec quam
        felis,
        ultricies nec, pellentesque eu, pretium quis, sem. Nulla
        consequat massa
        quis enim. Donec pede justo, fringilla vel, aliquet nec,
        vulputate eget,
        arcu. In enim justo, rhoncus ut, imperdiet a, venenatis
        vitae, justo.
        Nullam dictum felis eu pede mollis pretium. Integer
        tincidunt. Cras dapibus.
        Vivamus elementum semper nisi. Aenean vulputate eleifend
        tellus. Aenean leo
        ligula, porttitor eu, consequat vitae, eleifend ac, enim.
        Aliquam lorem ante,
        dapibus in, viverra quis, feugiat a, tellus. Phasellus
        viverra nulla ut metus
        varius laoreet. Quisque rutrum. Aenean imperdiet. Etiam
        ultricies nisi vel augue.
        Curabitur ullamcorper ultricies nisi. Nam eget dui. Etiam
        rhoncus. Maecenas
        tempus, tellus eget condimentum rhoncus, sem quam semper
        libero, sit amet
        adipiscing sem neque sed ipsum. Nam quam nunc, blandit
        vel, luctus pulvinar,
        hendrerit id, lorem.
    </p>
    <h2>Zwischenüberschrift mit zwei kürzeren Absätzen</h2>
    <p>
        Lorem ipsum dolor sit amet, consectetuer adipiscing elit.
        Aenean commodo
        ligula eget dolor. Aenean massa. Cum sociis natoque
        penatibus et magnis
        dis parturient montes, nascetur ridiculus mus. Donec quam
        felis,
        ultricies nec, pellentesque eu, pretium quis, sem. Nulla
        consequat massa
```

```
            quis enim. Donec pede justo, fringilla vel, aliquet nec,
            vulputate eget,
            arcu. In enim justo, rhoncus ut, imperdiet a, venenatis
            vitae, justo.
        </p>
        <p>
            Lorem ipsum dolor sit amet, consectetuer adipiscing elit.
            Aenean commodo
            ligula eget dolor. Aenean massa. Cum sociis natoque
            penatibus et magnis
            dis parturient montes, nascetur ridiculus mus. Donec quam
            felis,
            ultricies nec, pellentesque eu, pretium quis, sem. Nulla
            consequat massa
            quis enim. Donec pede justo, fringilla vel, aliquet nec,
            vulputate eget,
            arcu. In enim justo, rhoncus ut, imperdiet a, venenatis
            vitae, justo.
            Nullam dictum felis eu pede mollis pretium. Integer
            tincidunt. Cras dapibus.
            Vivamus elementum semper nisi. Aenean vulputate eleifend
            tellus. Aenean leo
            ligula, porttitor eu, consequat vitae, eleifend ac, enim.
        </p>
        <h3>Untergeordnete Überschrift</h3>
        <p>
            Lorem ipsum dolor sit amet, consectetuer adipiscing elit.
            Aenean commodo
            ligula eget dolor. Aenean massa. Cum sociis natoque
            penatibus et magnis
            dis parturient montes, nascetur ridiculus mus. Donec quam
            felis,
            ultricies nec, pellentesque eu, pretium quis, sem. Nulla
            consequat massa
            quis enim. Donec pede justo, fringilla vel, aliquet nec,
            vulputate eget,
            arcu.
        </p>
    </body>
</html>
```

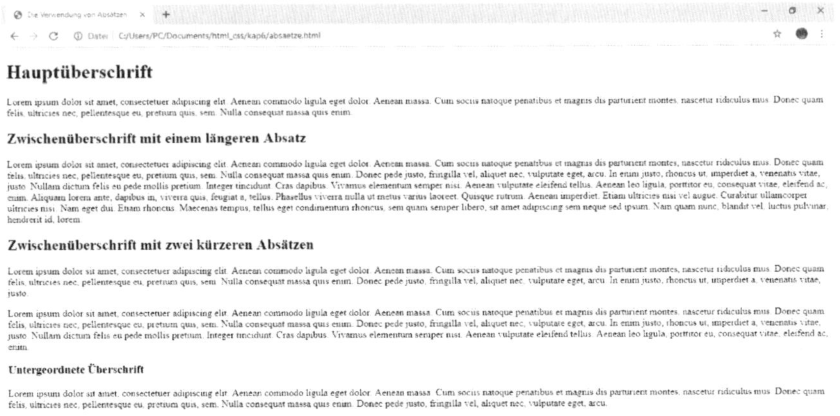

Screenshot 9: Die Seite mit Überschriften und Absätzen

Anmerkung 1: Selbstverständlich ist es für diese Beispielseite nicht notwendig, den Lorem-ipsum-Text von Hand abzutippen. Indem man einen Generator verwendet, ist der Text in Sekundenschnelle verfügbar.

Anmerkung 2: Das Sprachkürzel für lateinische Texte wäre eigentlich la. Da es sich hierbei jedoch nur um einen Dummy-Text handelt, der später durch den eigentlichen Inhalt in deutscher Sprache ersetzt werden soll, ist es nicht notwendig, dieses Detail anzupassen.

6.3. Zeilenumbrüche

Neben der Verwendung des `p`-Tags gibt es noch eine weitere Möglichkeit, um einzelne Textteile abzugrenzen: das `br`-Tag. Dieses erzeugt einen einfachen Zeilenumbruch. Dabei handelt es sich um eines der wenigen HTML-Tags, das für sich alleine steht. Es hat daher kein schließendes Tag und verfügt über keinen Inhalt.

Wenn man beispielsweise zwei Absätze ohne Zwischenüberschrift gestalten will, könnte man diese in ein einziges `p`-Tag schreiben und am

Übergang zwischen den beiden Bereichen zwei Mal das br-Tag einfügen. Optisch würde das Ergebnis für die beiden folgenden Codebeispiele fast genau gleich aussehen:

```
<p>
    Lorem ipsum dolor sit amet, consectetuer adipiscing elit. Aenean
    commodo
    ligula eget dolor. Aenean massa. Cum sociis natoque penatibus et
    magnis
    dis parturient montes, nascetur ridiculus mus. Donec quam felis,
    ultricies nec, pellentesque eu, pretium quis, sem. Nulla
    consequat massa
    quis enim.
</p>
<p>
    Lorem ipsum dolor sit amet, consectetuer adipiscing elit. Aenean
    commodo
    ligula eget dolor. Aenean massa. Cum sociis natoque penatibus et
    magnis
    dis parturient montes, nascetur ridiculus mus.
</p>
```

oder:

```
<p>
    Lorem ipsum dolor sit amet, consectetuer adipiscing elit. Aenean
    commodo
    ligula eget dolor. Aenean massa. Cum sociis natoque penatibus et
    magnis
    dis parturient montes, nascetur ridiculus mus. Donec quam felis,
    ultricies nec, pellentesque eu, pretium quis, sem. Nulla
    consequat massa
    quis enim.
    <br><br>
    Lorem ipsum dolor sit amet, consectetuer adipiscing elit. Aenean
    commodo
    ligula eget dolor. Aenean massa. Cum sociis natoque penatibus et
    magnis
    dis parturient montes, nascetur ridiculus mus.
</p>
```

Anmerkung: Um die Codebeispiele eingänglicher zu gestalten, wird fortan nur der Teil vorgestellt, der für das jeweilige Kapitel von Bedeutung ist. Selbstverständlich ist es sinnvoll, auch alle weiteren essentiellen Bestandteile einer HTML-Seite (bspw. `html`-, `head`-, `tit-le`- und `body`-Tags) einzufügen.

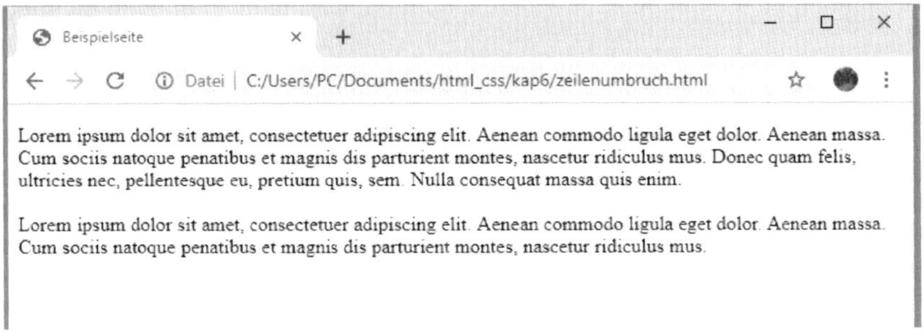

Screenshot 10: Die Darstellung mit br-Tags (Für eine übersichtlichere Darstellung wurde dabei das Browserfenster verkleinert.)

Viele HTML-Anfänger stellen sich daher die Frage, ob in diesem Fall die Verwendung von `p`- oder `br`-Tags zu empfehlen ist. Auf diese Frage gibt es jedoch keine einheitliche Antwort. Selbst viele Experten kommen hierbei zu unterschiedlichen Schlüssen.

Allerdings gibt es einen Grund, der für die Verwendung des ersten Beispiels spricht. Wenn man später die Absätze per CSS unterschiedlich formatieren will, fällt diese Aufgabe deutlich leichter, wenn man sie in verschiedene `p`-Tags stellt. Die Verwendung von `br`-Tags ist hingegen dann zu empfehlen, wenn die Inhalte inhaltlich zusammengehören. Das ist etwa der Fall, wenn man ein Gedicht oder einen Liedtext in die Seite einfügen will. Zum einen gehören die einzelnen Zeilen inhaltlich zusammen. Zum anderen fügt das `p`-Tag auch automatisch eine Leerzeile ein. Das ist bei Gedichten nicht üblich.

Darüber hinaus kommt das `br`-Tag zum Einsatz, um einen Zeilenumbruch zwischen einzelnen HTML-Elementen zu erzeugen. Später werden wir beispielsweise die Verwendung von Formularen kennenlernen. Viele Formularfelder werden standardmäßig in der gleichen Zeile angezeigt. Wenn man sie jedoch untereinander schreiben will, ist das `br`-Tag dafür sehr hilfreich. Noch besser ist es allerdings, für diese Aufgabe CSS zu verwenden. Wie das funktioniert, wird im weiteren Verlauf dieses Buchs noch vorgestellt werden.

6.4. Verschiedene Textabschnitte hervorheben

In vielen Büchern werden besonders wichtige Begriffe oder Textabschnitte fett gedruckt. Darüber hinaus ist es möglich, bestimmte Bereiche durch eine Kursivschrift hervorzuheben. Auch HTML bietet hierfür verschiedene Möglichkeiten.

Um einen Text fett darzustellen, kann man entweder das `b`-Tag (für bold) oder das `strong`-Tag verwenden. Das folgende Beispiel zeigt, dass die Darstellung auf der Seite identisch ist:


```
<p>
    Lorem ipsum dolor sit amet, <b>consectetuer adipiscing</b> elit.
    Aenean commodo
    ligula eget dolor. Aenean massa. Cum sociis natoque penatibus et
    magnis
    dis parturient montes, <b>nascetur ridiculus mus.</b> Donec quam
    felis,
    ultricies nec, pellentesque eu, pretium quis, sem. Nulla
    consequat massa
    quis enim.
</p>
<p>
    Lorem ipsum dolor sit amet, <strong>consectetuer adipiscing</
    strong> elit.
    Aenean commodo ligula eget dolor. Aenean massa. Cum sociis
    natoque
    penatibus et magnis dis parturient montes, <strong>nascetur
    ridiculus
    mus.</strong> Donec quam felis, ultricies nec, pellentesque eu,
    pretium
    quis, sem. Nulla consequat massa quis enim.
</p>
```

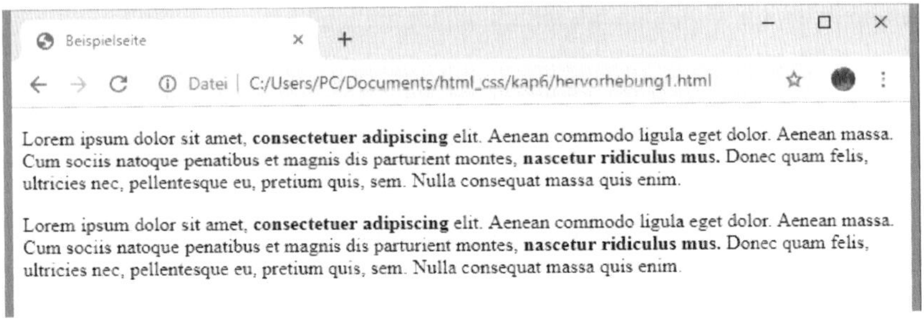

Screenshot 11: Im ersten Absatz sind die Hervorhebungen mit dem b-Tag und im zweiten Absatz mit dem strong-Tag erstellt.

Wenn man den vorherigen Screenshot betrachtet, stellt man keinerlei Unterschied zwischen den beiden Alternativen dar. Daher stellt sich die Frage, welche Form der Auszeichnung verwendet werden sollte.

Obwohl beide Formen der Hervorhebung optisch gleich wirken, gibt es einen Unterschied zwischen ihnen. Das `b`-Tag sorgt lediglich für eine veränderte Darstellung des Schriftbilds. Über die Bedeutung der Inhalte sagt dies jedoch nichts aus. In unserem Beispiel wurden beispielsweise beliebige Wörter hervorgehoben, um die Darstellungsweise zu demonstrieren. Sie haben jedoch keine besondere Bedeutung für das Verständnis des Texts.

Beim `strong`-Tag handelt es sich hingegen um eine semantische Hervorhebung. Sie soll aussagen, dass der entsprechende Bereich für den Inhalt der Seite von besonderer Bedeutung ist. Die Hervorhebung in fett gedruckter Schrift ist nur ein zusätzlicher Effekt, der diese Bedeutung auch optisch zu erkennen gibt.

Für die optische Darstellung der Seite mag dieser Unterschied keine Rolle spielen. Für viele Suchmaschinen hat er jedoch eine wichtige Bedeutung. Da die `strong`-Tags die Wichtigkeit der entsprechenden Begriffe hervorheben, geben diese häufig den darin enthaltenen Begriffen ein höheres Gewicht. Daher bewerten sie die Seiten für entsprechende Suchanfragen als relevanter, als wenn die Ausdrücke innerhalb von `b`-Tags stehen.

Wenn man wichtige Ausdrücke im Text markieren will, ist es daher immer sinnvoll, `strong`-Tags zu nutzen. Die Verwendung von `b`-Tags ist hingegen nur in wenigen Situationen zu empfehlen – beispielsweise wenn man die Begriffe einer Menüleiste aus optischen Gründen in einer kräftigeren Schrift erscheinen lassen will, ohne dass die Inhalte jedoch eine besondere Bedeutung hätten.

Auch für kursive Hervorhebungen gibt es zwei verschiedene Möglichkeiten `i` (für italic) und `em` (für emphasized). Das folgende Codebeispiel zeigt, dass auch hierbei die Darstellung identisch ist:


```
<p>
    Lorem ipsum dolor sit amet, <i>consectetuer adipiscing</i> elit.
    Aenean commodo
    ligula eget dolor. Aenean massa. Cum sociis natoque penatibus et
    magnis
    dis parturient montes, <i>nascetur ridiculus mus.</i> Donec quam
    felis,
    ultricies nec, pellentesque eu, pretium quis, sem. Nulla
    consequat massa
    quis enim.
</p>
<p>
    Lorem ipsum dolor sit amet, <em>consectetuer adipiscing</em>
    elit. Aenean commodo
    ligula eget dolor. Aenean massa. Cum sociis natoque penatibus et
    magnis
    dis parturient montes, <em>nascetur ridiculus mus.</em> Donec
    quam felis,
    ultricies nec, pellentesque eu, pretium quis, sem. Nulla
    consequat massa
    quis enim.
</p>
```

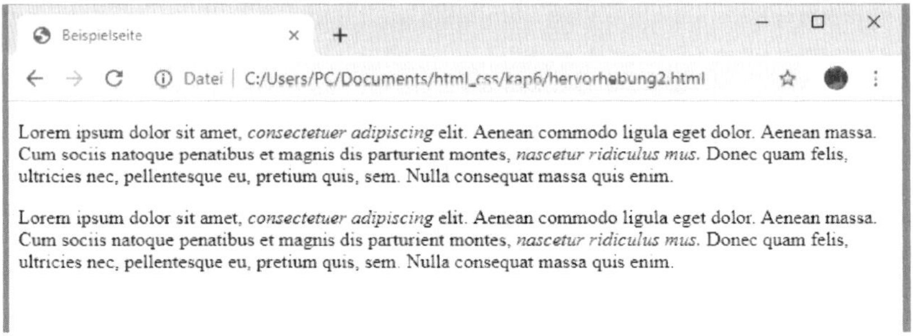

Screenshot 12: Im ersten Absatz wurden die Begriffe mit dem i-Tag hervorgehoben, im zweiten mit dem em-Tag.

Die Unterschiede zwischen den beiden Möglichkeiten sind genau die gleichen wie zwischen dem `b`- und dem `strong`-Tag. Das `i`-Tag sollte lediglich für eine optische Veränderung der Darstellung eingesetzt werden. Das `em`-Tag hebt hingegen den Inhalt hervor.

Darüber hinaus gibt es eine weitere Möglichkeit, um einen bestimmten Textabschnitt hervorzuheben: indem man ihn unterstreicht. HTML bietet auch hierfür ein passendes Element an: das `u`-Tag. Dieses ist jedoch mit viel Vorsicht zu verwenden. In HTML 4 wurde es bereits als überholt bewertet. In HTML5 wurde es dann neu definiert. Es soll nun nicht mehr zur Hervorhebung eines Textbereichs zum Einsatz kommen. Anstatt dessen soll es nur noch verwendet werden, um beispielsweise falsch geschriebene Wörter zu markieren. Aus diesem Grund ist die Verwendung des `u`-Tags in der Regel nicht zu empfehlen. Dennoch soll das folgende Beispiel kurz dessen Darstellungsweise deutlich machen:

```
<p>
    Lorem ipsum dolor sit amet, <u>consectetuer adipiscing</u> elit.
    Aenean commodo
    ligula eget dolor. Aenean massa. Cum sociis natoque penatibus et
    magnis
    dis parturient montes, <u>nascetur ridiculus mus.</u> Donec quam
    felis,
    ultricies nec, pellentesque eu, pretium quis, sem. Nulla
    consequat massa
    quis enim.
</p>
```

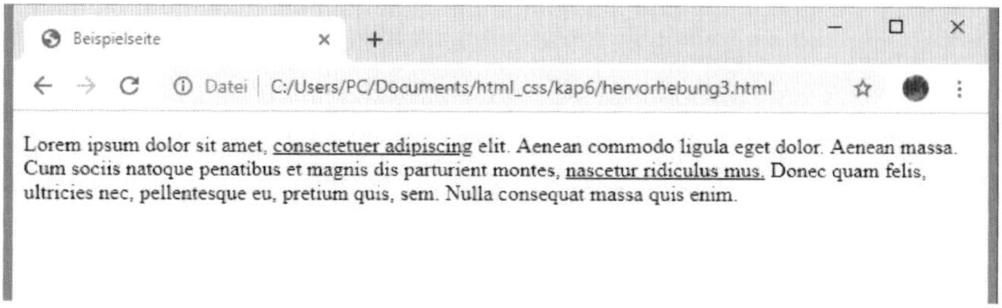

Screenshot 13: Die Darstellung der unterstrichenen Bereiche

Wenn man die wichtigsten Bereiche der Seite ersichtlich machen will, indem man sie unterstreicht, ist jedoch eine andere Vorgehensweise zu empfehlen. Hierfür kann man ebenfalls das strong-Tag verwenden. Per CSS ist es später möglich, dessen Darstellung so anzupassen, dass die Wörter nicht fett gedruckt sondern unterstrichen dargestellt werden. Auf diese Weise erkennen auch die Suchmaschinen, dass es sich hierbei um einen besonders wichtigen Bereich handelt.

6.5. Einzelne Bereiche mit div- und span-Tags kennzeichnen

Mit den Tags, die in den vorherigen Abschnitten vorgestellt wurden, kann man bereits eine grundlegende Struktur für die Seite vorgeben. Allerdings sind die Möglichkeiten für die Gestaltung des Layouts bislang stark eingeschränkt. Die einzelnen Elemente werden dabei einfach untereinander dargestellt. Wenn man jedoch eine moderne Internetseite betrachtet, dann sieht die Darstellung dabei in der Regel ganz anders aus. Meistens gibt es hier einen Kopfbereich mit einem Logo und einer Überschrift. Das Menü steht häufig in einem separaten Block unterhalb des Kopfbereichs oder am linken Rand der Seite. Darüber hinaus ist es üblich, ergänzende Texte in einem separaten Bereich am rechten Seitenrand anzubringen.

Um die entsprechenden Elemente zu positionieren und um ein passendes Layout für sie vorzugeben, kommt CSS zum Einsatz. Wie das funktioniert, wird später in diesem Buch noch vorgestellt. Um diese Darstellungsweise zu ermöglichen, ist es jedoch notwendig, die jeweiligen Bereiche auf der Seite zusammenzufassen und zu kennzeichnen. Hierfür kann man `div`-Tags verwenden.

Diese Elemente kann man sich wie einen Container vorstellen. Sie fassen einen bestimmten Bereich der Seite zusammen – beispielsweise eine Überschrift und mehrere Absätze. Diese werden dann gemeinsam in einem dafür vorgegebenen Block dargestellt.

Ein Beispiel für die Verwendung des `div`-Tags wäre der folgende Code:

```
<div>
    <h1>Überschrift</h1>
    <p>
        Lorem ipsum dolor sit amet, consectetuer adipiscing elit.
        Aenean commodo ligula eget dolor. Aenean massa. Cum sociis
        natoque
        penatibus et magnis dis parturient montes, nascetur ridiculus
        mus. Donec quam felis, ultricies nec, pellentesque eu,
        pretium quis, sem. Nulla consequat massa quis enim.
    </p>
    <p>
        Lorem ipsum dolor sit amet, consectetuer adipiscing elit.
        Aenean commodo ligula eget dolor. Aenean massa.
    </p>
</div>
<div>
    <h2>Untergeordnete Überschrift</h2>
    <p>
        Lorem ipsum dolor sit amet, consectetuer adipiscing elit.
        Aenean commodo ligula eget dolor. Aenean massa. Cum sociis
        natoque
        penatibus et magnis dis parturient montes, nascetur ridiculus
        mus.
    </p>
</div>
```

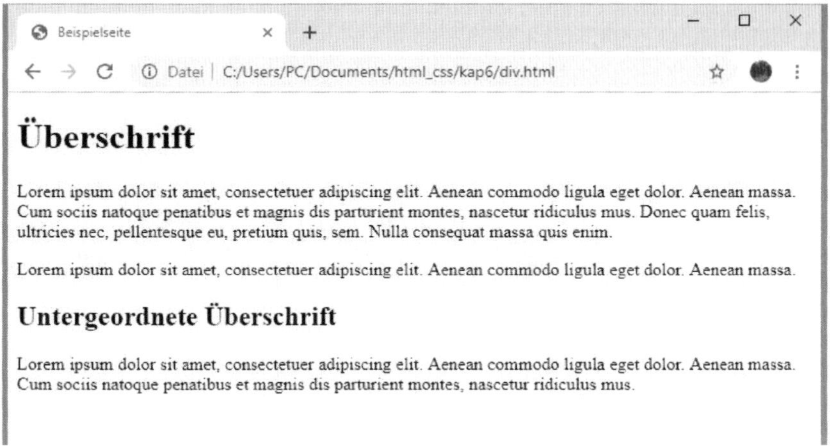

Screenshot 14: Die div-Tags sind nicht zu bemerken

Die Verwendung der `div`-Tags ist bei reinen HTML-Seiten in der Regel überhaupt nicht zu bemerken. Lediglich wenn sie Elemente einschließen, die nicht in einer eigenen Zeile dargestellt werden, sieht man den Unterschied. In diesem Fall wird am Anfang und am Ende des `div`-Tags jeweils ein Zeilenumbruch hinzugefügt.

Obwohl die `div`-Tags auf den ersten Blick keinen Effekt haben, sind sie in unzähligen Seiten enthalten. Wenn man die einzelnen Bestandteile wie im obigen Beispiel einteilt, wäre es beispielsweise möglich, sie in verschiedenen Bereichen der Seite anzuzeigen oder spezielle Layout-Vorgaben für sie zu machen. Dafür ist jedoch CSS notwendig, was erst später in diesem Buch behandelt wird.

Darüber hinaus kann man einen Bereich mit dem `span`-Tag eingrenzen. Dieses ist genau wie das `div`-Tag bei der Ausgabe der Seite nicht wahrnehmbar, solange man keine CSS-Vorgaben dafür macht.

Allerdings gibt es dabei einen wichtigen Unterschied. Das `div`-Tag erzeugt ein Block-Element. Das hat zur Folge, dass der Inhalt immer als eigener Block dargestellt wird. Er erscheint daher in einer neuen Zeile und auch danach folgt ein Zeilenumbruch. Das `span`-Tag erzeugt hingegen ein Inline-Element. Das bedeutet, dass der Inhalt in der gleichen Zeile erscheint wie die vorhergehenden und die nachfolgenden Bereiche. Ein Zeilenumbruch wird nicht eingefügt. Dieser Unterschied ist nicht nur für das Verständnis von `div`- und `span`-Tags wichtig. Auch alle anderen HTML-Tags erzeugen entweder Block- oder Inline-Elemente. Bei der Verwendung sollte man dieses Verhalten stets berücksichtigen, um die gewünschte Darstellungsweise zu erreichen.

Abschließend soll noch ein kurzes Code-Beispiel vorgestellt werden, das das `span`-Tag verwendet. Per CSS könnte man die Darstellung beeinflussen – beispielsweise durch einen Hintergrund, eine andere Schriftfarbe oder eine andere Schriftgröße. Ohne CSS ist dieses Tag auf der Seite jedoch nicht bemerkbar.

```
<p>
    Lorem ipsum dolor sit amet, consectetuer adipiscing elit.
    <span>Aenean commodo ligula eget dolor.</span> Aenean massa.
    Cum sociis natoque penatibus et magnis dis parturient
    montes, nascetur ridiculus mus.
</p>
```

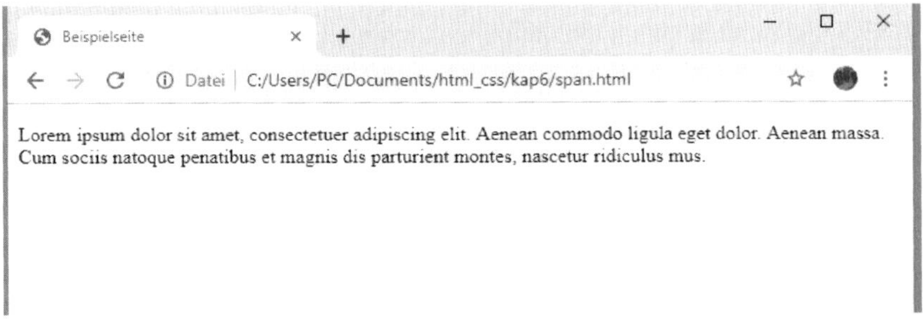

Screenshot 15: Die span-Tags sind auf der Seite nicht zu bemerken

Für reine HTML-Seiten ist die Verwendung von `div`- und `span`-Tags nicht sinnvoll. Daher werden sie zunächst nicht eingesetzt. Erst wenn wir uns später mit CSS befassen, spielen sie eine wichtige Rolle. Dennoch ist es sinnvoll, wenn man bereits jetzt deren Bedeutung versteht, da sie ausgesprochen häufig zum Einsatz kommen.

Allerdings bleibt anzumerken, dass die Verwendung des `div`-Tags seit der Einführung von HTML5 stark abgenommen hat. Zwar wird es nach wie vor voll unterstützt. Allerdings bietet HTML5 dazu viele weitere Alternativen an, die nicht nur den Container festlegen, sondern auch gleich dessen Bedeutung. Diese Tags werden als semantische Auszeichnungen bezeichnet. Ihre Verwendung wird in Kapitel 12 vorgestellt.

6.6. Kommentare für ein besseres Verständnis des Codes

Der Code einer HTML-Seite, eines Computerprogramms oder eines anderen Dokuments aus dem IT-Bereich ist häufig nur schwer zu verstehen. Aus diesem Grund ist es üblich, für die einzelnen Schritte Erklärungen einzufügen. Diese werden als Kommentare bezeichnet.

Während der Entwicklung ist es außerdem sinnvoll, direkt im Code anzugeben, welche Aufgaben noch zu erledigen sind. Auf diese Weise kann man diese Erinnerung genau an der richtigen Stelle einfügen. Auch hierfür sind Kommentare sehr hilfreich.

Kommentare sollen jedoch nicht auf der Seite ausgegeben werden. Sie dienen lediglich zur Erläuterung des Quellcodes, sollen aber sonst keine Auswirkung haben. Um das zu bewirken, ist es notwendig, sie entsprechend zu kennzeichnen.

In HTML kommt hierfür zu Beginn des Kommentars die Zeichenfolge <!-- zum Einsatz. Am Ende des Kommentars muss man --> einfügen. Der Bereich, der zwischen diesen Elementen steht, hat keinerlei Auswirkungen auf die Inhalte oder das Layout der Seite.

Das folgende Beispiel fügt zwei Kommentare in den Code ein:

```
<h1>Hauptüberschrift</h1>
<!--Die Hauptüberschrift gibt das Thema vor und erscheint ganz oben
auf der Seite.-->
<p>
    Lorem ipsum dolor sit amet, consectetuer adipiscing elit.
    Aenean commodo ligula eget dolor. Aenean massa.
```

```
    Cum sociis natoque penatibus et magnis dis parturient
    montes, nascetur ridiculus mus.
</p>
<!--An dieser Stelle soll später ein Text erscheinen, der einen
Online-Shop beschreibt.-->
```

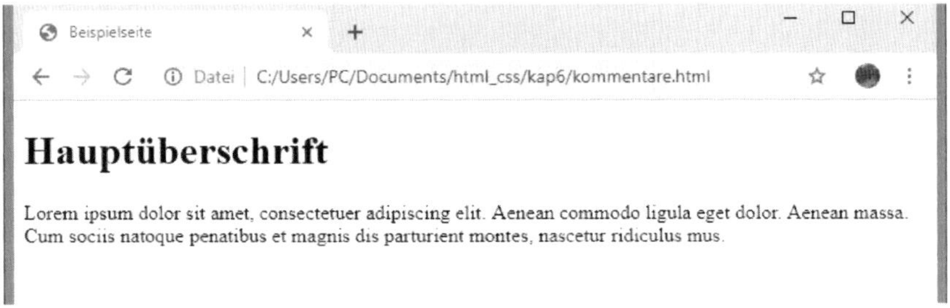

Screenshot 16: Die Kommentare sind auf der Seite nicht zu sehen.

6.7. Übungsaufgabe: Inhalte in die Seite einfügen

1. Erstellen Sie eine Seite, die nach einer Hauptüberschrift drei Absätze darstellt. Bringen Sie danach eine Zwischenüberschrift und einen weiteren Absatz an.

2. Gestalten Sie einen kurzen Text für ein Tierheim, der auch einige Bewohner vorstellt. Stellen Sie die wichtigsten Tätigkeiten des Tierheims fett dar und die Namen der Tiere in kursiver Schrift. Überlegen Sie sich genau, welche Tags dafür jeweils sinnvoll sind.

Lösungen:

1.

```
<!DOCTYPE html>
<html lang = "de">
    <head>
        <title>
            Aufgabe 1
        </title>
        <meta charset="UTF-8">
        <meta name="description" content="Die Darstellung von
        Absätzen und Überschriften in HTML">
        <meta name="keywords"
        content="HTML,Lehrbuch,Internetseite, Überschriften,
        Absätze">
        <meta name="author" content="Max Mustermann">
    </head>

    <body>
        <h1>Hauptüberschrift</h1>
        <p>
            Lorem ipsum dolor sit amet, consectetuer adipiscing elit.
            Aenean commodo
            ligula eget dolor.
        </p>
        <p>
            Lorem ipsum dolor sit amet, consectetuer adipiscing elit.
            Aenean commodo
            ligula eget dolor. Aenean massa. Cum sociis natoque
            penatibus et magnis
            dis parturient montes, nascetur ridiculus mus. Donec quam
            felis,
            ultricies nec, pellentesque eu, pretium quis, sem.
        </p>
        <p>
            Lorem ipsum dolor sit amet, consectetuer adipiscing elit.
            Aenean commodo
            ligula eget dolor. Aenean massa. Cum sociis natoque
            penatibus et magnis
            dis parturient montes, nascetur ridiculus mus.
        </p>
        <h2>Zwischenüberschrift</h2>
        <p>
            Lorem ipsum dolor sit amet, consectetuer adipiscing elit.
            Aenean commodo
```

```
                ligula eget dolor. Aenean massa. Cum sociis natoque
                penatibus et magnis
                dis parturient montes, nascetur ridiculus mus. Donec quam
                felis,
                ultricies nec, pellentesque eu, pretium quis, sem. Nulla
                consequat massa
                quis enim.
            </p>
        </body>
    </html>
```

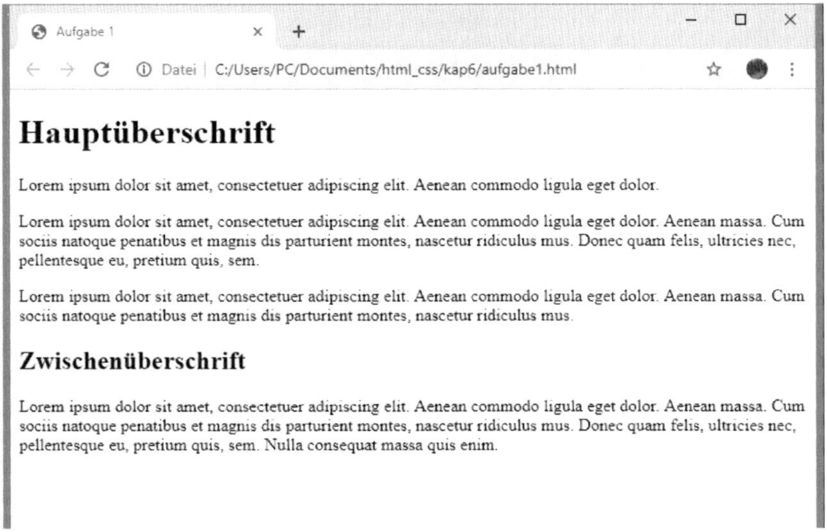

Screenshot 17: Die Seite mit den entsprechenden Absätzen.

Anmerkung: Selbstverständlich könnte man zur Trennung der Absätze unter der ersten Hauptüberschrift auch br-Tags verwenden.

2.

```
<!DOCTYPE html>
<html lang = "de">
    <head>
        <title>
            Aufgabe 2
        </title>
```

```
        <meta charset="UTF-8">
        <meta name="description" content="Darstellung unseres
        Tierheims">
        <meta name="keywords" content="Tierheim, entlaufene Tiere">
        <meta name="author" content="Max Mustermann">
    </head>
    <body>
        <h1>Unser Tierheim</h1>
        <p>
            In unserem <strong>Tierheim</strong> finden Tiere ein
            neues Zuhause.
            Wir nehmen <strong>entlaufene Tiere</strong> auf, deren
            Besitzer nicht
            auffindbar sind. Außerdem arbeiten wir mit einem
            <strong>Tierarzt
            </strong> zusammen, um die medizinische Versorgung
            sicherzustellen.
        </p>
        <p>
            Nun wollen wir einige unserer Bewohner vorstellen. Da ist
            beispielsweise die Katze <i>Kitty</i>, die bereits seit
            drei Jahren
            bei uns lebt. Der Hund <i>Wauwau</i> findet leider kein
            neues Herrchen,
            da er bei einem Unfall ein Auge verloren hat.
        </p>
    </body>
</html>
```

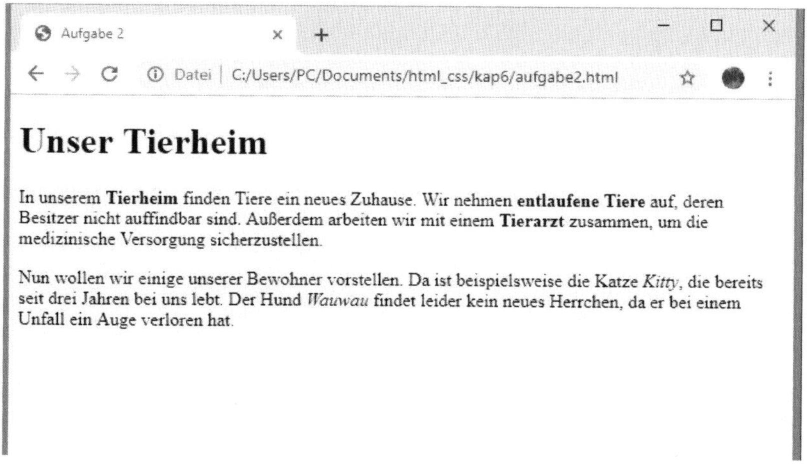

Screenshot 18: Der Text für das Tierheim

Für die fett gedruckten Wörter sollte das `strong`-Tag verwendet werden, da sie für den Inhalt eine besondere Bedeutung haben. Für die Tiernamen ist das `i`-Tag die richtige Wahl. Diese haben keine besondere Bedeutung für den Inhalt. Die kursive Darstellung macht lediglich deutlich, dass es sich dabei um einen Eigennamen handelt.

Alle Programmcodes aus diesem Buch stehen
kostenfrei zum Download bereit. Dadurch müssen
Sie Code nicht abtippen.

Außerdem erhalten Sie die eBook Ausgabe zum Buch im
PDF Format kostenlos auf unserer Website:

www.bmu-verlag.de/html-css
Downloadcode: siehe Kapitel 23

Kapitel 7

Links in die Seite einbinden

Links haben eine zentrale Bedeutung für das Internet. Zum einen sind sie für die Navigation innerhalb einer Website sehr wichtig. Indem man Links in das Navigationsmenü einfügt, kann man die einzelnen Seiten miteinander verbinden. Auf diese Weise lässt sich jede Unterseite erreichen. Darüber hinaus spielen Links eine große Rolle für die Verbindung zwischen unterschiedlichen Websites. Sie machen es möglich, dem Leser externe Inhalte zu präsentieren. Gut verlinkte Seiten sind in der Regel deutlich erfolgreicher als Angebote, die nur selten verlinkt werden.

Links waren bereits in der ersten HTML-Version vorhanden. Sie stellten von Anfang an eines der zentralen Strukturelemente von Internetseiten dar. Das folgende Kapitel stellt vor, wie man Links verwendet.

7.1. Das a-Tag: Linktext und Linkziel

Um einen Link in die Seite einzufügen, kommt das `a`-Tag (von anchor) zum Einsatz. Es verfügt über einen öffnenden und einen schließenden Teil. Der Text, der zwischen diesen Elementen steht, wird als Linktext oder als Ankertext bezeichnet. Wenn der Leser darauf klickt, wird er zur entsprechenden Seite weitergeleitet. Normalerweise sollte der Linktext einen Hinweis darauf geben, auf welche Seite der Link verweist. Wenn man beispielsweise eine Seite für einen Händler für Elektrogeräte erstellt und zur Unterseite für Kühlschränke verweisen will, dann wäre folgender Linktext sinnvoll:

```
<a>Kühlschränke</a>
```

Wenn man die `a`-Tags auf diese Weise in die Seite einfügt, passiert zunächst jedoch nichts. Das liegt daran, dass wir noch kein Linkziel vorgegeben haben. Ein Link muss immer ein genaues Ziel vorgeben – also eine Seite, die sich öffnet, wenn der Anwender den Link anklickt.

Das Linkziel gibt das `href`-Attribut vor. Dieses steht innerhalb des `a`-Tags. Danach folgen das Gleichheitszeichen und in Anführungszeichen die Seite, die geöffnet werden soll.

Um die Adresse einzugeben, gibt es mehrere Möglichkeiten. Zum einen kann das `href`-Attribut eine relative Adresse beinhalten. Das ist immer dann möglich, wenn sich die Datei für das Linkziel auf dem gleichen Rechner befindet. Das funktioniert auf dem eigenen PC genauso wie auf einem Webserver. Sollte sich die Zieldatei im gleichen Verzeichnis befinden, muss man lediglich ihren Namen angeben. Wenn die Seite, auf der die Kühlschränke präsentiert werden, den Namen kuehlschraenke.html trägt und sich im gleichen Ordner wie die entsprechende Seite befindet, kann man das Ziel so vorgeben:


```
<a href = "kuehlschraenke.html">Kühlschränke</a>
```

Um das auszuprobieren, ist es sinnvoll, eine weitere Datei mit dem entsprechenden Namen zu erstellen. Es ist vorerst nicht notwendig, diese mit Inhalten zu füllen. Es reicht aus, wenn die Datei existiert, damit beim Aufruf des Links kein Fehler entsteht. Nun kann man die Startseite des Händlers erstellen:

```
<h1>Willkommen in unserem Shop</h1>
<p>
    Besuchen Sie unsere Seite über <a href = "kuehlschraenke.
    html">Kühlschränke</a>!
</p>
```

Screenshot 19: Die Seite mit dem Link

Wenn man die Seite jetzt aufruft, erkennt man, dass sich die Darstellung des Linktexts geändert hat. Er wird nun farbig und unterstrichen dargestellt. Das ist die Standarddarstellung für Links in den meisten Webbrowsern. Per CSS können wir das Erscheinungsbild später aber auch problemlos verändern.

Wenn man ein Linkziel vorgibt, kommt es häufig vor, dass sich dieses nicht im gleichen Ordner befindet. Insbesondere bei größeren Websites ist es sinnvoll, mehrere Verzeichnisse zu erstellen, um die Übersicht nicht zu verlieren. In diesem Fall reicht es jedoch nicht mehr aus, einfach den Dateinamen zu nennen. Anstatt dessen ist es notwendig, den Pfad anzugeben.

Gehen wir davon aus, dass sich die Startseite im Stammverzeichnis der Website befindet. Dann wäre es beispielsweise sinnvoll, einen Ordner mit der Bezeichnung produkte zu erstellen und die Datei für die Kühlschränke darin abzuspeichern. Der Pfadname lautet dann so: produkte/kuehlschraenke.html. Dabei müssen die einzelnen Verzeichnisse jeweils durch einen Schrägstrich voneinander abgetrennt werden. Wenn man in der Verzeichnisstruktur einen Schritt zurückgehen will, dann muss man das durch zwei Punkte symbolisieren. Wenn man beispielsweise von der genannten Datei kuehlschraenke.html im Ordner produkte wieder auf die Startseite verlinken will, dann wäre dafür folgender Pfad notwendig : ../startseite.html.

Darüber hinaus besteht die Möglichkeit, absolute Adressen zu verwenden. Das ist beispielsweise immer notwendig, wenn man auf eine externe Seite auf einer anderen Domain verlinkt. In diesem Fall muss man die komplette URL angeben – also inklusive des Präfixes http:// beziehungsweise https://. Wenn man beispielsweise die Internetseite einer bekannten deutschen Tageszeitung verlinken will, wäre dafür folgender Link sinnvoll:

```
<a href = "https://www.faz.net">Nachrichten</a>
```

7.2. Weitere Attribute für den Link vorgeben

Das `href`-Attribut muss in jedem Link vorhanden sein, damit dieser funktioniert. Darüber hinaus gibt es jedoch noch einige weitere Attribute, die man optional zum Link hinzufügen kann.

Eine sinnvolle Ergänzung stellt es beispielsweise dar, das `title`-Attribut einzufügen. Dieses gibt dem Link einen Titel. Wenn der Anwender mit der Maus über den Ankertext fährt, erscheint die entsprechende Angabe in einem kleinen Kasten. Der Link aus dem vorherigen Beispiel könnte demnach so ergänzt werden:

```
<a href = "produkte/kuehlschraenke.html" title = "Unsere
Kühlschränke">Kühlschränke</a>
```

Screenshot 20: Die Anzeige mit dem Titel des Links

Auch das `target`-Attribut kommt häufig zum Einsatz. Damit kann man angeben, ob die Seite in einem neuen Fenster oder Tab geöffnet wird. Das ist insbesondere für externe Links sinnvoll, wenn man als Seitenbetreiber wünscht, dass der Leser trotz des Klicks auf den Link auf der eigenen Seite verbleibt. Dazu muss man als Wert für das Attribut `target = "_blank"` eingeben. Für interne Links ist die Verwendung dieses Attributs jedoch nicht sinnvoll.

Neben dem Wert `_blank` kann man in dieses Attribut noch einige weitere Werte eingeben. Diese beziehen sich jedoch auf die Verwendung von Frames. Da diese Technik allerdings schon lange veraltet ist, ist es nicht notwendig, sie hier vorzustellen.

Ein weiteres Attribut, das hin und wieder zum Einsatz kommt, trägt die Bezeichnung `rel` (für relationship). Dieses soll die Verbindung zum Linkziel angeben. Hier kann man mit dem Wert `author` beispielsweise zeigen, dass der Link zum Autor des Dokuments führt. Der Wert `next` gibt an, dass es sich beim Linkziel um das nächste Dokument einer zusammenhängenden Serie handelt. Der Wert `nofollow` spiel für die Suchmaschinen eine Rolle. Er gibt an, dass diese dem entsprechenden Link nicht folgen sollen, sodass er keine Auswirkung auf die Suchergebnisse hat.

Darüber hinaus gibt es noch einige weitere Attribute, die man zum `a`-Tag hinzufügen kann. Diese kommen jedoch vergleichsweise selten zum Einsatz. Wer sich dennoch über ihre Verwendung informieren will, findet unter folgendem Link eine entsprechende Auflistung:

https://www.w3schools.com/tags/tag_a.asp

7.3. Links innerhalb der Seite setzen

Wenn eine einzelne Internetseite sehr umfangreiche Inhalte präsentiert, dann wird sie sehr unübersichtlich. Das führt dazu, dass der Besucher die Inhalte nicht wie gewünscht aufnehmen kann. Daher verlässt er die Seite schnell wieder. Aus diesem Grund ist es wichtig, auch bei langen Texten für eine übersichtliche Struktur zu sorgen.

Eine Möglichkeit besteht darin, den Text auf mehrere Seiten aufzuteilen. Wenn der Anwender jedoch nicht den gesamten Inhalt lesen will, sondern eine ganz spezifische Information sucht, führt das häufig dazu, dass er mehrmals vor und zurück navigieren muss. Daher stellt das ebenfalls nicht die optimale Lösung dar.

Besonders übersichtlich wird die Seite, wenn man ein Inhaltsverzeichnis erstellt. Dieses sollte es dem Leser ermöglichen, direkt zu den einzelnen Bereichen zu springen. So findet er die Inhalte sehr schnell. Dafür ist es notwendig, interne Links innerhalb der Seite zu setzen.

In diesem Fall ist es nicht möglich, auf eine bestimmte Datei zu verlinken – da die einzelnen Abschnitte ja alle innerhalb der gleichen Datei stehen. Daher ist es notwendig, sie separat zu kennzeichnen. Dafür ist es sinnvoll, das `id`-Attribut zu verwenden.

Das `id`-Attribut gibt einem beliebigen HTML-Tag eine spezifische Bezeichnung. Diese muss einmalig sein. Das heißt, dass man die gleiche Bezeichnung nicht für mehrere Elemente verwenden darf. Daher ist es möglich, den entsprechenden Bereich über diese Bezeichnung eindeutig zu identifizieren. Um eine ID einzufügen, muss man den Ausdruck `id`, ein Gleichheitszeichen und daraufhin einen beliebigen Namen in Anführungszeichen in das Tag einfügen. Wenn wir ein Inhaltsverzeichnis erstellen möchten, ist es sinnvoll, auf die entsprechenden Überschriften zu verlinken. Daher müssen wir diese mit einem `id`-Attribut versehen:

```
<h1 id = "abschnitt1">Abschnitt 1</h1>
```

Bei einem längeren Text ist davon auszugehen, dass dieser mehrere Zwischenüberschriften enthält. Daher müssen wir diesen ebenfalls eine ID zuweisen. Dabei ist es wichtig, darauf zu achten, für jeden Bereich eine eigene Bezeichnung zu wählen.

Nun müssen wir noch das Inhaltsverzeichnis mit den entsprechenden Links erstellen. Dafür kommt wieder das bereits bekannte a-Tag mit dem `href`-Attribut zum Einsatz. Der einzige Unterschied besteht in der verwendeten Linkadresse. In diesem Fall muss man zunächst das Raute-Zeichen und danach die ID des Linkziels einfügen:

```
<a href = "#abschnitt1">Abschnitt 1</a>
```

Die folgende Seite enthält vier Abschnitte. Da die Verwendung von internen Links nur bei längeren Texten notwendig ist, sollte in jeden Abschnitt ein umfangreicher Lorem-ipsum-Text eingefügt werden. Da es jedoch nicht sinnvoll ist, diesen vollständig abzudrucken, wird hier nur eine verkürzte Form angegeben. Außerdem soll am Ende jedes Abschnitts ein interner Link eingefügt werden, mit dessen Hilfe der Leser wieder zurück zum Inhaltsverzeichnis gelangen kann. Deshalb erhält dieses ebenfalls eine ID:

```
<h1 id = "inhaltsverzeichnis">Inhaltsverzeichnis</h1>

        <a href = "#abschnitt1">Abschnitt 1</a><br>
        <a href = "#abschnitt2">Abschnitt 2</a><br>
        <a href = "#abschnitt3">Abschnitt 3</a><br>
        <a href = "#abschnitt4">Abschnitt 4</a>

        <h1 id = "abschnitt1">Abschnitt 1</h1>
        <p>
            Lorem ipsum dolor sit amet, consectetuer adipiscing elit.
            .
            .
            .
            Phasellus dolor.
        </p>
        <a href = "#inhaltsverzeichnis">Zurück zum
        Inhaltsverzeichnis</a>
        <h2 id = "abschnitt2">Abschnitt 2</h2>
        <p>
            Lorem ipsum dolor sit amet, consectetuer adipiscing elit.
            .
            .
            .
            Phasellus dolor.
        </p>
        <a href = "#inhaltsverzeichnis">Zurück zum
        Inhaltsverzeichnis</a>
        <h2 id = "abschnitt3">Abschnitt 3</h2>
        <p>
            Lorem ipsum dolor sit amet, consectetuer adipiscing elit.
            .
            .
            .
            Phasellus dolor.
        </p>
        <a href = "#inhaltsverzeichnis">Zurück zum
        Inhaltsverzeichnis</a>
        <h2 id = "abschnitt4">Abschnitt 4</h2>
        <p>
            Lorem ipsum dolor sit amet, consectetuer adipiscing elit.
            .
```

```
    .
    .
    Phasellus dolor.
</p>
<a href = "#inhaltsverzeichnis">Zurück zum
Inhaltsverzeichnis</a>
```

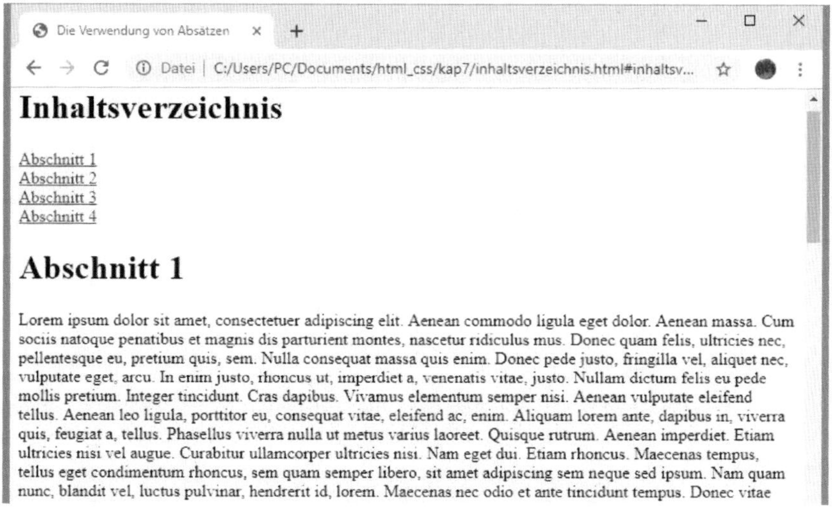

Screenshot 21: Die Seite mit dem Inhaltsverzeichnis

Früher war es üblich, die internen Links auf eine andere Weise zu setzen. Dazu wurden die Bereiche, die als Linkziel dienen sollten, nicht mit einer ID, ausgezeichnet. Anstatt dessen hat man sie mit einem a-Tag umschlossen. Dieses erhielt daraufhin ein name-Attribut:

```
<a name = "abschnitt1"><h1>Abschnitt 1</h1></a>
```

Der Link, der auf den entsprechenden Bereich verweist, verwendet nun das Rautezeichen mit dem Inhalt des name-Attributs. Da wir hierfür die gleiche Bezeichnung verwendet haben wie zuvor für die ID, müsste man die Links in diesem Beispiel daher nicht verändern. Das name-Attribut wird in HTML5 zwar noch unterstützt, aber als überholt eingestuft. Daher sollte man diese Form der internen Verlinkung nicht mehr verwenden.

7.4. Übungsaufgaben: Seiten mit Links erstellen

1. In Kapitel 7.1. haben wir die Seite startseite.html erstellt. Diese hat auf die Seite kuehlschraenke.html verlinkt. Diese haben wir zwar erstellt, doch blieb sie zunächst leer. Gestalten Sie diese Seite nun. Sie soll eine Überschrift und einen kurzen Begrüßungstext enthalten. Danach folgt ein Link, der den Besucher wieder zurück zur Startseite leitet. Die Seite kuehlschränke.html soll in einem eigenen Ordner stehen.

2. Erstellen Sie eine Seite, auf der Sie Ihre fünf persönlichen Lieblingsseiten auflisten. Gestalten Sie hierfür fünf externe Links. Diese sollen einen Titel enthalten, der anzeigt, was den Leser auf den entsprechenden Seiten erwartet. Außerdem sollen diese in einem neuen Tab beziehungsweise auf einer neuen Seite geöffnet werden.

3. Gestalten Sie eine Seite, die lediglich die Zahlen 1 und 2 enthält. Diese sollen jedoch durch so viele Leerzeilen voneinander getrennt sein, dass man scrollen muss, um von einer Zahl zur anderen zu gelangen. Wenn der Anwender auf die Zahl 1 klickt, soll er zur Zahl 2 weitergeleitet werden und umgekehrt. Erstellen Sie die dafür notwendigen internen Links.

Lösungen:

1.

```
<!DOCTYPE html>
<html lang = "de">
    <head>
        <title>
            Onlineshop für Kühlschränke
        </title>
        <meta charset="UTF-8">
        <meta name="description" content="Unsere Angebote für
        Kühlschränke">
        <meta name="keywords" content="Onlineshop, Kühlschränke,
        Elektrogeräte">
        <meta name="author" content="Max Mustermann">
    </head>

    <body>
        <h1>Unsere Kühlschränke</h1>
        <p>
            Hier werden später unsere Angebote für Kühschränke
            erscheinen.
        </p>
        <a href = "../startseite.html">Zurück zur Startseite</a>
    </body>
</html>
```

Screenshot 22: Die Seite für die Kühlschränke

2.

```
<!DOCTYPE html>
<html lang = "de">
    <head>
        <title>
            Meine Lieblingsseiten
        </title>
        <meta charset="UTF-8">
        <meta name="description" content="Fünf Links zu interessanten
        Seiten">
        <meta name="keywords" content="Links, Lieblingsseiten">
        <meta name="author" content="Max Mustermann">
    </head>

    <body>
        <h1>Meine Lieblingsseiten</h1>
        <br>
        <a href = "https://wikipedia.de/" title =
        "Onlineenzyklopädie"
            target="_blank">Wikipedia</a><br>
        <a href = "https://www.daserste.de/" title =
        "Fernsehprogramm"
            target="_blank">Fernsehprogramm ARD</a><br>
        <a href = "https://www.youtube.com/" title = "Videos
        anschauen"
            target="_blank">Youtube</a><br>
        <a href = "https://www.facebook.com/" title = "Soziales
        Netzwerk"
            target="_blank">Facebook</a><br>
        <a href = "https://www.google.com/" title = "Suchmaschine"
            target="_blank">Google</a><br>
    </body>
</html>
```

Screenshot 23: Die Liste mit den Links

3.

```
<!DOCTYPE html>
<html lang = "de">
    <head>
        <title>
            Interne Links
        </title>
        <meta charset="UTF-8">
        <meta name="description" content="Beispiel für Links
        innerhalb einer Seiter">
        <meta name="keywords" content="Links, interne Links">
        <meta name="author" content="Max Mustermann">
    </head>

    <body>
        <a href = "#2" id = "1">1</a>
        <br><br><br><br><br><br><br><br><br><br><br><br><br>
        <br><br><br><br><br><br>
        <br><br><br><br><br><br><br><br><br><br><br><br><br>
        <br><br><br><br><br><br>
        <br><br><br><br><br><br><br><br><br><br><br><br><br>
        <br><br><br><br><br><br>
        <br><br><br><br><br><br><br><br><br><br><br><br><br>
        <br><br><br><br><br><br>
        <a href = "#1" id = "2">2</a>
    </body>
</html>
```

Screenshot 24: Auf der Seite ist immer nur eine der beiden Zahlen zu sehen.

Alle Programmcodes aus diesem Buch stehen kostenfrei zum Download bereit. Dadurch müssen Sie Code nicht abtippen.

Außerdem erhalten Sie die eBook Ausgabe zum Buch im PDF Format kostenlos auf unserer Website:

www.bmu-verlag.de/html-css
Downloadcode: siehe Kapitel 23

Kapitel 8

Bilder und weitere Medien-Inhalte in die HTML-Seite einbauen

Internetseiten, die nur aus Text bestehen, wirken auf den Betrachter meistens recht langweilig. Gerade für den kommerziellen Einsatz ist das keine gute Voraussetzung. Daher ist es wichtig, die Seiten so zu gestalten, dass sie auch optisch ansprechend wirken. Ein wichtiges Mittel hierfür sind Bilder. Diese kann man einfach in die Seite einfügen, um sie dadurch interessanter zu gestalten. Dieses Kapitel stellt vor, wie man Bilder und andere Medieninhalte in eine Seite einbindet.

8.1. Das img-Tag für den Einbau von Grafiken

Um ein Bild in eine Seite einzubinden, muss dieses in einem passenden Format vorliegen. Welche Formate dabei unterstützt werden, hängt vom verwendeten Browser ab. Formate, die alle gängigen Browser darstellen, sind JPEG, GIF, PNG und SVG. Daher sollte man sich bei der Einbindung von Grafiken auf diese Formate beschränken. Die meisten Browser unterstützen jedoch noch viele weitere Dateitypen.

Wenn man nun ein Bild in die Seite einbinden will, kann man jedes beliebige Foto verwenden, das man auf dem Rechner abgespeichert hat. Damit die Leser jedoch alle die gleiche Seite erzeugen können, soll an dieser Stelle ein frei zugängliches Bild verwendet werden. Dabei wird nicht nur vorgestellt, wo man die entsprechenden Bilder erhält. Darüber hinaus zeigt dieses Kapitel, was man hinsichtlich des Copyrights beachten muss. Wenn man später eine Seite veröffentlicht, ist es häufig schwierig, für alle Bereiche eigene Bilder zu finden. Daher verwenden viele Webseitenbetreiber Fotos aus fremden Quellen. Damit dabei keine Probleme entstehen, muss man die Lizenzen der Bilder genau prüfen und alle Vorgaben dafür beachten.

In unsere Seite wollen wir das Bild einer Katze einbinden. Eine gute Quelle, um gebührenfreie Bilder zu finden, ist Wikipedia. Wenn wir hier Katze als Suchbegriff eingeben, öffnet sich eine Seite, die neben der Beschreibung auch viele Bilder enthält. Dort wählen wir nun folgendes Bild aus:

https://de.wikipedia.org/wiki/Hauskatze#/media/File:Hauskatze_filou.jpg

Wenn wir diesen Link öffnen, erscheint rechts unter dem Bild ein Link zu den Lizenzbedingungen. Dieser soll geöffnet werden, um zu erfahren, ob wir dieses Bild verwenden können. Hier steht, dass wir dieses Bild in beliebigen Medien teilen und weiterverbreiten dürfen – also sowohl auf unserer Internetseite als auch in diesem Buch. Als Bedingung dafür wird lediglich angegeben, dass wir den Autor angeben und das Bild unter der gleichen Lizenz (mit Link zu den Lizenzbedingungen) weiterverbreiten müssen. Darüber hinaus müssen wir es kenntlich machen, wenn wir Änderungen an dem Bild vorgenommen haben. Da wir dies jedoch nicht vorhaben, können wir diesen Punkt vernachlässigen.

Die Lizenzvorgaben müssen wir auf jeden Fall befolgen, wenn wir das Bild später auf einer öffentlich zugänglichen Webseite verwenden möchten. Auch für dieses Buch ist es wichtig, diese Bedingungen zu beachten. Daher sei hier erwähnt, dass das Bild unter dem oben dargestellten Link, das auch später in weiteren Screenshots erscheinen wird, von Nicolai Schäfer stammt. Es darf unter folgenden Bedingungen weiterverbreitet werden:

https://creativecommons.org/licenses/by-sa/2.0/de/deed.en

Um ein Bild in eine Seite einzufügen, kommt das `img`-Tag zum Einsatz. Dieses stellt eines der Tags dar, die für sich alleine stehen und die daher nicht geschlossen werden müssen. Innerhalb des `img`-Tags steht das Attribut `src`. Dieses enthält den Link zur Datei, unter der das Bild gespeichert ist.

Der oben angegebene Link führt jedoch noch nicht zur eigentlichen Bilddatei. Um diese zu erreichen, muss man das Bild nochmals anklicken. Daraufhin kann man die URL kopieren und in das `src`-Attribut einfügen:

```
<img src = "https://upload.wikimedia.org/wikipedia/commons/8/8b/
Hauskatze_filou.jpg">
```

Wenn man dieses Tag in die Seite einfügt, wird das Bild bereits angezeigt:

Screenshot 25: Das Bild wird nun im Browser angezeigt

Wenn man ein Bild verlinkt, das auf einem fremden Server abgelegt ist, bietet das einige Vorteile. Beispielsweise benötigt man dadurch auf dem eigenen Server weniger Speicherplatz und auch der Traffic wird geringer. Allerdings ist man in diesem Fall darauf angewiesen, dass der Betreiber der fremden Website das Bild dauerhaft unter dieser Adresse verfügbar macht. Sollte er dabei später eine Veränderung vornehmen, kann das dazu führen, dass unser Bild nicht mehr erreichbar ist. Aus diesem Grund ist es sinnvoll, das Bild herunterzuladen und auf dem eigenen Server (bzw. in diesem Fall auf unserem PC) abzuspeichern. Bei Wikipedia sind bereits zahlreiche Links für den Download der Bilder enthalten. Doch auch wenn keine entsprechenden Links vorhanden sind, kann man die Bilder problemlos herunterladen, indem man sie mit der rechten Maustaste anklickt und daraufhin "Bild speichern unter ..." auswählt.

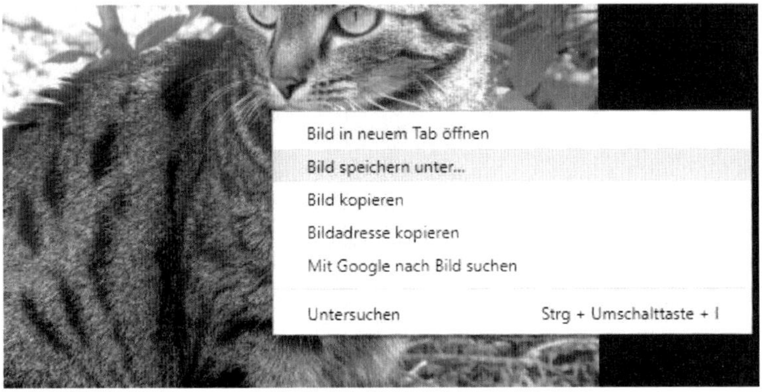

Screenshot 26: Das Bild herunterladen

Für eine bessere Übersicht ist es sinnvoll, alle Bilder für die Website in einem eigenen Ordner zu speichern. Dieser Ordner soll im folgenden Beispiel die Bezeichnung "bilder" tragen und sich im gleichen Verzeichnis wie die eigentliche Seite befinden. Als Namen für die Datei wählen wir katze.jpg aus. Genau wie bei den Links im vorherigen Kapitel können wir nun einen relativen Pfad angeben, um zum heruntergeladenen Bild zu gelangen:

```
<img src = "bilder/katze.jpg">
```

Da es sich um genau das gleiche Foto handelt, ist die Darstellung identisch mit dem vorherigen Beispiel.

8.2. Breite und Höhe festlegen

Das Bild, das wir im vorherigen Beispiel eingefügt haben, war sehr groß. Auf den meisten Internetseiten sollen jedoch nur kleinere Bilder als Ergänzung zum Text angezeigt werden. Wenn wie im vorherigen Beispiel das Browserfenster nicht einmal das komplette Bild anzeigen kann, ist dieses eindeutig zu groß.

Die optimale Lösung stellt es dar, das Bild mit einem Grafikprogramm zu verkleinern und neu aufzulösen. Das führt zu einer optimalen Bildqualität. Darüber hinaus verkleinert sich dabei die Dateigröße. Das bringt kürzere Ladezeiten mit sich. In unserem Beispiel steht das Bild sogar in verschiedenen Größen zur Verfügung. Dazu muss man den ursprünglichen Link öffnen und dort auf "Weitere Einzelheiten" klicken. Dort entdeckt man das Bild in unterschiedlichen Größen.

Wenn jedoch keine Quelle mit Bildern in unterschiedlicher Größe zur Verfügung steht und wenn man auch nicht über ein passendes Bildbearbeitungsprogramm verfügt, kann man die Größe auch direkt über HTML anpassen. Das stellt jedoch nur eine Notlösung dar, da darunter die Bildqualität leiden kann.

Wichtig ist es, dabei das Verhältnis zwischen Höhe und Breite beizubehalten. Wenn man das heruntergeladene Bild inspiziert, erkennt man, dass dieses eine Breite von 972 Pixeln und eine Höhe von 1265 Pixeln aufweist. Wenn man die Breite auf 200 Pixel festlegen will, würde das einer Höhe von 260 Pixeln entsprechen. Daher sollen diese Werte nun vorgegeben werden. Dazu dienen die Attribute width und height:

```
<img src = "bilder/katze.jpg" width = "200" height="260">
```

Screenshot 27: Das Bild mit der verkleinerten Darstellung

Auf diese Weise wäre es sogar möglich, das Bild zu verzerren, indem man das Verhältnis zwischen Größe und Breite ändert. Das führt jedoch zu einer wenig ansprechenden Darstellung im Browser.

Wie bereits erwähnt, ist es sinnvoller, das eigentliche Bild so zu gestalten, dass es die gewünschte Größe aufweist. So kann man es stets in der Originalgröße einbinden. Um das zu demonstrieren, soll das entsprechende Bild nun mit einer Auflösung von 369 x 480 Pixeln (https://upload.wikimedia.org/wikipedia/commons/thumb/8/8b/Hauskatze_filou.jpg/369px-Hauskatze_filou.jpg) heruntergeladen und unter der Bezeichnung katze_klein.jpg abgespeichert werden.

Wenn man das Bild ohne weitere Angaben in die Seite einbindet, wird es stets in der Originalgröße angezeigt. Dennoch sollte man die Höhe und die Breite immer angeben – selbst dann, wenn man die Größe nicht verändern will. Das erforderliche Tag sieht dann so aus:

```
<img src = "bilder/katze_klein.jpg" width = "369" height="480">
```

Die Größenangabe verändert in diesem Fall die Darstellung nicht. Allerdings ist sie insbesondere bei Seiten mit vielen Bildern oder bei einer langsamen Internetverbindung wichtig. Der Browser lädt zuerst die eigentliche HTML-Seite und erst anschließend die Bilder. Wenn es dabei zu Verzögerungen kommt, zeigt er zunächst nur den Text an, die Grafiken jedoch nicht. Wenn man die Dimensionen des Bildes nicht angibt, kann der Browser zunächst nicht wissen, wie groß dieses ist. Daher wird der benötigte Platz erst belegt, wenn es vollständig heruntergeladen ist. Das führt dazu, dass sich die Aufteilung von Bildern und Text nachträglich ändert. Das wirkt sehr störend, wenn man bereits begonnen hat, die Seite zu lesen. Wenn man jedoch die Größe bereits per HTML vorgibt, reserviert der Browser den entsprechenden Abschnitt, selbst wenn er das Bild noch nicht komplett heruntergeladen hat. Das sorgt dafür, dass sich die Aufteilung der einzelnen Bereiche nicht mehr ändert.

8.3. Einen Alternativtext vorgeben

Ein weiteres wichtiges Attribut für das `img`-Tag trägt die Bezeichnung `alt`. Dieses ermöglicht es, einen Alternativtext als kurze Beschreibung vorzugeben. Dieser wird beispielsweise angezeigt, bevor das Bild komplett heruntergeladen wurde. Auch wenn es dabei zu einem Fehler kommen sollte, sodass der Browser die Grafik nicht darstellen kann, verwendet er anstatt dessen den Alternativtext.

Von besonderer Bedeutung ist die Verwendung dieses Attributs für Menschen, die nicht sehen können. Diese verwenden zum Surfen im Internet meistens einen Screenreader, der die Seite vorliest. Bilder lassen sich jedoch nicht vorlesen. Damit die Besucher dennoch einen Eindruck davon bekommen, was hier dargestellt wird, sollte man per `alt`-Attribut eine kurze Beschreibung einfügen.

Auch für die Suchmaschinenoptimierung spielt dieses Attribut eine wichtige Rolle. Die meisten Anbieter bieten eine spezielle Bildersuche an. Um zu bestimmen, für welche Begriffe das entsprechende Bild von Bedeutung ist, werten sie unter anderem den Alternativtext aus.

Um den Alternativtext einzufügen, muss man lediglich das `alt`-Attribut integrieren und daraufhin in Anführungszeichen einen entsprechenden Text schreiben. Um die Anzeige des Alternativtexts zu verdeutlichen, soll der Dateiname im folgenden Beispiel einen kleinen Rechtschreibfehler enthalten. So kann der Browser das Bild nicht öffnen und stellt anstatt dessen den Alternativtext dar:

```
<img src = "bilder/katze_klen.jpg" width = "369" height="480"
    alt = "Eine Hauskatze vor einem Busch mit grünen Blättern">
```

Screenshot 28: Da das Bild nicht verfügbar ist, stellt der Browser den Alternativtext dar

Das `alt`-Attribut ist von großer Bedeutung. Wie die vorhergehenden Beispiele gezeigt haben, stellt der Browser die Bilder auch ohne diese Angabe dar. Allerdings wird es in der offiziellen HTML-Spezifikation als notwendiges Attribut bezeichnet. Das bedeutet, dass ein `img`-Tag ohne alt-Attribut kein korrektes HTML darstellt.

8.4. figure, figcaption: neue Möglichkeiten durch HTML5

Bei vielen Bildern ist es sinnvoll, eine Beschriftung hinzuzufügen. Diese steht direkt unter dem Bild und ist unabhängig vom übrigen Text. Dazu muss man das Bild und den Text miteinander verbinden. Früher war es hierfür üblich, die beiden Elemente zusammen in ein `div`-Tag zu setzen. Per CSS war es dann möglich, dafür zu sorgen, dass der Text genau unter dem Bild erscheint.

Wie bereits früher in diesem Buch erwähnt wurde, führte HTML5 jedoch zahlreiche semantische Auszeichnungen ein. Das bedeutet, dass diese die entsprechenden Elemente nicht nur in einem Container zusammenfassen, sondern auch die Funktion innerhalb der Seite angeben. Für Bilder kommt das `figure`-Tag zum Einsatz. Daher ist es sinnvoll, alle `img`-Tags auf diese Weise auszuzeichnen.

Wenn man unter dem Bild eine Beschriftung einfügen will, kann man nun das figcaption-Tag verwenden, das ebenfalls mit HTML5 eingeführt wurde. Hier ist es möglich, kurz zu beschreiben, was auf dem Bild zu sehen ist. Außerdem kann man hier Angaben zum Urheber und zur Lizenz machen. Wenn wir diese Tags in die Seite einbauen, sieht der Code für unser Katzenbild so aus:

```
<figure>
    <img src = "bilder/katze_klein.jpg" width = "369" height="480"
        alt = "Eine Hauskatze vor einem Busch mit grünen Blättern">
    <figcaption>Eine Hauskatze<br>
        Urheber: Nicolai Schäfer, Lizenz:
        <a href = "https://creativecommons.org/licenses/by-sa/2.0/de/
        deed.en">
            CC BY-SA 2.0 de</a>
    </figcaption>
</figure>
```

Screenshot 29: Das Bild mit der Beschriftung

8.5. Sound-Dateien in die Seite integrieren

Für ein Internet-Projekt kann auch eine akustische Untermalung sehr ansprechend wirken. Früher war die Einbindung von Sound-Dateien in HTML-Seiten jedoch recht schwierig. Hierfür war es notwendig, spezielle Plug-Ins zu verwenden. Seit der Einführung von HTML5 ist es jedoch deutlich einfacher geworden, Sound-Dateien in eine Internetseite einzubinden.

Um Sound in die Seite einzubinden, benötigt man eine entsprechende Audio-Datei. In diesem Fall wollen wir eine MP3-Datei verwenden. Wenn gerade kein passendes Musikstück zur Verfügung steht, kann man auf verschiedenen Seiten (bspw. https://www.bensound.com) kostenlose Audio-Dateien herunterladen. Die Datei soll für dieses Beispiel in einem eigenen Ordner mit der Bezeichnung audio unter dem Titel sound.mp3 abgespeichert werden.

Um die Datei in die Seite einzubinden, kommt das `audio`-Tag zum Einsatz. Darin steht mindestens ein `source`-Tag, das in einem `src`-Attribut die Datei enthält, die abgespielt werden soll. Wenn man eine Audio-Datei mit der Bezeichnung sound.mp3 im Ordner audio abgespeichert hat, kann man diese auf folgende Weise einbinden:

```
<audio>
    <source src="audio/sound.mp3">
</audio>
```

Wenn man die Seite nun aufruft, passiert jedoch zunächst einmal nichts. Um das zu ändern, muss man das `audio`-Tag mit passenden Attributen ausstatten. Sinnvoll ist es, das Attribut `controls` zu verwenden. Dieses muss nicht mit einem speziellen Wert versehen werden. Es reicht aus, diesen Begriff einzufügen. Der Code sieht dann so aus:

```
<audio controls>
    <source src="audio/sound.mp3">
</audio>
```

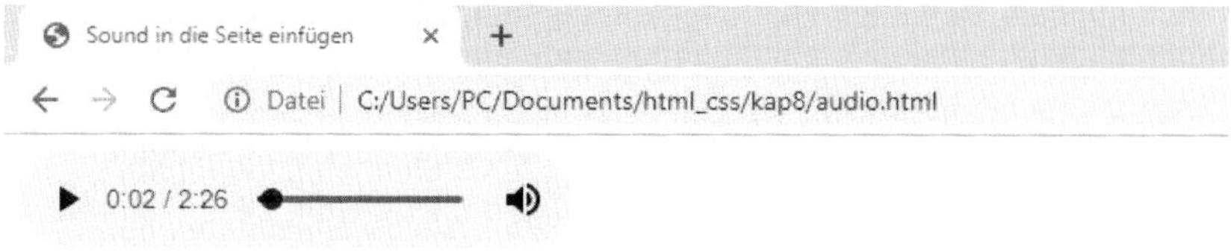

Screenshot 30: Die Seite für die Wiedergabe

Wenn man die Seite nun erneut lädt, erscheint ein Feld, mit dem man die Wiedergabe steuern kann. Wenn der Anwender auf Play drückt, erklingt nun die eingefügte Sounddatei.

Alternativ oder als Ergänzung zum `controls`-Attribut kann man auch das Attribut `autoplay` verwenden. Dieses sorgt dafür, dass der Browser die Musik direkt nach dem Laden der Seite abspielt. Allerdings unterstützten moderne Chrome-Versionen dieses Attribut nicht. Für Microsoft Edge, Firefox oder viele weitere Browser kann man es jedoch problemlos verwenden. Allerdings sollte man es nur mit Vorsicht nutzen, da die meisten Anwender es als unangenehm empfinden, wenn die Musik ohne vorherige Bestätigung erklingt.

Darüber hinaus ist es möglich, das `loop`-Attribut einzufügen. Dieses führt dazu, dass die Musik in einer Endlosschleife ertönt.

Innerhalb der `audio`-Tags ist es möglich, mehrere `source`-Tags einzufügen. Da nicht alle Browser jedes Audio-Format unterstützen, kann man hierbei auch mehrere Optionen zur Auswahl anbieten. Wenn das erste angegebene Format nicht unterstützt wird, probiert der Browser die zweite Angabe aus. Wenn mehrere Sound-Dateien angegeben sind, fährt er damit so lange fort, bis er eine Datei findet, die er unterstützt. Der folgende Code gibt eine wav-Datei als Alternative an. Außerdem fügt er bei den jeweiligen Dateien den Typ per `type`-Attribut hinzu:

```
<audio controls>
    <source src="audio/sound.mp3" type="audio/mpeg">
    <source src="audio/sound.wav" type="audio/wav">
```

```
    Ihr Browser unterstützt das audio-Element nicht.
</audio>
```

Darüber hinaus steht innerhalb der audio-Tags ein einfacher Text. Dieser wird jedoch bei Browsern die das audio-Tag unterstützen, nicht angezeigt. Lediglich ältere Versionen, die vor der Einführung von HTML5 entstanden, unterstützen dieses Element nicht. Diese zeigen dann den entsprechenden Text an. Daher bietet sich dieser optimal an, um einen entsprechenden Hinweis auszugeben.

8.6. Videos und Animationen einbinden

Besonders ansprechend wirkt es auf die Besucher, wenn man Videos oder Animationen in die Seite einbindet. Diese rufen häufig ein besonderes Interesse hervor und sorgen dafür, dass der Besucher lange auf der Seite verweilt. Genau wie bei der Einbindung von Audio-Dateien war es früher notwendig, für Videos Plug-In zu verwenden. Doch auch in diesem Bereich brachte HTML5 eine erhebliche Erleichterung mit sich.

Zunächst ist es jedoch auch hierbei notwendig, über eine passende Video-Datei zu verfügen. Jeder Leser kann hierfür seine letzten Urlaubsvideos verwenden. In diesem Beispiel kommt jedoch eine Video-Datei zum Einsatz, die kostenfrei heruntergeladen und verwendet werden kann. Die entsprechende Lizenz sieht es nicht einmal vor, dass der Urheber genannt werden muss. Das verwendete Video ist unter folgendem Link verfügbar:

https://www.videvo.net/video/barcelona-waves-4/4173/

Hier soll nun das entsprechende Video heruntergeladen und unter dem Titel video.mp4 im Ordner videos abgespeichert werden. Um es in die Seite einzubinden, kommt das video-Tag zum Einsatz. Dieses ist beinahe genau gleich aufgebaut wie das audio-Tag. Auch hier muss man source-Tags einfügen, um die Datei zu nennen, die abgespielt werden soll. Hierbei ist es ebenfalls möglich, mehrere alternative Dateien zu nennen. Darauf soll in diesem Beispiel jedoch verzichtet werden.

Um die Wiedergabe zu steuern, ist es auch beim `video`-Tag notwendig, das `controls`-Attribut zu verwenden. Darüber hinaus ist es möglich, wie bei Bildern die Höhe und die Breite per `height`- und `width`-Attribut anzugeben. Diese Attribute sind bei der Wiedergabe von Videos besonders wichtig, da es hierbei mit einem deutlich höheren Aufwand verbunden wäre, die Originalgröße zu verändern.

Um das genannte Video in die Seite einzubinden, kommt folgender Code zum Einsatz:

```
<video controls width = "600" height = "383">
    <source src="videos/video.mp4" type="video/mp4">
    Ihr Browser unterstützt das video-Element nicht.
</video>
```

Screenshot 31: Die Seite mit dem Video

8.7. Übungsaufgabe: Medien-Inhalte in die Seite einbauen

1. In der Übungsaufgabe zu Kapitel 6 haben wir eine Seite für ein Tierheim erstellt und dabei zwei Bewohner vorgestellt. Fügen Sie unter diesem Text zwei Fotos ein – eines von einer Katze und eines von einem Hund. Verwenden Sie hierfür eigene Bilder oder laden Sie diese aus dem Internet herunter. Fügen Sie bei beiden Fotos eine

passende Beschriftung hinzu. Passen Sie die Größe der Bilder so an, dass beide zusammen mit dem Text im Browserfenster zu sehen sind, ohne zu scrollen.

2. Suchen Sie im Internet nach einer Audio-Datei, auf der Hundegebell zu hören ist. Fügen Sie diese ebenfalls in die Seite ein, sodass die Besucher den hier vorgestellten Hund auch hören können.

Lösungen:

1.

```
<!DOCTYPE html>
<html lang = "de">
    <head>
        <title>
            Aufgabe 1
        </title>
        <meta charset="UTF-8">
        <meta name="description" content="Darstellung unseres
        Tierheims">
        <meta name="keywords" content="Tierheim, entlaufene Tiere">
        <meta name="author" content="Max Mustermann">
    </head>

    <body>
        <h1>Unser Tierheim</h1>
        <p>
            In unserem <strong>Tierheim</strong> finden Tiere ein
            neues Zuhause.
            Wir nehmen <strong>entlaufene Tiere</strong> auf, deren
            Besitzer nicht
            auffindbar sind. Außerdem arbeiten wir mit einem
            <strong>Tierarzt
            </strong> zusammen, um die medizinische Versorgung
            sicherzustellen.
        </p>
        <p>
            Nun wollen wir einige unserer Bewohner vorstellen. Da ist
            beispielsweise die Katze <i>Kitty</i>, die bereits seit
            drei Jahren
            bei uns lebt. Der Hund <i>Wauwau</i> findet leider kein
            neues Herrchen,
            da er bei einem Unfall ein Auge verloren hat.
        </p>
        <figure>
            <img src = "bilder/katze2.jpg" width = "200" height="150"
                alt = "Unsere Katze Kitty">
            <figcaption>Die Katze Kitty sucht ein neues Zuhause</
            figcaption>
        </figure>
        <figure>
            <img src = "bilder/hund.jpg" width = "200" height="150"
                alt = "Unser Hund Wauwau">
            <figcaption>Der Hund Wauwau ist sehr verspielt</figcaption>
```

```
        </figure>
    </body>
</html>
```

Screenshot 32: Die Seite mit den Bildern

2.

```
<!DOCTYPE html>
<html lang = "de">
    <head>
        <title>
            Aufgabe 1
        </title>
        <meta charset="UTF-8">
        <meta name="description" content="Darstellung unseres
        Tierheims">
```

```
        <meta name="keywords" content="Tierheim, entlaufene Tiere">
        <meta name="author" content="Max Mustermann">
    </head>

    <body>
        <h1>Unser Tierheim</h1>
        <p>
            In unserem <strong>Tierheim</strong> finden Tiere ein
            neues Zuhause.
            Wir nehmen <strong>entlaufene Tiere</strong> auf, deren
            Besitzer nicht
            auffindbar sind. Außerdem arbeiten wir mit einem
            <strong>Tierarzt
            </strong> zusammen, um die medizinische Versorgung
            sicherzustellen.
        </p>
        <p>
            Nun wollen wir einige unserer Bewohner vorstellen. Da ist
            beispielsweise die Katze <i>Kitty</i>, die bereits seit
            drei Jahren
            bei uns lebt. Der Hund <i>Wauwau</i> findet leider kein
            neues Herrchen,
            da er bei einem Unfall ein Auge verloren hat.
        </p>
        <figure>
            <img src = "bilder/katze2.jpg" width = "200px"
            height="150px"
                alt = "Unsere Katze Kitty">
            <figcaption>Die Katze Kitty sucht ein neues Zuhause</
            figcaption>
        </figure>
        <figure>
            <img src = "bilder/hund.jpg" width = "200" height="150"
                alt = "Unser Hund Wauwau">
            <figcaption>Der Hund Wauwau ist sehr verspielt</figcaption>
        </figure>
        <audio controls>
            <source src="audio/bellen.mp3" type="audio/mpeg">
            Ihr Browser unterstützt das audio-Element nicht.
        </audio>
    </body>
</html>
```

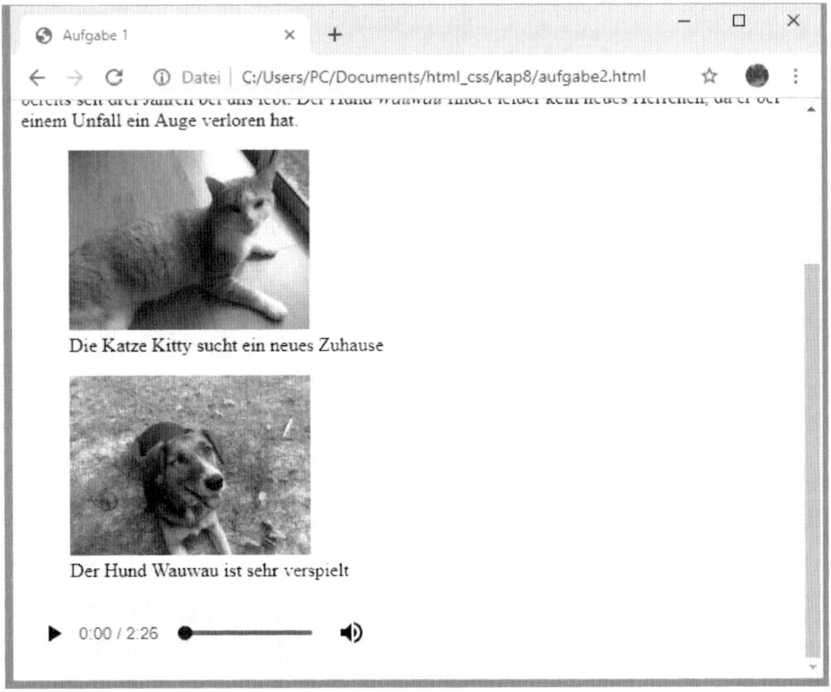

Screenshot 33: Die Seite mit der Audio-Datei

Wenn Sie kein passendes Hundegebell gefunden haben, können Sie folgenden Link ausprobieren: https://www.zapsplat.com/sound-effect-category/dogs/. Hier stehen viele Sounddateien mit Hundegebell kostenlos zur Verfügung. Für den Download ist jedoch eine Anmeldung erforderlich.

Alle Programmcodes aus diesem Buch stehen kostenfrei zum Download bereit. Dadurch müssen Sie Code nicht abtippen.

Außerdem erhalten Sie die eBook Ausgabe zum Buch im PDF Format kostenlos auf unserer Website:

www.bmu-verlag.de/html-css
Downloadcode: siehe Kapitel 23

Kapitel 9

Listen mit HTML gestalten

Um Informationen zu strukturieren, ist es sinnvoll, Listen zu verwenden. Diese ermöglichen eine sehr übersichtliche Darstellung der Sachverhalte. Das ist auch in wissenschaftlichen Texten von großer Bedeutung. Das führte dazu, dass Listen bereits in der ersten HTML-Version verfügbar waren. Bis heute kommen sie auf unzähligen Internetseiten zum Einsatz. Dieses Kapitel stellt die Verwendung von Listen vor.

9.1. Ungeordnete Listen

In HTML gibt es mehrere Arten von Listen. Die wohl am häufigsten verwendete Liste ist die ungeordnete Liste. Diese war bereits in der ersten HTML-Version vertreten. Wenn eine Liste ungeordnet ist, bedeutet das, dass die einzelnen Einträge über keine Nummerierung verfügen. Um diese einzuleiten, kommen häufig Punkte oder Striche zum Einsatz. Welches Symbol man hierfür verwenden will, kann man später per CSS festlegen. Selbstverständlich weisen die einzelnen Einträge aber dennoch eine Ordnung auf. Sie erscheinen in genau der gleichen Reihenfolge, wie wir sie im Quellcode angeben.

Um eine Liste zu kennzeichnen, sind immer mindestens zwei verschiedene Tags notwendig – eines um die gesamte Liste zu kennzeichnen und ein anderes, um die einzelnen Einträge zu markieren. Für die Kennzeichnung der Liste kommt das `ul`-Tag (für unordered list) zum Einsatz. Für die einzelnen Einträge verwenden wir `li`-Tags. Die grundlegende Struktur einer Liste sieht demnach wie folgt aus:

```
<ul>
	<li>Eintrag 1</li>
	<li>Eintrag 2</li>
	<li>Eintrag 3</li>
```

```
    .
    .
    .
    <li>Eintrag n</li>
</ul>
```

Diese Struktur wollen wir nun in die Praxis umsetzen. Zu diesem Zweck erstellen wir eine Einkaufsliste für unseren nächsten Einkauf:

```
<h1>Einkaufsliste</h1>
<ul>
    <li>Mehl</li>
    <li>Zucker</li>
    <li>Tomaten</li>
    <li>Kaffee</li>
    <li>Butter</li>
    <li>Käse</li>
    <li>Brot</li>
    <li>Zahncreme</li>
    <li>Orangensaft</li>
</ul>
```

Screenshot 34: Die Darstellung der Liste

Der obige Screenshot zeigt, welche Auswirkung die `ul`- und `li`-Tags haben. Vor jedem Eintrag erscheint ein Punkt, der die Aufzählung symbolisiert. Außerdem stehen die einzelnen Inhalte jeweils in einer eigenen Zeile. Schließlich ist die gesamte Liste eingerückt.

9.2. Geordnete Listen

In vielen Fällen dienen Listen dazu, eine bestimmte Reihenfolge oder Ordnung zum Ausdruck zu bringen. Im vorherigen Beispiel war dies nicht der Fall. Ob auf der Einkaufsliste der Zucker oder das Mehl an erster Stelle steht, ist nicht von Bedeutung. Wichtig ist lediglich, dass beide Produkte in der Liste erscheinen. Es gibt aber auch zahlreiche Situationen, in denen die Reihenfolge bei der Auflistung eine wichtige Rolle spielt. Wenn ein Verein beispielsweise die Ergebnisse eines Wettkampfs veröffentlicht oder wenn auf einer Seite Verkaufs- oder Nutzungsstatistiken für verschiedene Produkte erscheinen sollen, dann ist hierbei die Reihenfolge fest vorgegeben. Um diesen Sachverhalt deutlich zu machen, ist es üblich, jedem Eintrag eine entsprechende Nummer voranzustellen. Auch wenn die Anzahl der einzelnen Punkte von Bedeutung ist, kann eine Nummerierung sinnvoll sein – selbst wenn die Reihenfolge dabei keine Rolle spielt.

HTML bietet auch hierfür passende Tags an. Diese sind seit der HTML-Version 2.0 verfügbar. Sie zählen daher nicht zu den ursprünglichen Tags. In diesem Fall muss man die Liste in `ol`-Tags (für ordered list) stellen. Um die einzelnen Einträge einzufügen, kommen wie bei der ungeordneten Liste `li`-Tags zum Einsatz. Der Aufbau sieht daher ganz ähnlich aus:

```
<ol>
      <li>Eintrag 1</li>
      <li>Eintrag 2</li>
      <li>Eintrag 3</li>
      .
      .
      .
      <li>Eintrag n</li>
</ol>
```

Auch die Verwendung der geordneten Liste soll nun an einem kurzen Beispiel vorgestellt werden. In diesem Fall veröffentlicht ein Sportverein die Rangliste eines 100m-Laufs:

```
<ol>
    <li>Sven Mayer</li>
    <li>Thorsten Müller</li>
    <li>Kevin Richter</li>
    <li>Karsten Bauer</li>
    <li>Daniel Bayer</li>
    <li>Joachim Hübner</li>
</ol>
```

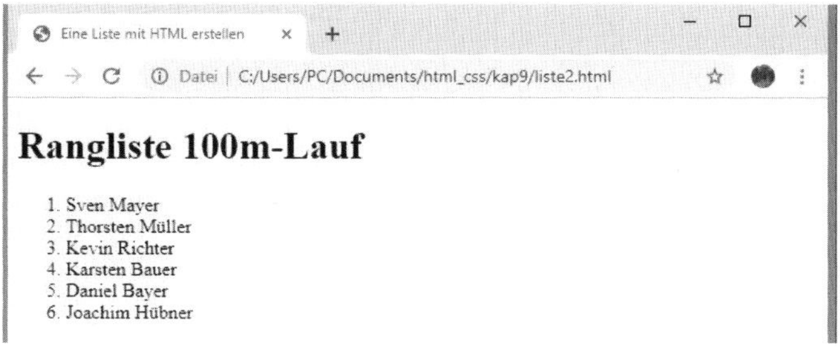

Screenshot 35: Die Darstellung der geordneten Liste

In der Darstellung im Screenshot wird deutlich, dass die Liste eine automatische Nummerierung erhält, wenn man `ol`-Tags verwendet. Die Standard-Ausführung verwendet dabei arabische Ziffern.

Geordnete Listen unterstützen mehrere Attribute, die die Darstellung verändern. Von Bedeutung ist dabei das `type`-Attribut. Dieses ermöglicht es, anstatt arabischer Ziffern andere Formen der Aufzählung zu verwenden – beispielsweise römische Zahlen oder alphabetisch geordnete Buchstaben. Um die entsprechenden Vorgaben zu machen, kommen folgende Werte infrage:”1”,”A”,”a”,”I” und “i”. Das folgende Beispiel zeigt die gleiche Rangliste wie der vorherige Code – dieses Mal aber mit römischen Zahlen:

```
<ol type = "I">
    <li>Sven Mayer</li>
    <li>Thorsten Müller</li>
    <li>Kevin Richter</li>
    <li>Karsten Bauer</li>
    <li>Daniel Bayer</li>
    <li>Joachim Hübner</li>
</ol>
```

Screenshot 36: Die Liste mit römischen Zahlen

Das `type`-Attribut wurde in HTML 4 als überholt eingestuft. Der Grund dafür besteht darin, dass man die entsprechenden Vorgaben auch mit CSS machen kann. Dabei hat man sogar deutlich umfangreichere Möglichkeiten. HTML5 unterstützt das `type`-Attribut jedoch wieder in vollem Umfang.

Ein weiteres Attribut für geordnete Listen trägt die Bezeichnung `reversed`. Dieses sorgt dafür, dass die Liste in umgekehrter Reihenfolge dargestellt wird. Als Wert muss man hierbei genau den gleichen Ausdruck angeben: `reversed = "reversed"`.

In manchen Fällen soll die Liste nicht mit der Zahl 1 beginnen. Das ist beispielsweise der Fall, wenn die Liste so lang ist, dass man sie auf zwei Seiten aufteilen will. In diesem Fall soll die Liste der zweiten Seite an der Stelle fortgeführt werden, an der die Liste der ersten Seite aufgehört hat. Das ist über das `start`-Attribut möglich. Hier kann man einen beliebigen Wert eingeben. Um die obige Rangliste auf einer anderen Seite fortzusetzen, kann man folgenden Code verwenden:

```
<ol start = "7">
    <li>Oliver Hinrichs</li>
    <li>Sebastian Hinderer</li>
    <li>Paul Lenz</li>
    <li>Erik Beck</li>
</ol>
```

Screenshot 37: Die Liste mit dem start-Attribut

9.3. Description List: Listen mit weiterführenden Angaben zu den Einträgen

Häufig ist es notwendig, jeden Wert in einer Liste mit einer weiteren Angabe zu versehen. Im Beispiel im vorherigen Abschnitt wäre es etwa interessant, zusätzlich die Zeiten anzugeben, die die entsprechenden Teilnehmer erzielt haben. Eine Möglichkeit besteht selbstverständlich darin, diese einfach in einer Klammer hinter den Sportlern anzugeben. Eine andere Alternative wäre es, eine Tabelle mit zwei Spalten zu erstellen. Tabellen werden seit HTML 2.0 unterstützt. HTML bietet jedoch bereits seit der Ur-Version eine spezielle Form der Liste an, die speziell für diese Aufgabe gedacht ist: die description list. Diese wurde früher auch als definition list bezeichnet. Sie wird bis heute voll unterstützt. Allerdings ist anzumerken, dass sie aufgrund der vielfältigen anderen Möglichkeiten, die man für die entsprechende Aufgabe verwenden kann, relativ selten zum Einsatz kommt.

Die description list steht in `dl`-Tags. Im Gegensatz zu den beiden anderen vorgestellten Listen-Typen kommen hierbei jedoch keine `li`-Tags zum Einsatz. Das liegt daran, dass hierbei jeder Eintrag aus zwei Teilen besteht. Daher müssen diese beiden Teile durch unterschiedliche Tags kenntlich gemacht werden.

In einer description list muss man immer zuerst den Namen oder Ausdruck angeben, den man beschreiben will. Dieser steht in `dt`-Tags (für definition term). Danach folgt die Beschreibung beziehungsweise die zusätzliche Angabe zum entsprechenden Ausdruck. Hierfür sind dd-Tags (für definition description) notwendig. Der Aufbau der definition list sieht dann so aus:

```
<dl>
    <dt>Ausdruck 1</dt><dd>Beschreibung 1</dd>
    <dt>Ausdruck 2</dt><dd>Beschreibung 2</dd>
    <dt>Ausdruck 3</dt><dd>Beschreibung 3</dd>
    .
    .
    .
    <dt>Ausdruck n</dt><dd>Beschreibung n</dd>
</dl>
```

Wenn man diese Vorlage nun mit den Ergebnissen des 100m-Laufs füllt, könnte die Liste so aussehen:

```
<dl>
    <dt>Sven Mayer</dt><dd>11,23s</dd>
    <dt>Thorsten Müller</dt><dd>11,45s</dd>
    <dt>Kevin Richter</dt><dd>11,76s</dd>
    <dt>Karsten Bauer</dt><dd>12,13s</dd>
    <dt>Daniel Bayer</dt><dd>12,47s</dd>
    <dt>Joachim Hübner</dt><dd>12,89s</dd>
</dl>
```

Screenshot 38: Die Darstellung der definition list

Der Screenshot zeigt, dass die Namen und die zugehörige Beschreibung jeweils in einer eigenen Zeile dargestellt werden. Um deutlich zu machen, dass die Werte zusammen gehören, rückt der Browser die Beschreibung jedoch ein.

9.4. Listen für die Navigation der Seite verwenden

Listen kommen für die Gestaltung einer Internetseite ausgesprochen häufig zum Einsatz. Das liegt darin begründet, dass sie nicht nur dazu dienen, eine Auflistung auf der Seite zu präsentieren. Darüber hinaus bieten sie die Möglichkeit, andere Elemente anzuordnen.

Besonders häufig kommen Listen zum Einsatz, um die Navigation einer Website zu gestalten. Fast jedes Internetangebot besteht aus mehreren Unterseiten. Es ist wichtig, diese von jeder einzelnen Seite aus zugänglich zu machen. Dafür kommt in der Regel ein Navigations-Menü zum Einsatz, das in jede Datei eingefügt wird.

Im Navigationsmenü ist es notwendig, alle Unterseiten aufzulisten. Die Liste eignet sich hierfür hervorragend als Gestaltungselement. Indem man für jede Unterseite einen Eintrag zur Liste hinzufügt, kann man das Navigationsmenü ansprechend und übersichtlich gestalten.

Das soll nun an einem Beispiel verdeutlicht werden. Dafür nehmen wir wieder die Seite für das Tierheim zur Hand, die bereits in Kapitel 6.7. erwähnt wurde. Da es sich hierbei um ein kleines Projekt handelt, soll die komplette Website lediglich aus 5 Seiten bestehen:

- Startseite mit Begrüßung
- Vorstellung der Tätigkeit
- Aufruf zu Spenden
- Tiere vermitteln
- Kontakt

Die Startseite wird in der Regel als index.html abgespeichert. Wenn ein Besucher lediglich den Namen der Domain eingibt, gibt der Webserver die Datei mit dieser Bezeichnung aus. Die Seite zur Vorstellung der Tätigkeit soll in der Datei beschreibung.html abgespeichert werden. Für die Seiten zu den Spenden, zur Vermittlung der Tiere und zum Kontakt sollen die Dateinamen spenden.html, adoption.html und kontakt.html zum Einsatz kommen.

Damit das Navigationsmenü funktioniert, muss jede einzelne Seite verlinkt werden. Es stellt kein Problem dar, a-Tags innerhalb der `li`-Tags anzubringen. Das bedeutet, dass man das komplette Listen-Element als Link gestalten kann. Vorausgesetzt alle Dateien befinden sich im gleichen Ordner, könnte man folgendes Menü erstellen:

```
<ul>
    <li><a href = "index.html">Startseite</a></li>
    <li><a href = "beschreibung.html">Über uns</a></li>
    <li><a href = "spenden.html">Tieren helfen</a></li>
    <li><a href = "adoption.html">Tier adoptieren</a></li>
    <li><a href = "kontakt.html">Kontakt</a></li>
</ul>
```

Damit die Links funktionieren, ist es selbstverständlich notwendig, die entsprechenden Dateien ebenfalls zu erstellen. Vorerst reicht es aus, hier lediglich die Liste für das Menü einzufügen. Im Moment soll lediglich die Startseite mit Inhalten versehen werden. Diese kann man aus der Übungsaufgabe zu Kapitel 6.7 übernehmen. Wenn man zu dieser Seite die Menüliste hinzufügt, sieht der Code dafür so aus:

```
<!DOCTYPE html>
<html lang = "de">
    <head>
        <title>
            Tierheim Musterstadt
        </title>
        <meta charset="UTF-8">
        <meta name="description" content="Darstellung unseres
        Tierheims">
        <meta name="keywords" content="Tierheim, entlaufene Tiere">
        <meta name="author" content="Max Mustermann">
```

```
    </head>

    <body>
        <ul>
            <li><a href = "index.html">Startseite</a></li>
            <li><a href = "beschreibung.html">Über uns</a></li>
            <li><a href = "spenden.html">Tieren helfen</a></li>
            <li><a href = "adoption.html">Tier adoptieren</a>
            </li>
            <li><a href = "kontakt.html">Kontakt</a></li>
        </ul>
        <h1>Unser Tierheim</h1>
        <p>
            In unserem <strong>Tierheim</strong> finden Tiere ein
            neues Zuhause.
            Wir nehmen <strong>entlaufene Tiere</strong> auf, deren
            Besitzer nicht
            auffindbar sind. Außerdem arbeiten wir mit einem
            <strong>Tierarzt
            </strong> zusammen, um die medizinische Versorgung
            sicherzustellen.
        </p>
        <p>
            Nun wollen wir einige unserer Bewohner vorstellen. Da ist
            beispielsweise die Katze <i>Kitty</i>, die bereits seit
            drei Jahren
            bei uns lebt. Der Hund <i>Wauwau</i> findet leider kein
            neues Herrchen,
            da er bei einem Unfall ein Auge verloren hat.
        </p>
    </body>
</html>
```

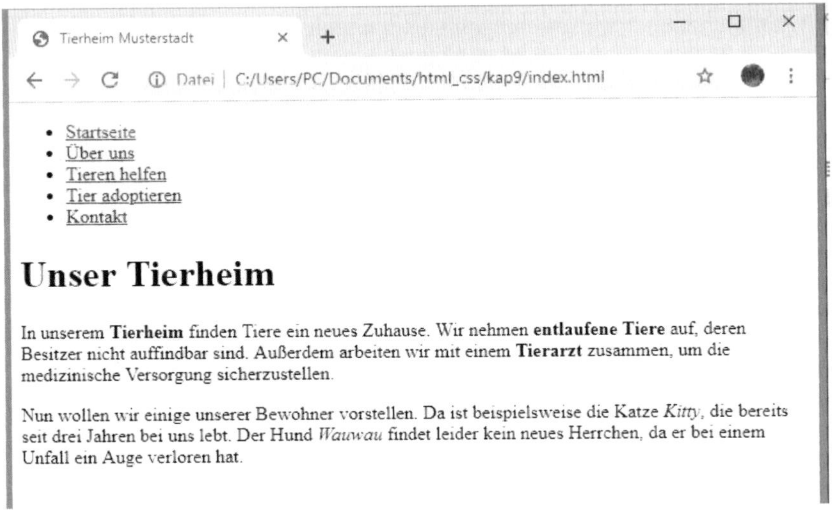

Screenshot 39: Die Seite mit dem Navigationsmenü

Der Screenshot zeigt, dass das Navigationsmenü bislang als gewöhnliche Liste über den eigentlichen Inhalten erscheint. Das entspricht jedoch nicht der typischen Darstellungsweise moderner Webseiten. Hierbei wird die Liste in der Regel ohne die Punkte, die die Auflistung symbolisieren, dargestellt. Außerdem erscheint das Menü normalerweise entweder in einer Linie über dem eigentlichen Inhalt oder untereinander aufgelistet links daneben. Doch auch für diese Darstellungsweisen kann man genau die gleiche Liste verwenden. Die entsprechende Gestaltung wird später per CSS vorgegeben.

9.5. Übungsaufgabe: mit Listen arbeiten

1. Im vorherigen Beispiel wurde nur die Startseite für das Tierheim erstellt. Fügen Sie nun die Seite mit dem Spendenaufruf hinzu. Diese soll drei Gründe enthalten, das Tierheim zu unterstützen. Stellen Sie diese Gründe in einer nummerierten Aufzählung dar.

2. Die Über-Uns-Seite soll vorstellen, welche Aufgaben das Tierheim übernimmt. Stellen Sie die Tätigkeiten ebenfalls als Liste dar. Welche Art von Liste ist dafür geeignet?
3. Die Seite mit den zu vermittelnden Tieren soll zunächst die Namen von vier Heimbewohnern auflisten. Als zusätzliche Angabe sollen dann die Tierart und das Alter erscheinen. Wählen Sie hierfür einen passenden Listentyp aus.

Lösungen:

1.

```
<!DOCTYPE html>
<html lang = "de">
    <head>
        <title>
            Für unser Tierheim spenden
        </title>
        <meta charset="UTF-8">
        <meta name="description" content="Darstellung unseres
        Tierheims">
        <meta name="keywords" content="Tierheim, entlaufene Tiere">
        <meta name="author" content="Max Mustermann">
    </head>

    <body>
        <ul>
            <li><a href = "index.html">Startseite</a></li>
            <li><a href = "beschreibung.html">Über uns</a></li>
            <li><a href = "spenden.html">Tieren helfen</a></li>
            <li><a href = "adoption.html">Tier adoptieren</a></li>
            <li><a href = "kontakt.html">Kontakt</a></li>
        </ul>
        <h1>Drei Gründe für die Unterstützung unseres Tierheims</h1>
        <ol>
            <li>Wir pflegen kranke Tiere wieder gesund.</li>
            <li>Wir bereiten alten Tieren einen angenehmen
            Lebensabend.</li>
            <li>Wir verhindern freilaufende und verwilderte Tiere in
            unserer Stadt.</li>
        </ol>
    </body>
</html>
```

Screenshot 40: Die Liste mit Gründen für Spenden für das Tierheim

2.

```
<!DOCTYPE html>
<html lang = "de">
    <head>
        <title>
            Über uns: Unser Tierheim stellt sich vor
        </title>
        <meta charset="UTF-8">
        <meta name="description" content="Darstellung unseres
        Tierheims">
        <meta name="keywords" content="Tierheim, entlaufene Tiere">
        <meta name="author" content="Max Mustermann">
    </head>

    <body>
        <ul>
            <li><a href = "index.html">Startseite</a></li>
            <li><a href = "beschreibung.html">Über uns</a></li>
            <li><a href = "spenden.html">Tieren helfen</a></li>
            <li><a href = "adoption.html">Tier adoptieren</a></li>
            <li><a href = "kontakt.html">Kontakt</a></li>
        </ul>
        <h1>Unsere Tätigkeiten</h1>
        <ul>
```

```
            <li>Aufnahme entlaufener Tiere</li>
            <li>Suche nach Besitzern</li>
            <li>Vermittlung an andere Tierfreunde, wenn die Besitzer
            nicht auffindbar sind</li>
            <li>Pflege nicht vermittelbarer Tiere</li>
            <li>Impfungen herrenloser Tiere</li>
        </ul>
    </body>
</html>
```

Screenshot 41: Die Liste mit den Tätigkeiten

Da hier die Reihenfolge unerheblich ist und auch kein besonderes Augenmerk auf die Anzahl gelegt wird, ist in diesem Fall die Verwendung einer ungeordneten Liste sinnvoll.

3.

```
<!DOCTYPE html>
<html lang = "de">
    <head>
        <title>
            Tiere zur Adoption
        </title>
        <meta charset="UTF-8">
        <meta name="description" content="Darstellung unseres
        Tierheims">
```

```
        <meta name="keywords" content="Tierheim, entlaufene Tiere">
        <meta name="author" content="Max Mustermann">
    </head>

    <body>
        <ul>
            <li><a href = "index.html">Startseite</a></li>
            <li><a href = "beschreibung.html">Über uns</a></li>
            <li><a href = "spenden.html">Tieren helfen</a></li>
            <li><a href = "adoption.html">Tier adoptieren</a></li>
            <li><a href = "kontakt.html">Kontakt</a></li>
        </ul>
        <h1>Diese Tiere können Sie adoptieren</h1>
        <dl>
            <dt>Kitty</dt><dd>Katze, 7 Jahre</dd>
            <dt>Wauwau</dt><dd>Hund, 12 Jahre</dd>
            <dt>Paul</dt><dd>Hamster, 2 Jahre</dd>
            <dt>Wilhelmine</dt><dd>Schildkröte, 43 Jahre</dd>
        </dl>
    </body>
</html>
```

Screenshot 42: Die Liste mit den Tieren zur Adoption

Da zu den jeweiligen Namen eine weitere Erklärung abgegeben wird, sollte eine description list verwendet werden.

Alle Programmcodes aus diesem Buch stehen kostenfrei zum Download bereit. Dadurch müssen Sie Code nicht abtippen.

Außerdem erhalten Sie die eBook Ausgabe zum Buch im PDF Format kostenlos auf unserer Website:

www.bmu-verlag.de/html-css
Downloadcode: siehe Kapitel 23

Kapitel 10
Tabellen

Im vorherigen Kapitel wurden bereits definition lists vorgestellt. Dabei handelte es sich um Listen, die es bei jedem Eintrag ermöglichten, eine Beschreibung hinzuzufügen. Die Struktur ist demnach wie bei einer Tabelle mit zwei Spalten – auch wenn die Darstellung im Browser etwas anders aussieht. HTML bietet jedoch auch Möglichkeiten, um Tabellen vollkommen frei zu gestalten – mit der Anzahl an Spalten und Zeilen, die für das entsprechende Projekt notwendig sind.

Früher kamen Tabellen auch dazu zum Einsatz, das Layout einer Seite festzulegen. Damals war es möglich, die Höhe und die Breite der einzelnen Zeilen und Spalten per HTML-Attribut vorzugeben. Auf diese Weise lassen sich bestimmte Bereiche auf der Seite definieren, die die Inhalte aufnehmen sollen. HTML5 unterstützt die hierfür notwendigen Attribute jedoch nicht mehr. Die Aufteilung der Seite muss hierbei per CSS festgelegt werden. Dennoch soll zum Abschluss dieses Kapitels vorgestellt werden, wie man früher das Layout einer Seite mit einer Tabelle festlegte – obwohl diese Technik mittlerweile veraltet ist. Das erlaubt es nicht nur, eine ansprechendere Gestaltung der Seite zu erzeugen, noch bevor wir auf die Verwendung von CSS eingegangen sind. Darüber hinaus ist diese Übung sehr hilfreich, um die Kenntnisse für die Gestaltung von Tabellen zu vertiefen.

10.1. Die Tabelle anlegen

Um eine Tabelle anzulegen, kommt das `table`-Tag zum Einsatz. Dieses umschließt den gesamten Inhalt. Alle Vorgaben für Zeilen und Spalten müssen daher innerhalb dieser Tags stehen.

Innerhalb der `table`-Tags ist es dann zunächst notwendig, die einzelnen Zeilen zu definieren. Hierfür kommen `tr`-Tags (für table row) zum

Einsatz. Für jede Zeile, die die Tabelle enthalten soll, muss demnach jeweils ein öffnendes und ein schließendes `tr`-Tag enthalten sein. Allerdings werden in die einzelnen Zeilen keine Inhalte direkt eingefügt.

Hierfür ist es notwendig, `td`-Tags (für table data cell) zu verwenden. Diese definieren innerhalb der jeweiligen Zeilen einzelne Zellen, die die Inhalte aufnehmen können. Dabei ist es vorerst wichtig, dass in jeder Zeile die gleiche Anzahl an Zellen vorhanden ist. Die Zahl der `td`-Tags pro Zeile gibt demnach auch die Anzahl der Spalten der Tabelle vor. In die `td`-Tags können wir daraufhin die gewünschten Werte einfügen.

Die Verwendung soll nun an einem Beispiel verdeutlicht werden. Zu diesem Zweck erstellen wir eine Tabelle, die drei Zeilen und vier Spalten enthalten soll. Dieses Beispiel stellt die verfügbaren Fahrzeuge eines Gebrauchtwagenhändlers dar. In der ersten Spalte steht das Modell, in der zweiten Spalte das Baujahr, in der dritten Spalte die PS-Zahl und in der vierten Spalte die Farbe. Insgesamt sollen drei verschiedene Fahrzeuge in der Tabelle enthalten sein.

```
<table>
    <tr>
        <td>VW Golf</td>
        <td>2010</td>
        <td>105</td>
        <td>grün</td>
    </tr>
    <tr>
        <td>Renault Clio</td>
        <td>2014</td>
        <td>95</td>
        <td>weiß</td>
    </tr>
    <tr>
        <td>Opel Corsa</td>
        <td>2009</td>
        <td>78</td>
        <td>grau</td>
    </tr>
</table>
```

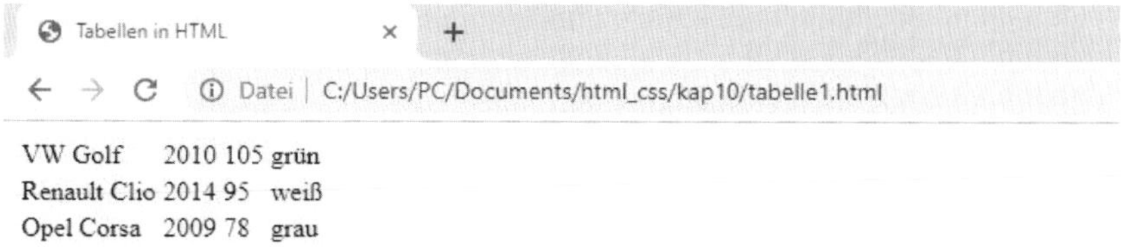

Screenshot 43: So sieht die Tabelle im Browser aus.

Nach diesem Muster kann man noch beliebige weitere Zeilen und Spalten hinzufügen. Auf diese Weise lassen sich Tabellen in der benötigten Größe erzeugen.

10.2. Beschriftungen hinzufügen

Die Tabelle, die wir im vorherigen Beispiel erstellt haben, hat es uns erlaubt, die Inhalte geordnet darzustellen. Allerdings ist es dem Besucher der Seite eventuell nicht ganz klar, was die entsprechenden Werte bedeuten. Beim Modell und bei der Farbe ist es sicherlich auch ohne weitere Kennzeichnung problemlos möglich, auf den Sinn der Einträge zu schließen. Auch beim Baujahr werden sich die meisten Besucher wohl denken können, wofür die Jahreszahl steht. Spätestens bei der PS-Zahl werden viele Leser jedoch nicht genau wissen, was der entsprechende Wert bedeutet, wenn man hierbei keine Erklärung angibt.

Aus diesem Grund soll die Tabelle aus dem vorherigen Abschnitt nun um passende Beschriftungen erweitert werden. Zu Beginn ist es immer sinnvoll, eine Überschrift für die Tabelle anzugeben. Zwar wäre es möglich, einfach vor der Tabelle eine entsprechende Überschrift einzufügen. Besser ist es jedoch, das `caption`-Tag zu verwenden. Dieses steht innerhalb der `table`-Tags und gibt der Tabelle eine Überschrift. Dabei ist es wichtig, darauf zu achten, dass es immer direkt nach dem öffnenden `table`-Tag stehen muss. Dazwischen dürfen keine anderen Inhalte vorkommen. Um eine Überschrift für die ganze Tabelle anzugeben, ist demnach folgender Code sinnvoll:

```
<caption>Unsere Gebrauchtwagen</caption>
```

Darüber hinaus ist es sinnvoll, für jede einzelne Spalte eine Beschriftung vorzugeben. Auf diese Weise sieht der Leser auf den ersten Blick, welche Inhalte darin angegeben werden. Zu diesem Zweck wäre es möglich, einfach eine weitere Zeile mit `tr`- und `td`-Tags einzufügen und in den entsprechenden Zellen die Beschriftung anzugeben. Besser ist es in diesem Fall jedoch, `th`-Tags (für table header) zu verwenden. Wie der Name bereits vermuten lässt, kommen diese zum Einsatz, um Überschriften zu erzeugen.

Wenn man Überschriften für die einzelnen Spalten gestalten will, muss man zunächst eine neue Zeile dafür erstellen. Dafür kommen wie gehabt `tr`-Tags zum Einsatz. Anstatt der `td`-Tags kann man nun jedoch einfach `th`-Tags verwenden. Deren Anzahl muss mit der Zahl der Spalten übereinstimmen. In die `th`-Tags kann man dann die entsprechende Beschriftung einfügen. Die Tabelle sieht dann so aus:

```
<table>
    <caption>Unsere Gebrauchtwagen</caption>
    <tr>
        <th>Modell</th>
        <th>Baujahr</th>
        <th>PS</th>
        <th>Farbe</th>
    </tr>
    <tr>
        <td>VW Golf</td>
        <td>2010</td>
        <td>105</td>
        <td>grün</td>
    </tr>
    <tr>
        <td>Renault Clio</td>
        <td>2014</td>
        <td>95</td>
        <td>weiß</td>
    </tr>
    <tr>
        <td>Opel Corsa</td>
        <td>2009</td>
        <td>78</td>
```

```
        <td>grau</td>
    </tr>
</table>
```

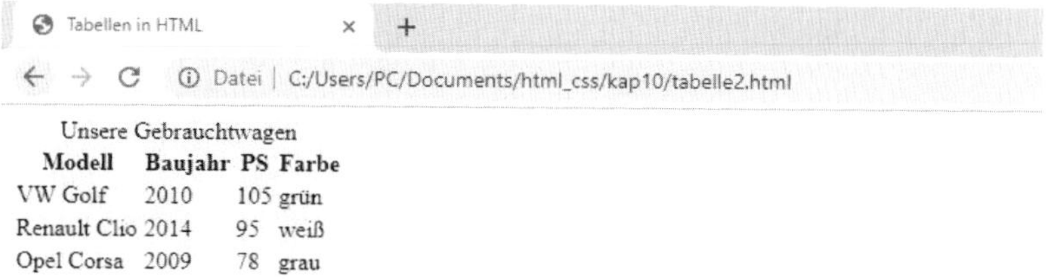

Screenshot 44: Die Darstellung der Tabelle mit den Beschriftungen

Der Screenshot zu diesem Codebeispiel zeigt, wie die th-Tags dargestellt werden. In den Standardeinstellungen geben alle gängigen Browser diese fett gedruckt aus. Darüber hinaus werden sie innerhalb der Zelle zentriert, während die Inhalte der gewöhnlichen `td`-Tags linksbündig erscheinen. Wenn man eine andere Darstellung wünscht, kann man diese Angaben jedoch später problemlos per CSS abändern.

10.3. Zellen miteinander verbinden

Bei den meisten Tabellen ist die Anzahl der Zellen für jede Spalte und Zeile konstant. Es kommt jedoch gelegentlich vor, dass ein bestimmter Eintrag für mehrer Spalten oder Zellen gültig ist. In diesem Fall ist es möglich, die einzelne Zelle so zu vergrößern, dass sie sich über mehrere Spalten oder Zeilen erstreckt.

Auch diese Funktion soll an einem Beispiel demonstriert werden. Dazu nehmen wir nochmals die Tabelle aus dem vorherigen Beispiel zur Hand. Der Händler, der diese erstellt hat, erhält nun zwei weitere Fahrzeuge, die er ebenfalls in sein Sortiment aufnehmen will. Dabei handelt es sich um zwei Autos vom Typ Renault Clio, sodass insgesamt drei dieser Fahrzeuge zur Verfügung stehen – allerdings mit unterschiedlichen technischen Details. Nun wäre es selbstverständlich möglich, das entsprechende Modell drei Mal zu nennen. Das würde jedoch zu einer etwas unübersichtlichen Darstellung führen. Besser wäre es, das Modell nur ein einziges Mal anzugeben und die entsprechende Zelle so zu vergrößern, dass sie sich über drei Zeilen erstreckt. In den übrigen Zeilen gibt man dann nur noch die spezifischen Werte des entsprechenden Fahrzeugs an.

Hierfür kommt das Attribut rowspan zum Einsatz. Dieses gibt an, über wie viele Zeilen sich eine Zelle erstrecken soll. Da die Angabe für dieses Modell drei Zeilen einnimmt, muss man das Attribut `rowspan = "3"` verwenden. Die Zeile für den ersten Renault Clio sieht dann so aus:

```
<tr>
    <td rowspan = "3">Renault Clio</td>
    <td>2014</td>
    <td>95</td>
    <td>70</td>
    <td>weiß</td>
</tr>
```

Nun muss man die Zeilen für die anderen Fahrzeuge dieses Modells einfügen. Dabei ist es wichtig, zu beachten, dass die erste Zelle der jeweiligen Zeile bereits belegt ist. Wenn in der vorherigen Zeile angegeben wurde, dass sich die erste Zelle über drei Zeilen erstrecken soll, kann man die erste Zelle in den darauffolgenden Zeilen nicht nochmals definieren. Daher werden hier nur drei `td`-Tags mit den entsprechenden technischen Werten der Fahrzeuge angegeben. Die Tabelle sieht dann so aus:

```
<table>
    <caption>Unsere Gebrauchtwagen</caption>
    <tr>
        <th>Modell</th>
        <th>Baujahr</th>
        <th>PS</th>
        <th>Farbe</th>
    </tr>
    <tr>
        <td>VW Golf</td>
        <td>2010</td>
        <td>105</td>
        <td>grün</td>
    </tr>
```

```
    <tr>
        <td rowspan = "3">Renault Clio</td>
        <td>2014</td>
        <td>95</td>
        <td>weiß</td>
    </tr>
    <tr>
        <td>2016</td>
        <td>75</td>
        <td>schwarz</td>
    </tr>
    <tr>
        <td>2017</td>
        <td>115</td>
        <td>grün</td>
    </tr>
    <tr>
        <td>Opel Corsa</td>
        <td>2009</td>
        <td>78</td>
        <td>grau</td>
    </tr>
</table>
```


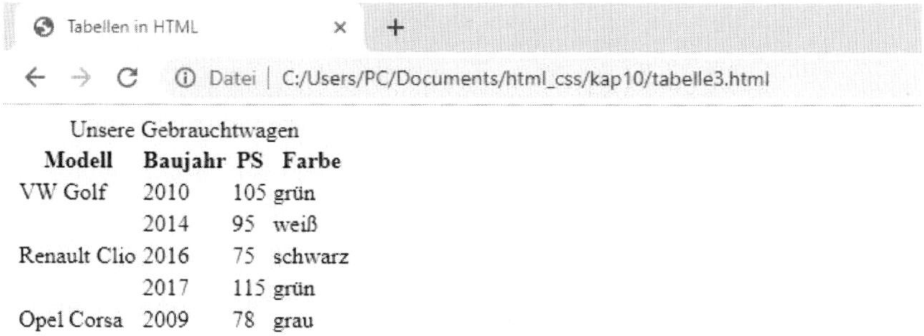

Screenshot 45: Die Tabelle mit dem rowspan-Attribut

Es ist nicht nur möglich, eine Zelle so zu gestalten, dass sie sich über mehrere Zeilen erstreckt. Sie kann auch mehrere Spalten einnehmen. Hierfür kommt das `colspan`-Attribut zum Einsatz. Dieses kann man – genau wie auch das `rowspan`-Attribut – sowohl auf `td`- als auch auf `th`-Tags anwenden. Um auch diese Möglichkeit zu verdeutlichen, werden im folgenden Beispiel die Überschriften für die Spalten verändert.

Beim Verkauf von Autos ist es nicht nur notwendig, die PS-Zahl anzugeben. Darüber hinaus soll der Wert in kW präsentiert werden. Daher erweitern wir die Tabelle nun um eine Spalte mit dem entsprechenden kW-Wert. Beide Angaben beziehen sich jedoch auf die Leistung. Um diesen Zusammenhang deutlich zu machen, sollen die beiden Spalten eine einheitliche Beschriftung erhalten. Daher verwenden wir das `colspan`-Attribut:

```
<th colspan = "2">Leistung (PS/kW)</th>
```

Die Angaben zu den Fahrzeugen müssen daraufhin ein weiteres `td`-Tag erhalten, in dem der Wert in kW angegeben wird:

```
<table>
    <caption>Unsere Gebrauchtwagen</caption>
    <tr>
        <th>Modell</th>
        <th>Baujahr</th>
        <th colspan = "2">Leistung (PS/kW)</th>
        <th>Farbe</th>
    </tr>
    <tr>
        <td>VW Golf</td>
        <td>2010</td>
        <td>105</td>
        <td>77</td>
        <td>grün</td>
    </tr>
    <tr>
        <td rowspan = "3">Renault Clio</td>
        <td>2014</td>
        <td>95</td>
        <td>70</td>
        <td>weiß</td>
    </tr>
    <tr>
        <td>2016</td>
        <td>75</td>
        <td>55</td>
        <td>schwarz</td>
    </tr>
    <tr>
        <td>2017</td>
```

```
            <td>115</td>
            <td>85</td>
            <td>grün</td>
        </tr>
        <tr>
            <td>Opel Corsa</td>
            <td>2009</td>
            <td>78</td>
            <td>57</td>
            <td>grau</td>
        </tr>
</table>
```

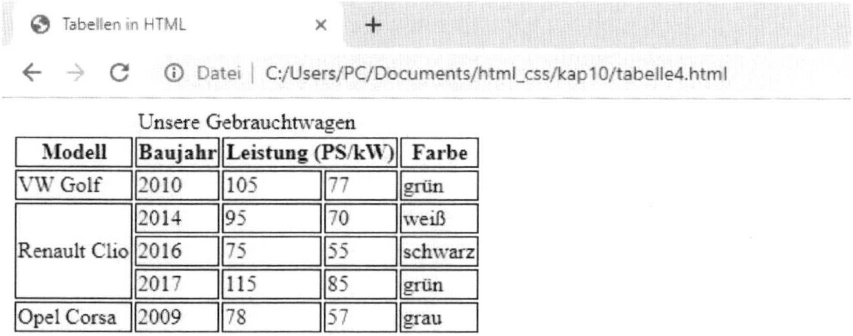

Unsere Gebrauchtwagen

Modell	Baujahr	Leistung (PS/kW)		Farbe
VW Golf	2010	105	77	grün
Renault Clio	2014	95	70	weiß
	2016	75	55	schwarz
	2017	115	85	grün
Opel Corsa	2009	78	57	grau

Screenshot 46: Die Tabelle mit colspan- und rowspan-Attribut

Anmerkung: Wenn sich die einzelnen Zellen über mehrere Zeilen oder Spalten erstrecken, fällt die Zuordnung der Werte manchmal schwer. Um die Struktur deutlicher zu machen, wurde für diesen Screenshot ein Rand für die Zellen hinzugefügt. Das ist per CSS-Angabe möglich. Wie das funktioniert, wird jedoch erst in einem späteren Kapitel erklärt. Wenn der Leser die entsprechende Tabelle selbst erstellt, erscheint sie daher ohne diese Ränder.

10.4. Weitere Einteilungen für die Tabelle vornehmen

HTML erlaubt es, eine Tabelle in drei Teile einzuteilen: in den Kopfbereich, den Hauptbereich und in den Fußbereich. Dafür kommen die Tags `thead`, `tbody` und `tfoot` zum Einsatz. Die `thead`- und `tfoot`-

Tags umfassen meistens eine einzelne Zeile. Das `tbody`-Tag umschließt hingegen den kompletten Inhalt – in der Regel also mehrere Zeilen.

In unserem vorherigen Beispiel könnte man die Beschriftungen der einzelnen Spalten in das `thead`-Tag und die einzelnen Fahrzeuge in das `tbody`-Tag stellen. Ein `tfoot`-Tag hätte in diesem Beispiel jedoch keine sinnvolle Verwendung. Daher wählen wir für die Vorstellung dieser Tags ein anderes Beispiel. Dieses soll die Mitarbeiter einer Firma auflisten und deren Einnahmen und Ausgaben sowie den Gewinn darstellen. Der Kopfbereich enthält die Beschriftungen für die einzelnen Spalten und steht in `thead`-Tags. Die Inhalte mit den Mitarbeitern und ihren Einnahmen und Ausgaben steht in `tbody`-Tags. Zum Schluss soll eine weitere Zeile eingefügt werden, die die Werte aufsummiert. Diese steht in `tfoot`-Tags:

```
<table>
    <caption>Einnahmen und Ausgaben der Mitarbeiter</caption>
    <thead>
        <tr>
            <th>Mitarbeiter</th>
            <th>Einnahmen</th>
            <th>Ausgaben</th>
            <th>Gewinn</th>
        </tr>
    </thead>
    <tbody>
        <tr>
            <td>Martin Kühne</td>
            <td>734</td>
            <td>244</td>
            <td>490</td>
        </tr>
        <tr>
            <td>Karl Hintze</td>
            <td>612</td>
            <td>113</td>
            <td>499</td>
        </tr>
        <tr>
            <td>Sebastian Hinderer</td>
            <td>967</td>
            <td>544</td>
            <td>423</td>
```

```
        </tr>
        <tr>
            <td>Juliane Mayer</td>
            <td>889</td>
            <td>217</td>
            <td>672</td>
        </tr>
    </tbody>
    <tfoot>
        <tr>
            <td>Gesamt</td>
            <td>3202</td>
            <td>1118</td>
            <td>2084</td>
        </tr>
    </tfoot>
</table>
```

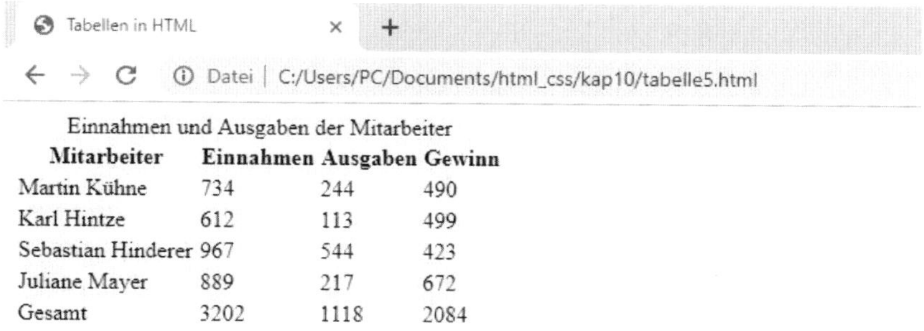

Mitarbeiter	Einnahmen	Ausgaben	Gewinn
Martin Kühne	734	244	490
Karl Hintze	612	113	499
Sebastian Hinderer	967	544	423
Juliane Mayer	889	217	672
Gesamt	3202	1118	2084

Screenshot 47: Die Tabelle mit Kopf-, Haupt- und Fußbereich

Wenn man bei dieser Tabelle die `thead`-, `tbody`- und `tfoot`-Tags entfernt und die Seite erneut lädt, stellt man fest, dass die Darstellung vollkommen identisch ist. Das bedeutet, dass diese Tags zunächst einmal keinen Effekt haben. Daher stellt sich die Frage, welchen Zweck sie erfüllen.

Diese Tags sind in erster Linie bei sehr umfangreichen Tabellen sinnvoll. In diesen Fällen gibt es einige Browser, die es ermöglichen, lediglich innerhalb des `tbody`-Tags zu scrollen. Das bedeutet, dass man die einzelnen Werte der Tabelle betrachten kann und dabei dennoch stets die wichtigen Informationen aus dem Kopf- und dem Fußbereich vor sich sieht. Auch beim Ausdrucken der Tabelle tritt ein ähnlicher Effekt auf. Viele Browser bereiten umfangreiche Tabellen so auf, dass der Kopf- und der Fußbereich auf jeder einzelnen Seite eingefügt wird. Das erleichtert die Zuordnung bei mehrseitigen Tabellen.

Schließlich kann man später spezifische Vorgaben für die Darstellung per CSS vornehmen. So wäre es beispielsweise möglich, den Kopf- und den Fußbereich mit einem anderen Hintergrund zu versehen, um diese Bereiche optisch abzuheben. Zwar wäre es auch möglich, eine einzelne Zeile mit einer ID auszustatten und die Vorgaben auf diese Weise vorzunehmen. Die Verwendung der `thead`- und `tfoot`-Tags wirkt jedoch etwas übersichtlicher.

10.5. Das Layout mit Tabellen vorgeben: eine veraltete Technik

Das Layout der Internetseiten, die wir bisher entworfen haben, wies große Unterschiede zu den Seiten auf, die wir vom Surfen im Internet kennen. Die einfache schwarze Schrift auf weißem Untergrund wirkt recht langweilig. Die einzelnen Elemente waren einfach untereinander angeordnet. Insbesondere das Navigationsmenü, das wir in Kapitel 9 erstellt haben, wirkte an dieser Stelle fehl am Platz. Außerdem führt diese Anordnung dazu, dass die einzelnen Textbereiche sehr breit sind. Das führt zu sehr langen Zeilen, die nicht nur wenig ansprechend wirken. Darüber hinaus erschweren sie die Lesbarkeit.

In den bisherigen Kapiteln wurde bereits mehrfach darauf verwiesen, dass das Layout später mit CSS festgelegt werden soll. Damit ist es möglich, alle angesprochenen Mängel zu beheben. Allerdings gab es auch eine Zeit, in der Webdesignern diese Technik noch nicht zur Verfügung stand. Damals war es notwendig, das Layout der Seite nur mit HTML festzulegen. Zu diesem Zweck kamen zum einen Frames zum Einsatz. Diese Technik war jedoch von Anfang an mit zahlreichen Problemen behaftet. Außerdem unterstützen sie moderne HTML-Versionen nicht mehr. Aus diesem Grund wird sie in diesem Buch nicht vorgestellt. Eine andere Alternative, um das Layout zu gestalten, bestand in der Zeit vor der Einführung von CSS darin, Tabellen für diese Aufgabe zu verwenden. Diese Methode soll nun kurz vorgestellt werden.

Dabei ist es jedoch wichtig, darauf zu achten, dass diese Vorgehensweise bereits seit Langem veraltet ist. Das folgende Beispiel dient lediglich dazu, sich ein Bild davon zu machen, wie man in der Anfangszeit des Internets das Layout für die Seiten erstellen konnte. Viele der dafür notwendigen Attribute werden in HTML5 jedoch nicht mehr unterstützt. Das bedeutet, dass der verwendete Code nach HTML5-Spezifikationen fehlerhaft ist. Deshalb erstellen wir nun eine Seite nach dem Standard HTML 4.01 Transitional. Daher kommen hier keine Elemente zum Einsatz, die erst mit HTML5 eingeführt wurden. Auch die Doctype-Angabe wurde an eine frühere Version angepasst. Wenn man es mit einem Validator überprüft und dabei HTML5 als Standard eingibt, kommt es zu zahlreichen Fehlermeldungen. Wenn man hingegen HTML 4.01 Transitional auswählt, wird das Dokument als korrekt eingestuft.

Das folgende Beispiel soll die Seite, die wir für unser Tierheim entworfen haben, etwas aufwerten. Dabei bearbeiten wir lediglich die Startseite. Diese soll den Text und die Bilder enthalten, die wir in der Übungsaufgabe zu Kapitel 8 erstellt haben. Dazu soll das Navigationsmenü wie in Kapitel 9 enthalten sein.

Wenn wir nun ein Layout für die Seite entwerfen, ist es sinnvoll, diese drei Elemente nebeneinander zu platzieren. Das sorgt für eine deutlich ansprechendere Darstellung. Daher soll die Tabelle aus drei Spalten bestehen – eine für das Navigationsmenü, eine für den Text und eine für die Darstellung der Bilder.

Das Feld für die Überschrift soll hingegen die gesamte Breite der Tabelle einnehmen. Daher ist es notwendig, hierfür eine eigene Zeile zu erzeugen. Darin ist nur eine Zelle enthalten, die jedoch mit dem Attribut `colspan = "3"` verbreitert wird. Zusätzlich wollen wir noch einen Fußbereich einfügen. Hier soll die Adresse des Tierheims angegeben werden. Auch dieses Feld soll sich über die gesamte Breite der Tabelle erstrecken, sodass die Zelle ebenfalls mit dem Attribut `colspan = "3"` versehen wird. Der grundsätzliche Aufbau der Tabelle sieht demnach so aus

```
<table>
     <tr>
          <td colspan = "3">Überschrift</td>
     </tr>
     <tr>
          <td>Navigationsmenü</td>
          <td>Haupttext</td>
          <td>Bilder</td>
     </tr>
     <tr>
          <td colspan = "3">Adresse</td>
     </tr>
</table>
```

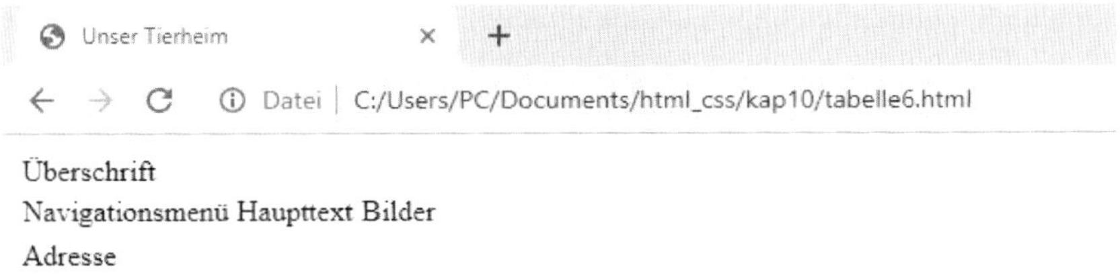

Screenshot 48: Bislang ist das gewünschte Layout nicht zu erkennen.

Im nächsten Schritt fügen wir die entsprechenden Inhalte ein. Diese können wir inklusive der HTML-Tags aus den vorherigen Beispielen übernehmen. Es stellt kein Problem dar, weitere HTML-Tags innerhalb der `td`-Tags zu verwenden. Lediglich den Bereich mit den Bildern müssen wir etwas überarbeiten, da das `figure`- und das `figcaption`-Tag erst mit HTML5 eingeführt wurden. Da die Seite jedoch HTML 4.01 entsprechen soll, dürfen wir diese Tags nicht verwenden. Daher müssen wir diese entfernen und mit Zeilenumbrüchen dafür sorgen, dass der Beschriftungs-Text unter den Bildern erscheint. Für die Adresse in der Fußzeile können wir eine beliebige Fantasie-Adresse eingeben. Nach diesem Schritt sieht die Tabelle so aus:

```
<table>
    <tr>
        <td colspan = "3"><h1>Unser Tierheim</h1></td>
    </tr>
    <tr>
        <td>
            <ul>
                <li><a href = "index.html">Startseite</a></li>
                <li><a href = "beschreibung.html">Über uns</a></li>
                <li><a href = "spenden.html">Tieren helfen</a></li>
                <li><a href = "adoption.html">Tier adoptieren</a></
                li>
                <li><a href = "kontakt.html">Kontakt</a></li>
            </ul>
        </td>
        <td>
            <p>
                In unserem <strong>Tierheim</strong> finden Tiere ein
                neues Zuhause.
                Wir nehmen <strong>entlaufene Tiere</strong> auf,
                deren Besitzer nicht
                auffindbar sind. Außerdem arbeiten wir mit einem
                <strong>Tierarzt
                </strong> zusammen, um die medizinische Versorgung
                sicherzustellen.
            </p>
            <p>
                Nun wollen wir einige unserer Bewohner vorstellen. Da
                ist
                beispielsweise die Katze <i>Kitty</i>, die bereits
                seit drei Jahren
                bei uns lebt. Der Hund <i>Wauwau</i> findet leider
                kein neues Herrchen,
                da er bei einem Unfall ein Auge verloren hat.
            </p>
        </td>
        <td>
            <img src = "bilder/katze2.jpg" width = "200" height="150"
                alt = "Unsere Katze Kitty"><br><br>
            Die Katze Kitty sucht ein neues Zuhause<br><br>
            <img src = "bilder/hund.jpg" width = "200" height="150"
                alt = "Unser Hund Wauwau"><br><br>
            Der Hund Wauwau ist sehr verspielt<br><br>
        </td>
    </tr>
    <tr>
```

10

```
        <td colspan = "3">
            Unser Tierheim Hauptstraße 111 11111 Musterstadt Tel:
            01234 9876543
        </td>
    </tr>
</table>
```

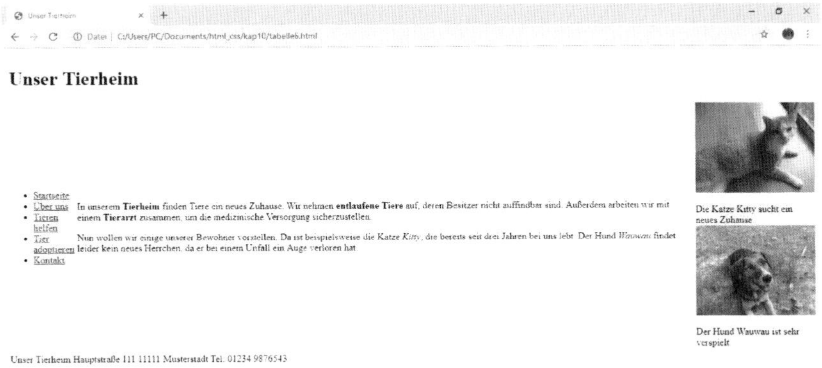

Screenshot 49: Nun ist bereits die grundlegende Struktur zu erkennen.

Die Darstellung entspricht nun bereits deutlich besser unseren Vorstellungen. Allerdings ist die Aufteilung noch nicht optimal. Um eine bessere Lesbarkeit zu erreichen, ist es wichtig, die Zeilenlänge zu begrenzen. Dafür müssen wir die einzelnen Blöcke in Ihrer Breite einschränken. Zu diesem Zweck kommt das `width`-Attribut zum Einsatz. Dieses wird in HTML5 jedoch nicht mehr unterstützt.

Mit dem `width`-Attribut kann man die Breite einer Spalte vorgeben. Es reicht aus, wenn man pro Spalte eine Zelle damit auszeichnet. Das wirkt sich dann auf alle Zellen der entsprechenden Spalte aus. In unserem Beispiel müssen wir die Breite in der zweiten Zeile vorgeben, da die Kopf- und die Fußzeile jeweils nur eine einzige Zelle enthalten. Die erste Zelle soll die Breite 200, die zweite Zelle die Breite 500 und die dritte Zelle die Breite 250 erhalten.

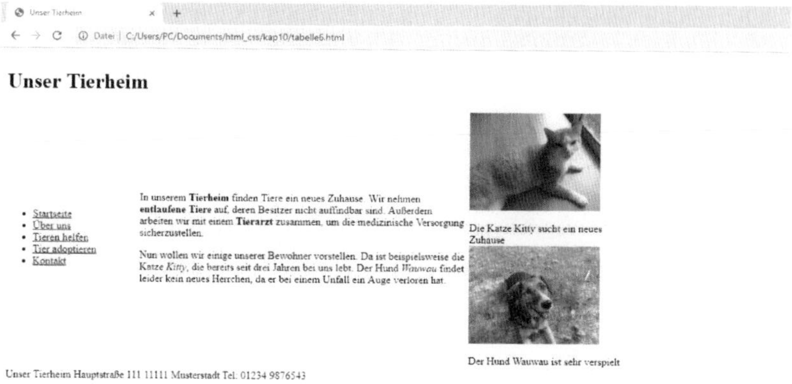

Screenshot 50: Die Seite mit den angepassten Breiten

Nach wie vor entspricht das Layout jedoch noch nicht vollständig unseren Wünschen. Beispielsweise sollen die Überschrift und die Fußzeile zentriert erscheinen. Dafür ist es notwendig, das Attribut `align = "center"` in die entsprechenden `td`-Tags einzufügen. Auch die Tabelle als ganzes soll zentriert positioniert werden. Deshalb muss auch das `table`-Tag mit diesem Attribut versehen werden.

Störend wirkt außerdem, dass das Menü und der Haupttext in vertikaler Ausrichtung zentriert erscheinen und nicht am oberen Ende der entsprechenden Zelle beginnen. Um das zu verändern, müssen wir zu den jeweiligen `td`-Tags das Attribut `valign = "top"` hinzufügen.

Im nächsten Schritt wollen wir etwas Farbe in Spiel bringen. Dazu dient das Attribut `bgcolor`. Für die erste Zeile (also für das erste tr-Tag) geben wir diesem den Wert “aquamarine”, für die zweite Zeile “lightcyan” und für die dritte Zeile “darkturquoise”.

Im letzten Schritt erhöhen wir noch die Höhe der Felder für die Überschrift und für die Fußzeile. Hierfür kommt das `height`-Attribut zum Einsatz, das wir in eine beliebige Zelle der entsprechenden Zeile einfügen können. Das Feld mit der Überschrift soll den Wert `height = "100"` und die Fußzeile den Wert `height = "60"` erhalten.

Alle Attribute, die in den letzten Abschnitten vorgestellt wurden (`align`, `valign`, `bgcolor` und `heigth`) werden ebenfalls in HTML5 nicht mehr unterstützt. Das heißt, dass sie auf modernen Seiten nicht mehr zum Einsatz kommen sollten.

Damit ist unser Tabellen-Layout abgeschlossen. Im Kopfbereich wurden noch einige Anpassungen unternommen, damit das Dokument den HTML 4.01-Spezifikationen entspricht. Der Code für die komplette Seite sieht dann so aus:

```
<!DOCTYPE HTML PUBLIC "-//W3C//DTD HTML 4.01 Transitional//EN"
"http://www.w3.org/TR/html4/loose.dtd">
<html lang = "de">
    <head>
        <title>
            Unser Tierheim
        </title>
        <meta name="description" content="Darstellung unseres
        Tierheims">
        <meta name="keywords" content="Tierheim, entlaufene Tiere">
        <meta name="author" content="Max Mustermann">
    </head>

    <body>
        <table align = "center">
            <tr bgcolor = "aquamarine">
                <td colspan = "3" align = "center" height =
                "100"><h1>Unser Tierheim</h1></td>
            </tr>
            <tr bgcolor = "lightcyan">
                <td width = "200" valign = "top">
                    <ul>
                        <li><a href = "index.html">Startseite</a></
                        li>
                        <li><a href = "beschreibung.html">Über uns</
                        a></li>
                        <li><a href = "spenden.html">Tieren helfen</
                        a></li>
                        <li><a href = "adoption.html">Tier
                        adoptieren</a></li>
                        <li><a href = "kontakt.html">Kontakt</a></li>
                    </ul>
                </td>
                <td width = "500" valign = "top">
```

```
                <p>
                    In unserem <strong>Tierheim</strong> finden
                    Tiere ein neues Zuhause.
                    Wir nehmen <strong>entlaufene Tiere</strong>
                    auf, deren Besitzer nicht
                    auffindbar sind. Außerdem arbeiten wir mit
                    einem <strong>Tierarzt
                    </strong> zusammen, um die medizinische
                    Versorgung sicherzustellen.
                </p>
                <p>
                    Nun wollen wir einige unserer Bewohner
                    vorstellen. Da ist
                    beispielsweise die Katze <i>Kitty</i>, die
                    bereits seit drei Jahren
                    bei uns lebt. Der Hund <i>Wauwau</i> findet
                    leider kein neues Herrchen,
                    da er bei einem Unfall ein Auge verloren hat.
                </p>
            </td>
            <td width = "250">
                <img src = "bilder/katze2.jpg" width = "200"
                height="150"
                    alt = "Unsere Katze Kitty"><br><br>
                Die Katze Kitty sucht ein neues Zuhause<br><br>
                <img src = "bilder/hund.jpg" width = "200px"
                height="150px"
                    alt = "Unser Hund Wauwau"><br><br>
                Der Hund Wauwau ist sehr verspielt<br><br>
            </td>
        </tr>
        <tr>
            <td colspan = "3" align = "center" bgcolor =
            "darkturquoise" height = "60">
                Unser Tierheim Hauptstraße 111 11111 Musterstadt
                Tel: 01234 9876543
            </td>
        </tr>
    </table>
  </body>
</html>
```

Screenshot 51: Die fertige Seite

Dieses Beispiel zeigt, dass man mit einer Tabelle die einzelnen Elemente präzise auf der Seite anordnen kann. Auf diese Weise ist es ganz ohne CSS möglich, ein ansprechendes Layout zu entwerfen. Dennoch sollte man sich hierbei stets darüber bewusst sein, dass es sich dabei um eine veraltete Technik handelt. Deshalb sollte man sie nicht mehr anwenden. Daher ist es auch nicht notwendig, alle hier vorgestellten Details genau zu verstehen. Vielmehr handelt es sich hierbei um einen Exkurs in vergangene Tage, der jedoch auch die Gestaltung von Tabellen in HTML vertieft und daher eine lehrreiche Übung darstellt.

10.6. Übungsaufgabe: Tabellen selbst gestalten

1. Erstellen Sie eine Tabelle, die vier Kunden eines Unternehmens enthält. Sie soll deren Namen, die Kundennummer und den bisher getätigten Umsatz enthalten. Verwenden Sie sowohl für die gesamte Tabelle als auch für die einzelnen Spalten passende Beschriftungen.

2. Gestalten Sie eine Tabelle, die sechs verschiedene Tiere enthält, die in unserem Tierheim wohnen. Sie soll jeweils in einer eigenen Spalte den Namen, die Tierart, das Alter und das Gewicht enthalten. Fügen Sie jeweils eine Überschrift für die gesamte Tabelle und für die einzelnen Spalten hinzu. Dabei sollen mindestens zwei Tierarten mehrfach erscheinen. Verbinden Sie in diesen Fällen die Zellen, sodass die entsprechende Angabe jeweils nur einmal auftritt.

Lösungen:

1.

```
<table>
    <caption>Unsere Kunden</caption>
    <tr>
        <th>Name</th>
        <th>Kundennummer</th>
        <th>Umsatz</th>
    </tr>
    <tr>
        <td>Maximilian Maier</td>
        <td>10234512</td>
        <td>205,34</td>
    </tr>
    <tr>
        <td>Henriette Müller</td>
        <td>10007843</td>
        <td>13,99</td>
    </tr>
    <tr>
        <td>Kevin Gross</td>
        <td>27726419</td>
        <td>1045,23</td>
    </tr>
</table>
```

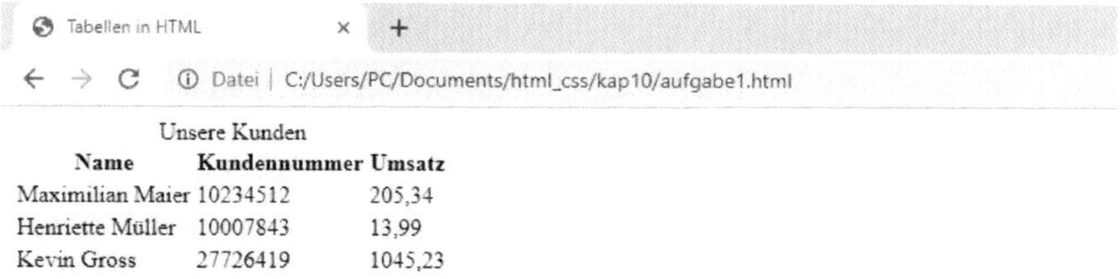

Screenshot 52: Die Tabelle mit den Kunden

2.

```
<table>
    <caption>Unsere Tiere</caption>
    <tr>
        <th>Name</th>
        <th>Tierart</th>
        <th>Alter</th>
        <th>Gewicht</th>
    </tr>
    <tr>
        <td>Kitty</td>
        <td rowspan = "3">Katze</td>
        <td>7</td>
        <td>3,5</td>
    </tr>
    <tr>
        <td>Miezie</td>
        <td>4</td>
        <td>4,2</td>
    </tr>
    <tr>
        <td>Miaumiau</td>
        <td>14</td>
        <td>5,0</td>
    </tr>
    <tr>
        <td>Paul</td>
        <td>Hamster</td>
        <td>2</td>
        <td>0,4</td>
    </tr>
    <tr>
        <td>Wauwau</td>
        <td rowspan = "2">Hund</td>
        <td>12</td>
        <td>13</td>
    </tr>
    <tr>
        <td>Bello</td>
        <td>7</td>
        <td>21</td>
    </tr>
</table>
```

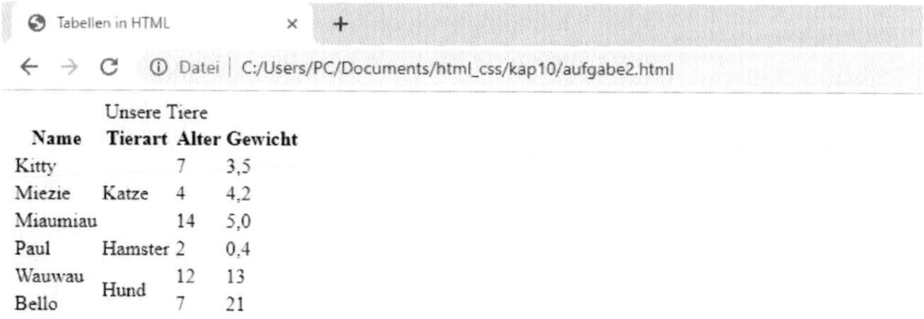

Screenshot 53: Die Bewohner des Tierheims

Alle Programmcodes aus diesem Buch stehen kostenfrei zum Download bereit. Dadurch müssen Sie Code nicht abtippen.

Außerdem erhalten Sie die eBook Ausgabe zum Buch im PDF Format kostenlos auf unserer Website:

www.bmu-verlag.de/html-css
Downloadcode: siehe Kapitel 23

Kapitel 11

Formulare mit HTML erstellen

HTML dient in erster Linie dazu, Informationen vom Ersteller der Seite zum Leser zu übermitteln. Diese Auszeichnungssprache ermöglicht es, die entsprechenden Inhalte ansprechend und strukturiert im Webbrowser darzustellen. Eine Interaktion, bei der auch der Anwender Informationen an den Seitenbetreiber übermittelt, ist damit jedoch nur in sehr eingeschränktem Maße möglich. Allerdings ist auch diese Form der Informationsübergabe nicht vollkommen ausgeschlossen. Zu diesem Zweck bietet HTML Formulare an.

Allerdings sind die Möglichkeiten für die Verarbeitung dieser Informationen stark eingeschränkt. Das HTML-Formular dient in erster Linie dazu, die Eingaben durch den Anwender zu ermöglichen und die entsprechenden Werte an den Server oder an ein anderes Programm zu übertragen. Für die Auswertung ist es dann jedoch notwendig, eine Programmiersprache zu verwenden. Das bedeutet aber gleichzeitig, dass HTML-Formulare auch für diese Aufgaben die Grundlage darstellen. Daher ist es sehr wichtig, diese Technik zu beherrschen. Dieses Kapitel stellt vor, wie man Formulare mit HTML erstellt.

11.1. Ein Formular mit dem form-Tag erstellen

Der erste Schritt, um ein Formular zu erstellen, besteht darin, ein `form`-Tag in die Seite einzufügen. Dieses umschließt alle Felder, die im Formular enthalten sein sollen.

Wenn man jedoch das `form`-Tag ohne weitere Attribute verwendet, passiert zunächst einmal nichts, wenn man es abschickt. Daher ist es notwendig, das action-Attribut hinzuzufügen. Hier wird in der Regel eine Seite aufgeführt, die im Browser geladen werden soll, wenn der Anwender das Formular abschickt. Dabei kann man auch die Adresse der gleichen Seite einfügen, die das Formular enthält. In diesem Fall wird sie beim Abschicken neu geladen.

An dieser Stelle stellt sich die Frage, was mit den Inhalten, die der Anwender eingegeben hat, beim Abschicken passiert – schließlich wird in diesem Fall lediglich eine neue Seite geladen. Allerdings bekommt diese die Werte der einzelnen Formularfelder übermittelt. Dafür gibt es zwei verschiedene Methoden: get und post. Welche davon man verwenden will, muss man im `method`-Attribut angeben.

Wenn man die get-Methode verwendet, werden die Werte der Formularfelder nach einem Fragezeichen an die URL der Seite, die beim Abschicken geladen wird, angehängt. Diese stellen keinen Teil der eigentlichen Adresse dar, sondern lediglich einen Zusatz zu dieser. Mit verschiedenen Programmiersprachen wäre es später möglich, auf die URL zuzugreifen und die Werte auszulesen.

Die post-Methode fügt die Werte hingegen in den Kopfbereich des HTTP-Requests ein. Wenn die Seite, die dabei aufgerufen wird, mit einer Programmiersprache wie etwa PHP erstellt ist, kann das Programm auf die entsprechenden Werte zugreifen.

Solange wir jedoch lediglich HTML verwenden, müssen wir uns keine großen Gedanken um die Verwendung von get und post machen. Das liegt darin begründet, dass eine Verwertung der Eingaben mit HTML nicht möglich ist – unabhängig davon, ob man die get- oder die post-Methode verwendet. Es ist lediglich wichtig, einen der beiden Werte anzugeben.

Die Form-Tags für ein HTML-Formular mit den notwendigen Attributen könnten beispielsweise so aussehen:

```
<form action = "zielseite.html" method = "get">
</form>
```

Häufig kommen Formulare dazu zum Einsatz, eine E-Mail an den Seitenbetreiber zu verschicken, die die entsprechenden Angaben enthält.

Die meisten Internetangebote verwenden hierfür eine Programmiersprache, die die E-Mail automatisch versendet. Reine HTML-Seiten können ebenfalls E-Mails versenden – allerdings nur in stark eingeschränktem Umfang. Hierzu muss man in das action-Attribut den Begriff `mailto` und nach einem Doppelpunkt eine beliebige E-Mail-Adresse einfügen. Allerdings sendet die Seite die Mail nicht automatisch ab. Der Browser veranlasst lediglich, dass ein E-Mail-Client (bspw. Outlook) geöffnet wird. Dieser erstellt dann eine E-Mail, die die Inhalte der Formularfelder und die vorgegebene Zieladresse enthält. Der Anwender muss diese dann nur noch absenden, um die Informationen zu übermitteln.

Wenn wir das Formular per E-Mail versenden, ist es wichtig, darauf zu achten, die Methode post auszuwählen. Die meisten E-Mail-Clients können die Methode get nicht verarbeiten. Für eine ansprechendere Darstellung ist es außerdem empfehlenswert, noch ein zusätzliches Attribut zum `form`-Tag hinzuzufügen: `enctype="text/plain"`:

```
<form action = "form1.html" method = "post"  enctype="text/plain">
```


Damit ist es sehr einfach, Seiten zu gestalten, die die Informationen per E-Mail versenden. Allerdings bringt diese Vorgehensweise viele Schwierigkeiten mit sich. Sie setzt beispielsweise voraus, dass der Anwender überhaupt einen E-Mail-Client installiert hat. Ist dies nicht der Fall, wird keine Aktion durchgeführt. Außerdem kommt es häufig zu Kompatibilitäts-Problemen zwischen verschiedenen Browsern und E-Mail-Clients. Doch selbst wenn das Zusammenspiel problemlos funktioniert, sind diese Formulare wenig nutzerfreundlich. Die meisten Anwender empfinden es als störend, wenn der Browser ein anderes Programm öffnet.

Aus diesen Gründen sollte die Verwendung von `mailto`-Formularen in der Praxis vermieden werden. Da sie jedoch die einzige Möglichkeit darstellen, um eine Aktion mit Formularen auszuführen, ohne dass dabei eine Programmiersprache zum Einsatz kommt, sollen sie in diesem Kapitel dennoch verwendet werden.

11.2. Textfelder erstellen

Nachdem das `form`-Tag in die Seite integriert wurde, ist es notwendig, es mit Inhalten zu füllen. Um Informationen vom Anwender abzurufen, kommen viele verschiedene Möglichkeiten infrage. Besonders häufig ist es notwendig, einen kurzen Text einzugeben – beispielsweise für die Eingabe des Namens. Zu diesem Zweck kommen `input`-Tags zum Einsatz.

Diese müssen mit dem `type`-Attribut versehen werden. Dieses gibt an, auf welche Weise die Eingabe erfolgen soll. Für einfache Textfelder muss dessen Wert mit "text" angegeben werden. Darüber hinaus ist es wichtig, für jedes Eingabefeld einen Namen anzugeben. Wenn man später die Werte abrufen will, ist die Identifizierung über diesen Namen möglich.

Das folgende Formular enthält zwei Eingabefelder – eines für den Vornamen und eines für den Nachnamen. Es enthält außerdem eine kurze Beschriftung, damit der Anwender weiß, welche Angabe er hier machen soll. Den dafür notwendigen Text kann man ohne weitere Tags in das `form`-Tag schreiben:

```
<form action = "mailto:adresse@mail.de" method = "post"
enctype="text/plain">
    Ihr Vorname:
    <input type = "text" name = "vorname"><br><br>
    Ihr Nachname:
    <input type = "text" name = "nachname">
</form>
```

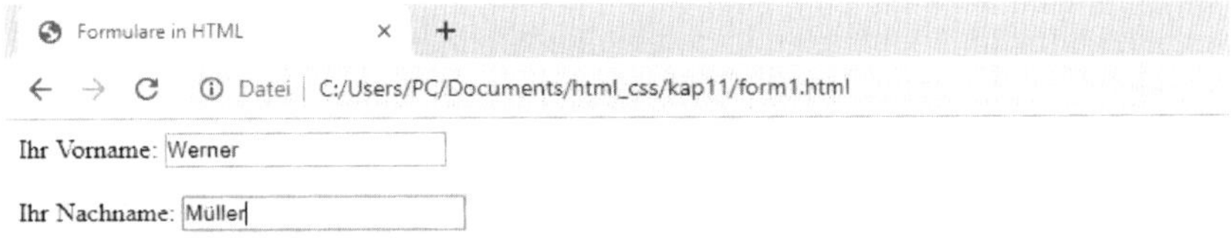

Screenshot 54: Die Darstellung der Eingabefelder

In diese Eingabefelder kann der Anwender nun seine Daten eintragen. Der obige Screenshot zeigt die Standardgröße auf. Es ist jedoch auch möglich, diese über das `size`-Attribut zu verändern. So kann man kleinere und größere Felder gestalten. Für die Angabe des Namens wäre beispielsweise ein kleineres Feld sinnvoll:

```
<form action = "mailto:adresse@mail.de"  method = "post"
enctype="text/plain">
    Ihr Vorname:
    <input type = "text" name = "vorname" size = "10"><br><br>
    Ihr Nachname:
    <input type = "text" name = "nachname" size = "10">
</form>
```

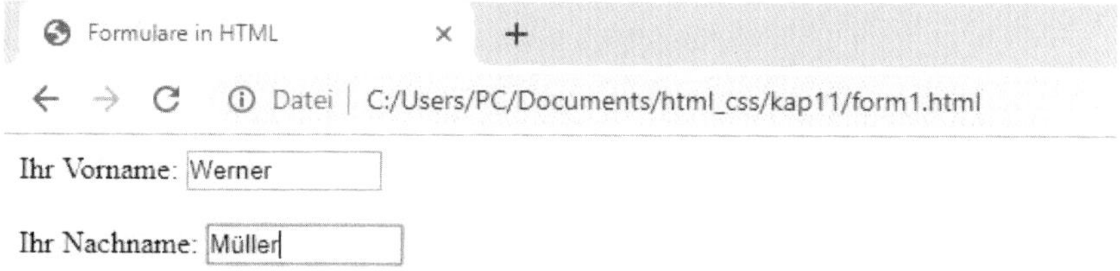

Screenshot 55: Das Formular mit den verkleinerten Eingabefeldern

Bei der Verwendung von `input`-Feldern ist es wichtig, darauf zu achten, dass es sich hierbei um Inline-Elemente handelt. Das bedeutet, dass diese in der gleichen Zeile dargestellt werden, wenn man keinen manuellen Zeilenumbruch einfügt.

11.3. Radiobuttons für verschiedene Auswahlmöglichkeiten

Häufig kommt es vor, dass der Anwender bei einer Eingabe aus verschiedenen vorgegebenen Möglichkeiten auswählen können soll. Dabei ist es zunächst notwendig, sich zu überlegen, ob er dabei einen einzigen Wert auswählen muss oder ob es möglich ist, mehrere Angaben zu machen. Wenn nur die Auswahl eines einzigen Werts erlaubt sein soll, kann man für diese Aufgabe Radiobuttons verwenden. Dafür ist wieder das `input`-Tag notwendig. Für das Attribut `type` wählen wir nun jedoch den Wert "radio" aus. Danach steht wieder eine Beschriftung, für die keine speziellen HTML-Tags notwendig sind.

Es wurde bereits erwähnt, dass Radio-Buttons dann sinnvoll sind, wenn der Anwender genau eine Möglichkeit aus mehreren Alternativen auswählen muss. Daher ist es nicht sinnvoll, einen einzelnen Radio-Button zu verwenden. Anstatt dessen sollten diese stets in Gruppen angeordnet werden, die alle Alternativen darstellen. Wenn man beispielsweise das Geschlecht des Anwenders abfragen will, wäre es sinnvoll, Buttons mit der Bezeichnung weiblich und männlich zu gestalten. Darüber hinaus sollte eine weitere Option für Besucher bestehen, die keine Angabe machen möchten. Wenn man nun eine dieser Optionen anklickt, wird der entsprechende Button markiert. Es sind jedoch keine Mehrfachnennungen möglich. Das bedeutet, dass diese Markierung wieder verschwindet, wenn man einen anderen Button anklickt.

Damit dieses System funktioniert, muss man die einzelnen Radiobuttons zu Gruppen zusammenfassen. Das geschieht über das `name`-Attribut. Alle Radio-Buttons, die zur gleichen Gruppe gehören, müssen den gleichen Namen erhalten. So ist es auch möglich, mehrere Gruppen in die Seite einzufügen. Wenn man diesen unterschiedliche Namen gibt, sind die Auswahlmöglichkeiten unabhängig voneinander.

Schließlich ist es wichtig, das `value`-Attribut einzufügen. Dieses gibt den Wert vor, den das Formular übermittelt, wenn der Anwender den entsprechenden Button gedrückt hat. Da er in diesem Fall keinen eigenen Text eingeben kann, ist es notwendig, mit vorgefertigten Werten zu arbeiten. Für den Radiobutton mit der Bezeichnung weiblich wäre beispielsweise folgendes Attribut sinnvoll: `value = "weiblich"`.

Mit diesen Informationen können wir bereits die komplette Gruppe zusammenstellen und unter die bisherigen Angaben in das Formular einfügen:

```
<input type = "radio" name = "geschlecht" value = "weiblich">Weiblich
<input type = "radio" name = "geschlecht" value = "männlich">Männlich
```

```
<input type = "radio" name = "geschlecht" value = "keineAngabe">Keine
Angabe
```

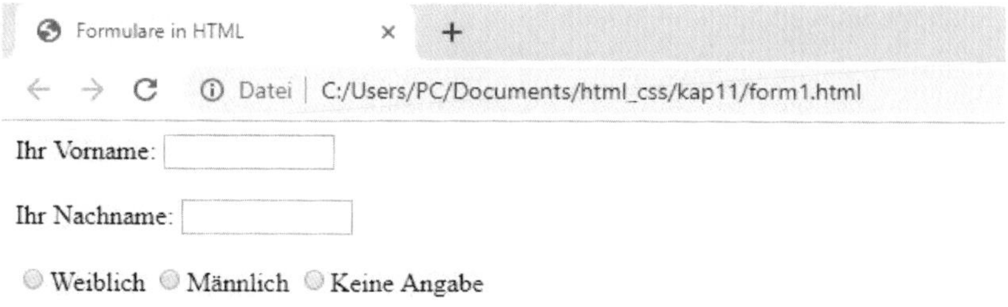

Screenshot 56: Das Formular mit den Radiobuttons

Bei der Verwendung von Radiobuttons ist es auch möglich, eine Vorauswahl zu treffen. Hierfür ist das Attribut `checked` notwendig. Dieses wird ohne eine Wertzuweisung angegeben. Es reicht aus, wenn es in dieser Form im Tag steht. Wenn man beispielsweise erreichen will, dass beim Aufbau der Seite bereits der Wert "Keine Angabe" ausgewählt ist, müsste man den entsprechenden Button so gestalten:


```
<input type= "radio" name = "geschlecht" value = "keineAngabe"
checked>
```

11.4. Checkbox: Weitere Auswahlmöglichkeiten

In vielen Fällen ist es sinnvoll, den Besuchern zu erlauben, mehrere Felder auszuwählen. Das verdeutlicht das folgende Beispiel. Dieses fragt die Interessen der Anwender ab. Da viele Menschen mehrere Interessen haben, ist es empfehlenswert, Mehrfachnennungen zu erlauben.

Zu diesem Zweck kommt wieder das `input`-Tag zum Einsatz – dieses Mal jedoch mit dem `type`-Attribut "checkbox". Dieses sorgt dafür, dass ein kleines Kästchen auf der Seite erscheint. Dieses erhält einen Haken, wenn es ausgewählt ist. Der Unterschied zum Radiobutton beschränkt sich jedoch nicht nur auf die Darstellung. Darüber hinaus ist es hierbei möglich, mehrere Werte auszuwählen.

Auch hierbei ist es notwendig, per `value`-Attribut für jede Checkbox einen Wert vorzugeben. Auch ein `name`-Attribut ist notwendig, um die Werte später zu identifizieren. Dabei kann man allen Elementen der Gruppe den gleichen Namen geben oder unterschiedliche Bezeichnungen auswählen. Beide Möglichkeiten sind korrekt – sie haben lediglich Einfluss auf die Auswertung der Daten mit einer Programmiersprache. Daher müssen wir uns darum im Moment nicht kümmern.

Wenn man nun die Interessen des Anwenders abfragen will, muss man folgenden Code in das form-Tag einfügen:

```
Interessen:<br>
<input type="checkbox" value = "sport" name = "interessen">Sport<br>
<input type="checkbox" value = "kino" name = "interessen">Kino<br>
<input type="checkbox" value = "musik" name = "interessen">Musik<br>
<input type="checkbox" value = "theater" name =
"interessen">Theater<br>
<input type="checkbox" value = "wissenschaft" name =
"interessen">Wissenschaft<br>
```

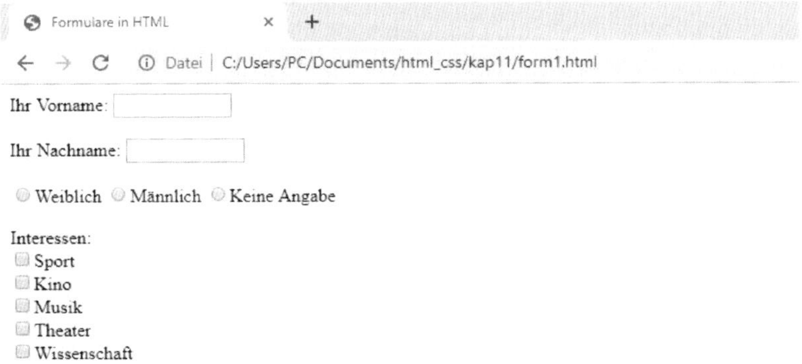

Screenshot 57: Verschiedene Auswahlmöglichkeiten per Checkbox einfügen

11.5. Auswahllisten

Anstatt der Verwendung von Radiobuttons und Checkboxen ist es auch möglich, Auswahllisten zu verwenden. Diese geben ebenfalls verschiedene Möglichkeiten vor, aus denen die Anwender auswählen können. Auswahllisten kommen in der Regel dazu zum Einsatz, wenn nur eine einzige Möglichkeit ausgewählt werden soll. Es ist jedoch auch möglich, Mehrfachnennungen zu erlauben. Das ist jedoch recht unüblich. Dennoch sollen beide Alternativen hier vorgestellt werden. Zu diesem Zweck werden sowohl die Radiobuttons als auch die Checkboxen aus dem vorherigen Beispiel durch Auswahllisten ersetzt werden.

Für die Auswahlliste kommt das `select`-Tag zum Einsatz. Um die Zuordnung zu erlauben, muss dieses mit einem name-Attribut versehen werden. Innerhalb des `select`-Tags stehen mehrere `option`-Tags, die die einzelnen Möglichkeiten vorgeben. Die `option`-Tags müssen mit `value`-Attributen versehen werden. Auch hierbei ist es möglich, eine Vorauswahl zu treffen. Dafür kommt bei Auswahllisten jedoch das Attribut `selected` zum Einsatz.

Wenn man nun die Radiobuttons aus dem vorherigen Beispiel durch eine Auswahlliste ersetzen will, ist dafür folgender Code notwendig:


```
<select name = "geschlecht">
    <option value = "weiblich">Weiblich</option>
    <option value = "männlich">Männlich</option>
    <option value = "keineAngabe" selected>Keine Angabe</option>
</select>
```

Screenshot 58: Das Formular mit der Auswahlliste

Bei der Auswahlliste kann man auch ein `size`-Attribut einfügen. Die Zahl, die man hierbei eingibt, definiert die Zahl der Zeilen, die bei der Darstellung der Auswahlliste angezeigt werden. Wenn man beispielsweise zwei Zeilen anzeigen will, wäre dafür dieser Code erforderlich:

```
<select name = "geschlecht" size = "2">
    <option value = "weiblich">Weiblich</option>
    <option value = "männlich">Männlich</option>
    <option value = "keineAngabe" selected>Keine Angabe</option>
</select>
```

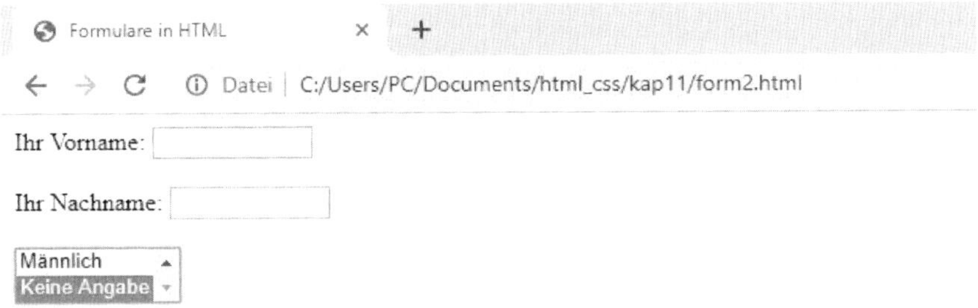

Screenshot 59: Die Darstellung der zweizeiligen Auswahlliste

Wenn man die Auswahl mehrerer Felder erlauben will, ist es notwendig, das `multiple`-Attribut einzufügen. Nun ist es möglich, mehrere Felder zu markieren. Dazu ist es jedoch erforderlich, für die Auswahl weiterer Felder die Strg-Taste zu drücken, während man diese anklickt. Da das wenig nutzerfreundlich ist, sollte auf die Verwendung dieses Attributs in der Regel verzichtet werden. Dennoch wird auch diese Form der Liste hier kurz vorgestellt. Um die Checkboxen aus dem vorherigen Beispiel zu ersetzen, kann man folgende Auswahlliste einfügen:

```
Interessen:<br>
<select name = "interessen" multiple>
    <option value = "sport">Sport</option>
    <option value = "kino">Kino</option>
    <option value = "musik">Musik</option>
    <option value = "theater">Theater</option>
    <option value = "wissenschaft">Wissenschaft</option>
</select>
```

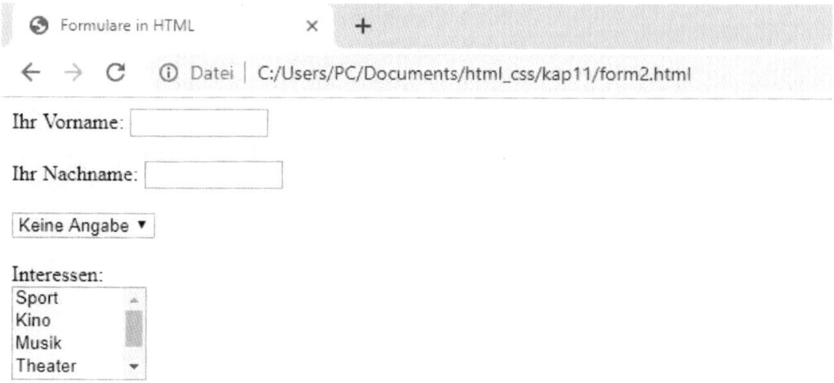

Screenshot 60: Die Darstellung der Liste mit mehreren Auswahlmöglichkeiten

Wenn man das `multiple`-Attribut verwendet, wird die Liste standardmäßig mit vier Zeilen angezeigt. Doch auch in diesem Fall kann man die Größe wieder per `size`-Attribut anpassen.

11.6. Mehrzeilige Textfelder

Um Text in das Formular einzufügen, haben wir bereits eine Möglichkeit kennengelernt: die Verwendung von input-Tags mit dem Attribut `type = "text"`. Per `size`-Attribut war es dabei möglich, die Größe zu verändern. Allerdings hat diese Vorgabe lediglich Einfluss auf die Länge des Eingabefeldes. Die Höhe kann auf diese Weise nicht geändert werden. Aus diesem Grund sind diese `input`-Felder nur für kleinere Texteingaben sinnvoll.

Bei vielen Formularen ist es jedoch notwendig, größere Texteingaben zu erlauben. Beispielsweise soll häufig ein Kommentarfeld hinzugefügt werden, in dem der Anwender sein Anliegen schildern kann. Wenn ihm hierfür nur eine einzige Zeile zur Verfügung steht, kann er hier nicht alle Details schildern. Daher steht für größere Textfelder ein weiteres Tag zur Verfügung: `textarea`.

Wie bei allen Formularfeldern ist es auch hierbei notwendig, das `name`-Attribut einzufügen, um später eine Zuordnung der Werte zu erlauben. Zwischen dem öffnenden und dem schließenden `textarea`-Tag kann man einen beliebigen Text einfügen. Dieser wird dann beim Laden der Seite angezeigt. Der Anwender kann ihn daraufhin übernehmen oder löschen. Wenn wir ein Feld für Kommentare in das Formular einfügen, könnte das so aussehen:

```
<textarea name = "kommentar">Fügen Sie Ihren Kommentar ein!</
textarea>
```

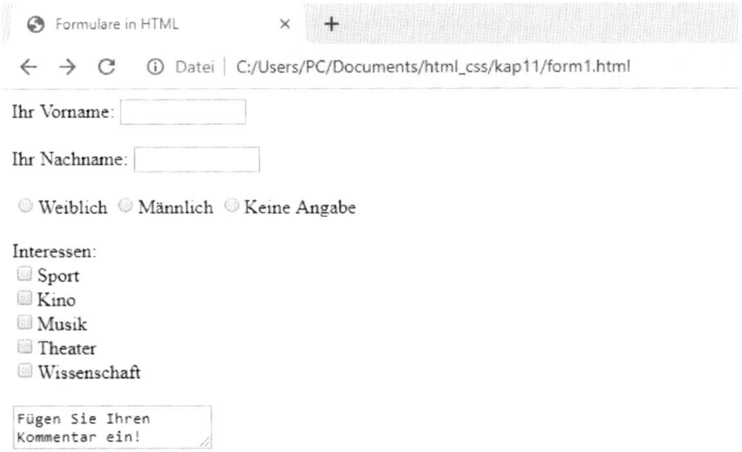

Screenshot 61: Das Formular mit dem textarea-Feld

Der obige Screenshot zeigt, dass das Standard-Feld recht klein ist. Es besteht nun selbstverständlich die Möglichkeit, die Größe per CSS festzulegen. Man kann diese Aufgabe jedoch auch direkt mit HTML erfüllen. Dazu kommen die Attribute `rows` und `cols` zum Einsatz. Damit kann man angeben, wie viele Zeilen und Spalten das Eingabefeld haben soll. Nun vergrößern wir das Eingabefeld etwas und fügen außerdem eine passende Beschriftung hinzu.

```
Ihr Kommentar:<br><br>
<textarea name = "kommentar" rows = "7" cols = "60">Fügen Sie Ihren
Kommentar ein!</textarea>
```

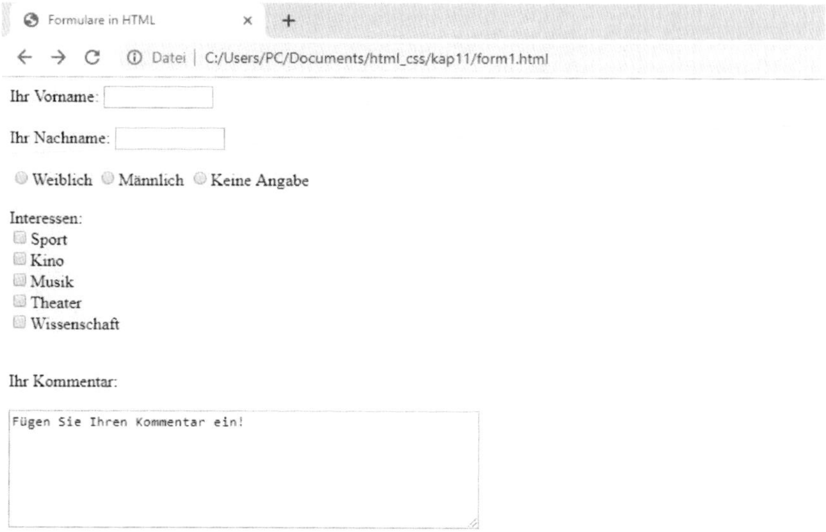

Screenshot 62: Das Formular mit dem vergrößerten Eingabebereich

Wenn man nun einen Text in das Feld einträgt, muss man jedoch zunächst den bereits vorhandenen Eintrag löschen. Das bringt einen zusätzlichen Aufwand mit sich und wirkt sich daher negativ auf den Nutzungskomfort aus. Allerdings ist dieser Text hilfreich, um anzuzeigen, was hier eingetragen werden soll. Daher ist es auch nicht erwünscht, ihn einfach wegzulassen. Aus diesem Grund wurde mit HTML5 das `placeholder`-Attribut eingefügt. Dieses ermöglicht es, den Text im `textarea`-Feld anzuzeigen. Wenn der Anwender hier jedoch eine eigene Eingabe tätigt, verschwindet dieser Inhalt. Daher muss er ihn nicht manuell löschen. Das sorgt für eine optimale Nutzerfreundlichkeit. Deshalb soll der Text, der bisher zwischen den `textarea`-Tags steht, entfernt und in das `placeholder`-Attribut eingefügt werden:

```
<textarea name = "kommentar" rows = "7" cols = "60"
placeholder="Fügen Sie Ihren Kommentar ein!"></textarea>
```

Die Darstellung der Seite beim Laden ändert sich dadurch nicht. Allerdings verbessert sich durch diese Änderung die Nutzerfreundlichkeit.

11.7. Versteckte Felder in das Formular einfügen

HTML bietet auch die Möglichkeit, versteckte Felder in ein Formular einzufügen. Diese sind für den Anwender nicht sichtbar und er kann keine Änderungen daran durchführen. Versteckte Felder dienen dazu, weiterführende Informationen in das Formular einzufügen, die für den Anwender nicht von Interesse sind. Häufig dienen sie beispielsweise dazu, anzugeben, in welcher Datenbank die Informationen gespeichert werden sollen. Das ist hilfreich, wenn man später die Eingaben mit einem serverseitigen Programm verarbeiten und abspeichern will. Diese Angaben lassen sich nicht sinnvoll über ein gewöhnliches Formularfeld abfragen, da der Anwender diese Kenntnisse in der Regel nicht hat. Und selbst wenn er darüber verfügen würde, würde das einen erheblichen zusätzlichen Aufwand mit sich bringen. Daher ist es sinnvoll, für diese Aufgabe versteckte Felder zu verwenden.

Wenn man ausschließlich HTML verwendet, bieten versteckte Formularfelder nur wenige sinnvolle Anwendungsmöglichkeiten. Doch auch hierbei kann es sinnvoll sein, ein entsprechendes Feld einzufügen – beispielsweise mit der URL der Seite, die das Formular abgesendet hat. Wenn der Betreiber mehrere Internetangebote betreut, kann er dann die eingehenden E-Mails besser zuordnen.

Um ein verstecktes Formularfeld einzufügen, kommt wieder das `input`-Tag zum Einsatz. Dieses muss man jedoch mit dem Attribut `type = "hidden"` versehen. Auch hierbei ist es wieder erforderlich, das `name`-Attribut einzufügen. Den Wert, den man über das versteckte Feld zusammen mit dem Formular übermitteln will, steht im Attribut `value`. Wenn man nun beispielsweise die Seite angeben will, von der das Formular stammt, ist dafür der folgende Ausdruck notwendig:

```
<input type = "hidden" name = "seite" value = "form1.html">
```

11.8. Submit- und Reset-Button einfügen

Das Formular, das wir bisher erzeugt haben, enthält bereits zahlreiche Eingabemöglichkeiten. Allerdings kann man es noch nicht abschicken. Das soll nun geändert werden. Um die Inhalte an ihr Ziel zu übermitteln, ist es notwendig, einen `Submit`-Button in das Formular einzufügen.

Um diesen Button zu erzeugen, ist wieder das `input`-Tag notwendig. Dabei müssen wir nun jedoch das Attribut `type = "submit"` verwenden. Darüber hinaus ist es lediglich notwendig, das `value`-Attribut vorzugeben. Hier kann man einen beliebigen Text eingeben. Dieser dient zur Beschriftung des Buttons:

```
<input type = "submit" value = "Formular abschicken">
```

Darüber hinaus ist es möglich, einen `Reset`-Button hinzuzufügen. Dieser löscht alle gemachten Eingaben. Wenn der Anwender falsche Werte eingegeben hat und nochmals von vorne beginnen möchte, kann er diesen betätigen. Der Code dafür sieht so aus:

```
<input type = "reset" value = "Werte zurücksetzen">
```


Mit diesem Button ist unser Formular abgeschlossen. Da wir in den letzten Abschnitten zahlreiche Veränderungen daran vorgenommen haben, soll nun nochmals zum Vergleich der komplette Code präsentiert werden:

```
<form action = "mailto:adresse@mail.de" method = "post"
enctype="text/plain">
    Ihr Vorname:
    <input type = "text" name = "vorname" size = "10"><br><br>
    Ihr Nachname:
    <input type = "text" name = "nachname" size = "10"><br><br>
    <input type = "radio" name = "geschlecht" value =
    "weiblich">Weiblich
    <input type = "radio" name = "geschlecht" value =
    "männlich">Männlich
    <input type = "radio" name = "geschlecht" value =
    "keineAngabe">Keine Angabe<br><br>
    Interessen:<br>
    <input type="checkbox" value = "sport" name =
    "interessen">Sport<br>
```

```
    <input type="checkbox" value = "kino" name =
    "interessen">Kino<br>
    <input type="checkbox" value = "musik" name =
    "interessen">Musik<br>
    <input type="checkbox" value = "theater" name =
    "interessen">Theater<br>
    <input type="checkbox" value = "wissenschaft" name =
    "interessen">Wissenschaft<br><br><br>
    Ihr Kommentar:<br><br>
    <textarea name = "kommentar" rows = "7" cols = "60"
    placeholder="Fügen Sie Ihren Kommentar ein!"></textarea><br><br>
    <input type = "submit" value = "Formular abschicken">
    <input type = "reset" value = "Werte zurücksetzen">
</form>
```

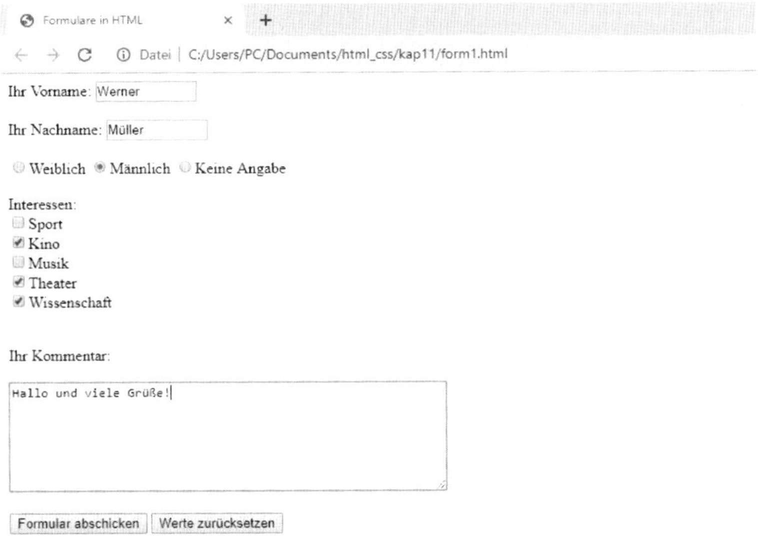

Screenshot 63: Das vollständige Formular

Nun kann man auch ausprobieren, was beim Absenden des Formulars passiert. Wenn man es abschickt, öffnet sich der E-Mail-Client – sofern man ein entsprechendes Programm installiert hat. Dabei wird automatisch der Bereich zum Versenden einer neuen Mail aufgerufen. Dieser enthält als Zieladresse die Angaben, die im `action`-Attribut vorgenommen wurden. Darüber hinaus werden für den Text der Mail die Inhalte der einzelnen Formularfelder verwendet:

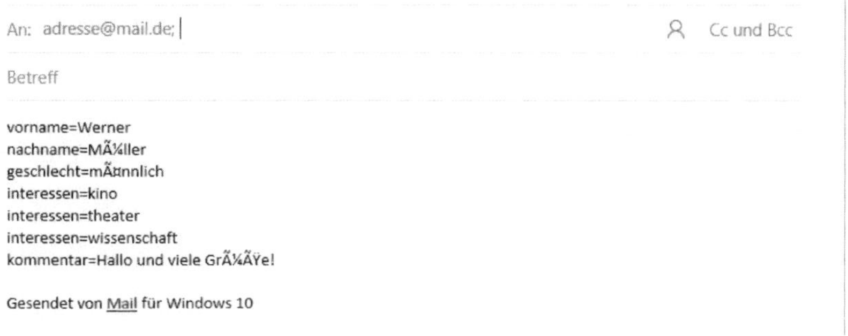

Screenshot 64: Die Weiterverarbeitung mit dem E-Mail-Client Microsoft Mail

Obwohl es mit HTML nicht möglich ist, die Eingaben auf andere Weise zu verarbeiten, soll das Programm nun einmal so abgeändert werden, dass es die eigene Seite erneut aufruft. Da dieses Beispiel unter form1.html abgespeichert wurde, soll daher dieser Wert in das `action`-Attribut eingefügt werden. Wenn man einen anderen Dateinamen verwendet hat, muss man die Adresse entsprechend anpassen. Außerdem soll als Methode `get` verwendet werden:

```
<form action = "form1.html" method = "get">
```

Wenn man nun das Formular abschickt, wird die Seite erneut aufgerufen. Allerdings hat sich die URL verändert. Sie enthält nun die Werte der einzelnen Formularfelder. Mit einer passenden Programmiersprache wäre es möglich, die Werte aus der URL zu extrahieren und weiterzuverarbeiten.

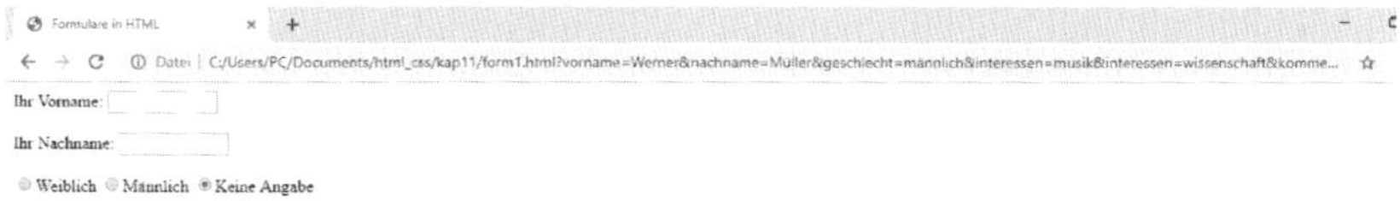

Screenshot 65: Die URL mit den Werten des Formulars

Damit wurden die wesentlichen Funktionen der Formulare dargestellt. Allerdings gibt es noch einige weitere Tags und unzählige Attribute, die man hierfür ebenfalls verwenden kann. Diese alle detailliert darzustellen, würde den Rahmen dieses Buchs sprengen. Wer sich jedoch über die Möglichkeiten informieren will, findet unter folgendem Link (und auf den zugehörigen Unterseiten) alle notwendigen Informationen zur Erstellung von Formularen:

https://www.w3schools.com/tags/tag_form.asp

11.9. Ein Beispiel-Formular erstellen

Im Verlauf dieses Buchs haben wir bereits mehrere Seiten für den Internetauftritt eines Tierheims erstellt. Die Seite für die Kontaktaufnahme blieb jedoch bislang leer. Der Grund dafür besteht darin, dass hierfür ein Kontaktformular entstehen soll. Mit den Kenntnissen aus diesem Kapitel ist es nun möglich, die fehlende Seite zu erstellen.

Um die Arbeit so einfach wie möglich zu gestalten, nehmen wir nun zunächst unsere Index Seite zur Hand (allerdings nicht die Version mit dem Tabellen-Layout, sondern die ursprüngliche Ausführung). Die Angaben im Kopfbereich und das Navigationsmenü können wir unverändert übernehmen. Die übrigen Inhalte sollen jedoch gelöscht werden. Danach fügen wir eine neue Überschrift ein. Diese lautet "Kontakt". Danach können wir uns bereits unserem Formular widmen.

Dieses soll per E-Mail verschickt werden. Daher müssen wir das `action`-Attribut mit `mailto` und einer E-Mail-Adresse belegen und auch alle weiteren Attribute hierfür anpassen. Danach sollen der Vorname, der Nachname, die E-Mail-Adresse und die Telefonnummer abgefragt werden. Hierfür kommen jeweils Textfelder zum Einsatz:

```
Ihr Vorname:
<input type = "text" name = "vorname" size = "10"><br><br>
Ihr Nachname:
<input type = "text" name = "nachname" size = "10"><br><br>
Ihre E-Mail-Adresse:
<input type = "text" name = "mail" size = "10"><br><br>
Ihre Telefonnummer:
<input type = "text" name = "tel" size = "10"><br><br><br>
```

Danach soll der Besucher gefragt werden, ob er selbst Tiere hat. Dafür kommt eine Auswahlliste zum Einsatz, bei der er die entsprechende Anzahl eingeben kann:

```
Haben Sie selbst Tiere?<br><br>
<select name = "tiere">
    <option value = "0">Nein</option>
    <option value = "1">Ja, eines</option>
    <option value = "2">Ja, zwei</option>
    <option value = "3+">Ja, drei oder mehr</option>
</select><br><br><br>
```

Anschließend soll per Checkbox abgefragt werden, welche Informationen der Besucher wünscht. Hierfür sollten vier Möglichkeiten präsentiert werden: ein Tier adoptieren, spenden, ehrenamtlich mitarbeiten und Informationsveranstaltungen.

```
<input type="checkbox" value = "adoption" name = "interessen">
Ein Tier adoptieren<br>
<input type="checkbox" value = "spenden" name = "interessen">
Das Tierheim finanziell unterstützen<br>
<input type="checkbox" value = "mitarbeit" name = "interessen">
Ehrenamtliche Mitarbeit<br>
<input type="checkbox" value = "veranstaltungen" name = "interessen">
Informationsveranstaltungen<br>
```


Schließlich soll abgefragt werden, ob der Besucher bereits Mitglied im Förderverein ist, ob er gerne Mitglied werden will oder ob er daran kein Interesse hat. Da in diesem Fall Mehrfachnennungen nicht sinnvoll sind, werden dafür Radiobuttons verwendet:

```
Unser Förderverein:<br><br>
<input type = "radio" name = "verein" value = "mitglied" checked>
Ich bin bereits Mitglied
<input type = "radio" name = "verein" value = "mitgliedWerden">
Ich will gerne Mitglied werden
<input type = "radio" name = "geschlecht" value = "keinInteresse">
Kein Interesse<br><br>
```

Zum Schluss steht ein größeres Textfeld, das es ermöglicht, weitere Kommentare einzufügen:

```
Platz für weitere Kommentare:<br><br>
<textarea name = "kommentar" rows = "7" cols = "60"
placeholder="Fügen Sie Ihren Kommentar ein!"></textarea><br><br>
```

Danach muss man noch den `Submit`- und den `Reset`-Button einfügen. Damit ist auch die Kontakt-Seite abgeschlossen:

```
<!DOCTYPE html>
<html lang = "de">
    <head>
        <title>
            Tierheim Musterstadt
        </title>
        <meta charset="UTF-8">
        <meta name="description" content="Darstellung unseres
        Tierheims">
        <meta name="keywords" content="Tierheim, entlaufene Tiere">
        <meta name="author" content="Max Mustermann">
    </head>

    <body>
        <ul>
            <li><a href = "index.html">Startseite</a></li>
            <li><a href = "beschreibung.html">Über uns</a></li>
            <li><a href = "spenden.html">Tieren helfen</a></li>
            <li><a href = "adoption.html">Tier adoptieren</a>
            </li>
            <li><a href = "kontakt.html">Kontakt</a></li>
        </ul>
        <h1>Kontakt</h1>
        <form action = "form1.html" method = "post"  enctype="text/
        plain">
            Ihr Vorname:
            <input type = "text" name = "vorname" size =
            "10"><br><br>
            Ihr Nachname:
            <input type = "text" name = "nachname" size =
            "10"><br><br>
            Ihre E-Mail-Adresse:
            <input type = "text" name = "mail" size = "10"><br><br>
            Ihre Telefonnummer:
            <input type = "text" name = "tel" size =
            "10"><br><br><br>

            Haben Sie selbst Tiere?<br><br>
            <select name = "tiere">
```

```
                <option value = "0">Nein</option>
                <option value = "1">Ja, eines</option>
                <option value = "2">Ja, zwei</option>
                <option value = "3+">Ja, drei oder mehr</option>
            </select><br><br><br>
            Ich wünsche Informationen über:<br><br>
            <input type="checkbox" value = "adoption" name =
            "interessen">
            Ein Tier adoptieren<br>
            <input type="checkbox" value = "spenden" name =
            "interessen">
            Das Tierheim finanziell unterstützen<br>
            <input type="checkbox" value = "mitarbeit" name =
            "interessen">
            Ehrenamtliche Mitarbeit<br>
            <input type="checkbox" value = "veranstaltungen" name =
            "interessen">
            Informationsveranstaltungen<br>
            <br><br><br>
            Unser Förderverein:<br><br>
            <input type = "radio" name = "verein" value = "mitglied"
            checked>
            Ich bin bereits Mitglied
            <input type = "radio" name = "verein" value =
            "mitgliedWerden">
            Ich will gerne Mitglied werden
            <input type = "radio" name = "geschlecht" value =
            "keinInteresse">
            Kein Interesse<br><br>

            Platz für weitere Kommentare:<br><br>
            <textarea name = "kommentar" rows = "7" cols = "60"
            placeholder="Fügen Sie Ihren Kommentar ein!"></
            textarea><br><br>
            <input type = "submit" value = "Formular abschicken">
            <input type = "reset" value = "Werte zurücksetzen">
        </form>
    </body>
</html>
```

11

Screenshot 66: Das Formular für die Kontakt-Seite

11.10. Übungsaufgabe: Seiten mit Formularen erstellen

Erstellen Sie ein Formular für einen Autohändler. Dieses soll die wesentlichen Kontaktinformationen des Kunden abfragen. Per Radiobutton soll der Kunde angeben, ob er sich für Neuwagen, Gebrauchtwagen oder für beide Angebote interessiert. Anschließend sollen ihm verschiedene Autoarten (Kleinwagen, Kombi, Limousine, SUV etc.) präsentiert werden. Dabei soll es möglich sein, mehrere Optionen auszuwählen.

Lösung:

```
<!DOCTYPE html>
<html lang = "de">
    <head>
        <title>
            Kontakt
        </title>
        <meta charset="UTF-8">
        <meta name="description" content="Kontaktformular: Angebote
        für Neu- und Gebrauchtwagen">
        <meta name="keywords" content="Autohändler, Neuwagen,
        Gebrauchtwagen">
        <meta name="author" content="Max Mustermann">
    </head>

    <body>
        <h1>Kontakt</h1>
        <h2>Holen Sie ein unverbindliches Angebot ein!</h2>
        <form action = "form1.html" method = "post"  enctype="text/
        plain">
            Ihr Vorname:
            <input type = "text" name = "vorname"><br>
            Ihr Nachname:
            <input type = "text" name = "nachname"><br>
            Ihre E-Mail-Adresse:
            <input type = "text" name = "mail"><br>
            Ihre Telefonnummer:
            <input type = "text" name = "tel"><br>
            Ich interessiere mich für:
            <input type = "radio" name = "neu" value = "neu">Neuwagen
            <input type = "radio" name = "neu" value =
            "gebraucht">Gebrauchtwagen
            <input type = "radio" name = "neu" value = "beides"
            checked>Beides<br><br>
            Welche Bauformen gefallen Ihnen?<br>
            <input type="checkbox" value = "kleinwagen" name =
            "bauform">Kleinwagen<br>
            <input type="checkbox" value = "mittelklasse" name =
            "bauform">Mittelklassewagen<br>
            <input type="checkbox" value = "limousine" name =
            "bauform">Limousinen<br>
            <input type="checkbox" value = "kombi" name =
            "bauform">Kombis<br>
            <input type="checkbox" value = "sportwagen" name =
            "bauform">Sportwagen<br>
```

```
            <input type="checkbox" value = "cabrio" name =
            "bauform">Cabrios<br>
            <input type="checkbox" value = "suv" name =
            "bauform">SUVs<br><br>
            Ihr Kommentar:<br><br>
            <textarea name = "kommentar" rows = "5" cols = "50"
            placeholder="Fügen Sie Ihren Kommentar ein!"></
            textarea><br><br>
            <input type = "submit" value = "Formular abschicken">
            <input type = "reset" value = "Werte zurücksetzen">
        </form>

    </body>
</html>
```

Screenshot 67: Das Kontaktformular des Gebrauchtwagenhändlers

Alle Programmcodes aus diesem Buch stehen kostenfrei zum Download bereit. Dadurch müssen Sie Code nicht abtippen.

Außerdem erhalten Sie die eBook Ausgabe zum Buch im PDF Format kostenlos auf unserer Website:

www.bmu-verlag.de/html-css
Downloadcode: siehe Kapitel 23

Kapitel 12

Semantische Auszeichnungen in HTML5

In HTML gibt es zahlreiche Elemente, die angeben, welche Funktion ein bestimmter Inhalt auf der Seite hat. Das `h1`-Tag gibt beispielsweise an, dass es sich um eine Hauptüberschrift handelt, während das `table`-Tag eine Tabelle kennzeichnet. Derartige Tags waren von Anfang an in HTML verbreitet. Darüber hinaus gibt es auch einige nicht-semantische Tags. Diese machen keine Angaben über den Inhalt, sondern dienen lediglich dazu, das Layout zu verändern. Beispiele hierfür sind die Tags `div`, `span`, `b` und `i`.

Bereits bei der Darstellung der Unterschiede zwischen `b`- und `strong`-Tags wurde erklärt, dass es meistens besser ist, die semantische Alternative für die Auszeichnung zu verwenden. Dieser Trend wird bei HTML immer deutlicher. HTML5 führte zahlreiche neue semantische Tags ein, die es erlauben, jedes Element einer Seite genau zu bestimmen. Diese werden in diesem Kapitel vorgestellt.

12.1. Warum ist es sinnvoll, die einzelnen Seitenelemente zu benennen?

Wenn man beispielsweise einen bestimmten Textabschnitt mit einem nicht-semantischen `div`-Tag einfasst und ihn damit zentral auf der Seite platziert, wird es wohl jedem Besucher, der die Seite mit einem Webbrowser öffnet, klar, dass es sich dabei um den Hauptartikel handelt. Wenn man hingegen ein anderes `div`-Element in einer schmalen Leiste am rechten Bildrand anordnet, ist es offensichtlich, dass es sich hierbei um einen nebengeordneten Text handelt. Aus diesem Grund stellt sich für viele Webdesigner die Frage, weshalb sie überhaupt semantische Auszeichnungen verwenden sollten.

Für einen gewöhnlichen Besucher, der die Seite mit seinem Browser aufruft, ist das sicherlich nicht notwendig. Dieser erkennt keinerlei Unterschiede zwischen semantischen und nicht-semantischen Auszeichnungen. Nun gehen wir jedoch einmal davon aus, dass ein Besucher eine Sehbehinderung aufweist und sich deshalb die Seite mit einem Screenreader vorlesen lässt. Selbst für moderne Software ist es schwierig, die Gestaltung der Seite nachzuvollziehen und daraus zu schließen, welcher Bereich welche Funktion erfüllt. Deshalb liest der Screenreader die komplette Seite vor. Dabei gibt er jedoch auch viele überflüssige Informationen wieder. Beispielsweise möchten die meisten Besucher zunächst die wesentlichen Inhalte erfahren und nicht die einzelnen Links des Navigationsmenüs vorgelesen bekommen. Wenn man semantische Auszeichnungen verwendet, fällt es dem Screenreader deutlich leichter, zunächst die wichtigen Bereiche auszugeben. Auch wenn man danach eine andere Seite aufrufen will und dafür zum Navigationsmenü wechseln muss, ist diese Aufgabe wesentlich einfacher, wenn dieses klar gekennzeichnet ist.

Der Screenreader ist nicht das einzige Beispiel dafür, dass eine semantische Auszeichnung hilfreich ist. Auch die Suchmaschinen profitieren davon. Diese wollen in der Regel keine Ergebnisse angeben, die sich auf das Navigationsmenü oder auf die Fußzeile beziehen. Daher machen es semantische Auszeichnungen einfacher, die Bedeutung der einzelnen Bereiche zu erkennen. Das sorgt für bessere Ergebnisse. Ob die Verwendung semantischer HTML5-Tags für eine bessere Platzierung in den Suchergebnissen sorgt, ist bislang jedoch umstritten. Außer Frage steht jedoch, dass sie die Möglichkeit bieten, der Suchmaschine besser mitzuteilen, welchen Bereichen man selbst die wesentliche Bedeutung für die Seite beimisst.

Aus diesen Gründen ist es sehr empfehlenswert, diese semantischen Tags zu verwenden. Dieses Kapitel stellt daher vor, auf welche Weise man sie in die Seite einbauen kann.

12.2. Die Struktur der Seite vorgeben: header, nav, main und footer

Zunächst ist es sinnvoll, die grundlegende Struktur der Seite festzulegen. Hierfür kommt zum einen das header-Tag zum Einsatz. Dieses umschließt die Kopfzeile, die in der Regel ein Logo und die Überschrift der gesamten Website enthält. Der Inhalt der header-Tags ist meistens auf jeder einzelnen Seite der Website der gleiche. Er sorgt für ein einheitliches Erscheinungsbild der gesamten Site.

Daran schließt sich in der Regel ein Bereich an, der in nav-Tags steht. Wie die Bezeichnung bereits vermuten lässt, handelt es sich hierbei um das Navigations-Menü. Auch dieser Bereich ist normalerweise auf allen Unterseiten der Website identisch.

Nun folgt der main-Block. Hier stehen die eigentlichen Inhalte der Seite. In der Regel handelt es sich hierbei um den mit Abstand größten Block. In der offiziellen HTML5-Spezifikation wird angegeben, dass der main-Block ausschließlich individuellen Inhalt enthalten muss. Das heißt, dass die Elemente, die für alle Unterseiten der Website einheitlich sind, außerhalb der main-Tags stehen müssen. Außerdem wird hier angegeben, dass die main-Tags niemals innerhalb der header-, nav- oder footer-Tags stehen dürfen.

Viele Websites verwenden außerdem eine einheitliche Fußzeile. Hier ist häufig die Adresse angegeben oder es befinden sich darin Links zum Impressum oder zu den Datenschutzangaben. Die Fußzeile soll in footer-Tags stehen.

Damit ist der grundlegende Aufbau der Seite bereits fertiggestellt. Die Struktur sieht dann so aus:

```
<header>Kopfbereich</header>
<nav>Navigationsmenü<nav>
<main>Eigentlicher Inhalt. Wichtig: auf individuellen Content
achten!</main>
<footer>Fußbereich</footer>
```

12.3. Weitere Tags: section, article und aside

Die Inhalte, die im `main`-Tag stehen, können noch weiter unterteilt werden. Für den Hauptbereich kommen die Tags `section` und `article` zum Einsatz. Die Spezifikation schreibt dabei jedoch nicht vor, in welchem Verhältnis diese zueinander stehen. Es ist möglich, `section`- und `article`-Tags ineinander zu schachteln oder untereinander zu platzieren. Dabei können `article`-Tags innerhalb der `section`-Tags stehen oder umgekehrt.

Allerdings gibt es dennoch einen Hinweis darauf, wie diese Tags den Aufbau der Seite widerspiegeln sollen. In den Erläuterungen heißt es, dass das `article`-Tag einen unabhängigen und selbstständigen Inhalt präsentieren soll – beispielsweise einen Zeitungsartikel, einen Blogeintrag oder einen Post in einem Forum. Wenn eine Seite viele unabhängige Beiträge (wie zum Beispiel in einem Forum) enthält, ist es sinnvoll, diese in einzelne `article`-Tags einzuteilen und falls notwendig danach in größere Sektionen zusammenzufassen. Wenn der komplette Inhalt der Seite jedoch zusammenhängend ist, sollte man nur einen einzelnen `article`-Tag verwenden. Darin kann man dann per `section`-Tag einzelne Abschnitte definieren.

Auf vielen Seiten erscheint zusätzlich ein nebengeordneter Inhalt, der nicht direkt mit dem Haupttext in Verbindung steht. Dieser hat in der Regel eine etwas geringere Bedeutung und bietet weiterführende Inhalte an. Häufig wird ein solcher Beitrag in einer eigenen Spalte rechts vom Hauptteil präsentiert. Manchmal steht er auch darunter. Solche Inhalte sollten in `aside`-Tags stehen.

Der Aufbau im main-Bereich kann dann beispielsweise so aussehen:

```
<article>
	<section>Kapitel1</section>
	<section>Kapitel2</section>
	<section>Kapitel3</section>
</article>
<aside>Ergänzender Text</aside>
```

12.4. Übungsaufgabe: Die einzelnen Bereiche der Seite kennzeichnen

Betrachten Sie nochmals die Seite zum Tierheim, die wir in Kapitel 10.4 mit einem Tabellen-Layout erstellt haben. Die Aufteilung der Seite lässt dabei erkennen, welche Funktionen die einzelnen Teile haben.

Lediglich der Kopfbereich soll dabei nochmals überarbeitet werden. Dieser enthält im bisherigen Beispiel die individuelle Seitenüberschrift. Diese soll nun jedoch (in `h2`-Tags) zum eigentlichen Text hinzugefügt werden. Im Kopfbereich soll hingegen eine Überschrift stehen, die für die ganze Website gültig ist. Außerdem sollte hier ein Logo erscheinen. Da die Gestaltung eines Logos jedoch nicht Bestandteil dieses Buchs ist, können Sie hierfür jede beliebige andere Grafik verwenden und in einer Größe von 100 x 100 Pixeln in den Kopfbereich einfügen.

Nun sollen Sie jedoch das veraltete Tabellenlayout verwerfen und lediglich die Inhalte übernehmen. Zeichnen Sie diese mit Tags aus, die deren Funktion kennzeichnen. Das Layout wird dabei zwar wieder zerstört, doch können wir dieses mit CSS später wieder so anpassen, dass es unseren Vorstellungen entspricht.

Lösung:

```
<!DOCTYPE html>
<html lang = "de">
    <head>
        <title>
            Unser Tierheim
        </title>
        <meta charset="UTF-8">
        <meta name="description" content="Darstellung unseres
        Tierheims">
        <meta name="keywords" content="Tierheim, entlaufene Tiere">
        <meta name="author" content="Max Mustermann">
    </head>

    <body>
        <header>
            <figure><img src = "bilder/logo.jpg" width = "100" height
            = "100" alt = "Logo"></figure>
            <h1>Tierheim Musterstadt: ein Zuhause für Tiere</h1>
        </header>
        <nav>
            <ul>
                <li><a href = "index.html">Startseite</a></li>
                <li><a href = "beschreibung.html">Über uns</a>
                </li>
                <li><a href = "spenden.html">Tieren helfen</a>
                </li>
                <li><a href = "adoption.html">Tier adoptieren
                </a></li>
                <li><a href = "kontakt.html">Kontakt</a></li>
            </ul>
        </nav>
        <main>
            <article>
                <h2>Unser Tierheim</h2>
                <p>
                    In unserem <strong>Tierheim</strong> finden Tiere
                    ein neues Zuhause.
                    Wir nehmen <strong>entlaufene Tiere</strong> auf,
                    deren Besitzer nicht
                    auffindbar sind. Außerdem arbeiten wir mit einem
                    <strong>Tierarzt
                    </strong> zusammen, um die medizinische
                    Versorgung sicherzustellen.
                </p>
                <p>
```

12

```
                    Nun wollen wir einige unserer Bewohner
                    vorstellen. Da ist
                    beispielsweise die Katze <i>Kitty</i>, die
                    bereits seit drei Jahren
                    bei uns lebt. Der Hund <i>Wauwau</i> findet leider
                    kein neues Herrchen,
                    da er bei einem Unfall ein Auge verloren hat.
                </p>
            </article>
            <aside>
                <figure>
                    <img src = "bilder/katze2.jpg" width = "200"
                    height="150"
                    alt = "Unsere Katze Kitty">
                    <figcaption>Die Katze Kitty sucht ein neues
                    Zuhause</figcaption>
                </figure>
                <figure>
                        <img src = "bilder/hund.jpg" width = "200"
                        height="150"
                        alt = "Unser Hund Wauwau">
                    <figcaption>Der Hund Wauwau ist sehr verspielt</
                    figcaption>
                </figure>
            </aside>
        </main>
        <footer>
                Unser Tierheim Hauptstraße 111 11111 Musterstadt Tel:
                01234 9876543
        </footer>
    </body>
</html>
```

Screenshot 68: Die semantischen HTML5-Tags haben keinen sichtbaren Einfluss auf den Aufbau der Seite.

Downloadhinweis

Alle Programmcodes aus diesem Buch stehen kostenfrei zum Download bereit. Dadurch müssen Sie Code nicht abtippen.

Außerdem erhalten Sie die eBook Ausgabe zum Buch im PDF Format kostenlos auf unserer Website:

www.bmu-verlag.de/html-css
Downloadcode: siehe Kapitel 23

Kapitel 13

CSS: die Kennzeichen dieser Sprache

In den vorherigen Kapiteln wurden die wesentlichen Grundlagen der Auszeichnungssprache HTML vorgestellt. Damit ist es zwar möglich, die Inhalte strukturiert wiederzugeben. Das Layout der Seiten war jedoch noch stark verbesserungswürdig. Lediglich bei einer Seite haben wir auch diesen Aspekt berücksichtigt und die Inhalte passend auf der Seite angeordnet. Dabei haben wir jedoch eine bereits seit Langem veraltete Technik verwendet. Häufig kam es zu dem Hinweis, dass man die Layoutvorgaben später mit CSS festlegen kann.

Nun ist es an der Zeit diese Technik kennenzulernen. Die folgenden Kapitel stellen vor, welche Möglichkeiten diese Stylesheet-Sprache bietet und wie man sie anwendet. Die HTML-Kenntnisse, die wir in den vorherigen Kapiteln erworben haben, stellen die Grundlage hierfür dar. CSS ist keine eigenständige Sprache. Es ist immer ein HTML-Dokument notwendig, auf das sie angewendet werden kann. Daher stellt das erste Kapitel vor, auf welche Bestandteile einer HTML-Seite man CSS anwenden kann und welche Anwendungsmöglichkeiten die Sprache bietet.

13.1. Spezifische Layoutvorgaben für verschiedene Elemente der Seite vorgeben

Dass die Verwendung von CSS ohne HTML nicht möglich ist, wird bereits deutlich, wenn man sich mit der grundlegenden Verwendung eines CSS-Befehls befasst. Dieser enthält verschiedene Vorgaben, die das Layout betreffen. Dabei kann es sich um Angaben zu den Farben, zur Größe eines Elements, zur Schriftart und zu vielen weiteren Details handeln.

Diese Layout-Vorgaben betreffen jedoch in der Regel nicht die komplette Seite. Meistens ist es nur erwünscht, einen bestimmten Bereich farbig oder mit einer anderen Schriftgröße darzustellen. Deshalb sind die Angaben nur für einen genau definierten Abschnitt der Seite gültig. CSS kann diese Abschnitte jedoch nicht selbstständig vorgeben. Für diese Aufgabe ist HTML notwendig. Dafür kommen die bereits behandelten Tags zum Einsatz, die bestimmte Bereiche einschließen. CSS wird stets auf den Inhalt eines Tags angewendet. Ohne die entsprechenden HTML-Tags hat CSS demnach keine Wirksamkeit.

CSS lässt sich auf alle HTML-Tags anwenden, die Inhalte auf der Seite präsentieren. Layout-Vorgaben für `Meta`-Tags zu gestalten, wäre beispielsweise nicht sinnvoll, da diese Informationen überhaupt nicht auf der Seite erscheinen. Daher muss man sich dabei auch keine Gedanken um die Darstellung machen. Auch für das `br`-Tag, das einen Zeilenumbruch erzeugt, gibt es keine Layoutvorgaben, die sich darauf sinnvoll anwenden lassen. Die Tags, die Texte und andere Inhalte auf der Seite umfassen, können jedoch mit CSS-Angaben versehen werden.

Das bedeutet jedoch nicht, dass sich CSS-Vorgaben nur auf Elemente anwenden lassen, die über ein öffnendes und ein schließendes Tag verfügen und Text enthalten. Es ist beispielsweise auch möglich, Vorgaben für das `img`-Tag zu machen. In diesem Fall ist es zwar nicht sinnvoll, Angaben zur Schriftart oder -größe zu machen. Allerdings lässt sich das Layout auf zahlreiche andere Arten beeinflussen – beispielsweise durch das Einfügen von Rändern, von Abständen zu anderen Elementen oder durch eine Abrundung der Ecken.

Zu Beginn dieses Abschnitts wurde gesagt, dass sich die CSS-Vorgaben in der Regel nicht auf die gesamte Seite beziehen, sondern auf einzelne Elemente. Allerdings ist es auch möglich, Layout-Regeln für die komplette Seite zu definieren. Wenn man beispielsweise den gesamten Text in einer bestimmten Farbe darstellen will, kann man diese Vorgabe auf das body-Tag anwenden. Auf diese Weise wirkt sie sich auf die ganze Seite aus.

CSS lässt jedoch noch wesentlich differenzierte Möglichkeiten zu. Man kann die Vorgaben auf ein ganz spezifisches Tag anwenden. Doch kann man das CSS-Dokument auch so gestalten, dass sie sich auf alle Tags eines bestimmten Typs auswirken. Schließlich ist es möglich, individuelle Klassen zu definieren, die bestimmte Gruppen erfassen. Diese vielfältigen Optionen erlauben eine präzise und effiziente Gestaltung der Layout-Vorgaben.

13.2. Die einzelnen Elemente innerhalb der Seite positionieren

CSS ermöglicht es nicht nur, die Gestaltung innerhalb der einzelnen Elemente zu beeinflussen. Darüber hinaus gibt es noch eine weitere wichtige Funktion, die CSS bei der Gestaltung des Layouts erfüllen kann: die Anordnung der Elemente auf der Seite. Wenn man hierfür nur HTML verwenden will, sind die Möglichkeiten stark eingeschränkt. Eine Vorgehensweise hierfür haben wir bereits kennengelernt: die Anordnung in Tabellen. Doch wurde bereits angemerkt, dass diese Methode nicht mehr zeitgemäß ist. Daher ist es deutlich besser, CSS zu verwenden.

Die einzelnen Elemente mit CSS zu positionieren, bietet im Vergleich zur Verwendung von Tabellen sehr viele Vorzüge. Zum einen ist es mit CSS möglich, jedes einzelne Element vollkommen frei auf der Seite zu positionieren. Insbesondere wenn man ein etwas ausgefalleneres Design gestalten will, bei dem die Inhalte nicht einfach in Spalten und Zeilen anzuordnen sind, hat man mit CSS deutlich mehr gestalterische Freiheiten.

CSS erlaubt es außerdem, deutlich effizienter zu arbeiten, als das bei der Verwendung von Tabellen möglich ist. Wenn man beispielsweise mehrere Seiten mit dem gleichen Layout erstellen will, wäre es zwar auch hierbei möglich, den Code zu kopieren und daraufhin nur die Inhalte auszutauschen. Dennoch wäre der erforderliche Arbeitsaufwand deutlich höher als bei der Verwendung eines externen Stylesheets. Dieses kann man so gestalten, dass es für alle Unterseiten der Website gültig ist. Daher muss man für diese nur noch die entsprechenden Inhalte einfügen.

Ein weiterer Vorteil von CSS besteht darin, dass man hierbei die Position der einzelnen Elemente an das Gerät anpassen kann, mit dem der

Anwender die Seite abruft. Das macht es möglich, unterschiedliche Layouts für den PC, für das Tablet und für das Smartphone zu gestalten. Das führt zu einem wesentlich höheren Komfort für den Anwender.

13.3. Kommentare in CSS

In Kapitel 6 wurde bereits erklärt, dass es in HTML möglich ist, Kommentare zu verwenden. Diese erleichtern das Verständnis des Codes erheblich und sind daher insbesondere bei komplizierteren Projekten sehr zu empfehlen.

CSS bietet diese Möglichkeit ebenfalls an. Allerdings ist es dabei wichtig, darauf zu achten, dass für die Kennzeichnung von Kommentaren in CSS andere Zeichen zum Einsatz kommen als bei HTML. Das kann dazu führen, dass innerhalb des gleichen Dokuments verschiedene Arten von Kommentaren notwendig sind. Dabei ist es sehr wichtig, darauf zu achten die richtige Auszeichnung zu wählen.

Wenn man HTML-Kommentare innerhalb der CSS-Bereiche verwendet, kann das zur Folge haben, dass die Syntax der Befehle nicht mehr korrekt ist, sodass diese missachtet werden. Nutzt man hingegen CSS-Kommentare in den HTML-Bereichen, werden diese auf der Seite angezeigt. Auch das gilt es unbedingt zu verhindern.

Um einen Kommentar innerhalb des CSS-Bereichs anzubringen, muss man zunächst den Schrägstrich gefolgt vom Stern-Symbol (/*) verwenden. Danach kann man einen Kommentar in beliebiger Länge anbringen. Dieser kann sich auch über mehrere Zeilen erstrecken. Um den Kommentar zu schließen, kommen diese beiden Zeichen in umgekehrter Reihenfolge zum Einsatz (*/). Das führt zu folgendem Muster:

```
/*Hier steht ein Kommentar.*/
```

Alle Programmcodes aus diesem Buch stehen kostenfrei zum Download bereit. Dadurch müssen Sie Code nicht abtippen.

Außerdem erhalten Sie die eBook Ausgabe zum Buch im PDF Format kostenlos auf unserer Website:

www.bmu-verlag.de/html-css
Downloadcode: siehe Kapitel 23

Kapitel 14

Wo kann man die CSS-Vorgaben vornehmen?

Wenn man CSS verwendet, kann man die Layout-Vorgaben an unterschiedlichen Stellen anbringen. Das bietet vielfältige Möglichkeiten, um die Verwendung von CSS an das jeweilige Projekt anzupassen. Dieses Kapitel stellt vor, welche Möglichkeiten es hierbei gibt, wie die Syntax hierfür jeweils aussieht und in welchen Fällen die Verwendung der entsprechenden Methode sinnvoll ist.

Dass man die CSS-Vorgaben an unterschiedlicher Stelle anbringen kann, hat zur Folge, dass man an dort jeweils verschiedene Angaben für ein Element machen kann. Um Widersprüche zu vermeiden, gibt es in CSS klare Regeln, welche Befehle dabei jeweils Priorität haben. Der letzte Abschnitt dieses Kapitels befasst sich mit diesem Thema.

14.1. Angaben direkt in das HTML-Element einfügen

Eine Möglichkeit, um CSS-Vorgaben auf der Seite zu verwenden, besteht darin, sie genau dort anzubringen, wo sie das Layout beeinflussen sollen: innerhalb der entsprechenden HTML-Tags. In diesem Fall haben die CSS-Vorgaben den Aufbau eines HTML-Attributs. Dafür kommt das `style`-Attribut zum Einsatz. Innerhalb von Anführungszeichen stehen dann die CSS-Vorgaben. Wenn man beispielsweise einem Absatz eine andere Schriftfarbe zuweisen möchte, kann man dies auf folgende Weise erledigen:

```
<p style = "color: red">
Hier steht ein Absatz
</p>
```

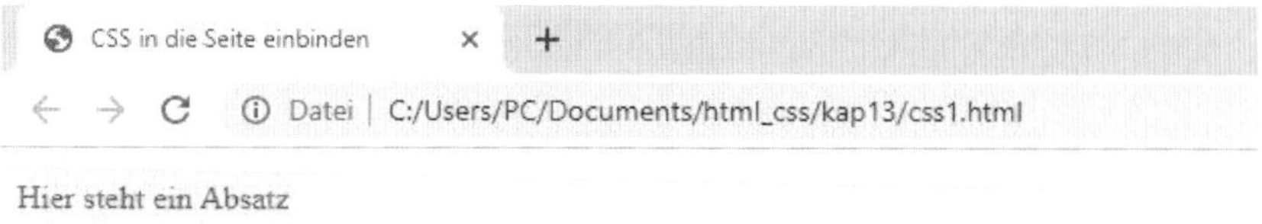

Screenshot 69: Der Absatz erscheint nun in roter Farbe

An diesem Beispiel sieht man auch, wie die eigentlichen CSS-Vorgaben aufgebaut sind. Hier steht immer zunächst die Eigenschaft, die beeinflusst werden soll. Der Ausdruck `color` steht für die Schriftfarbe. Darüber hinaus gibt es jedoch noch unzählige weitere Eigenschaften, die wir mit CSS beeinflussen können. Viele von ihnen werden im weiteren Verlauf dieses Buchs noch vorgestellt. Nach der Nennung der Eigenschaft steht ein Doppelpunkt. Darauf folgt der Wert, den diese annehmen soll. In diesem Fall handelt es sich um die Angabe einer Farbe. Bei anderen Eigenschaften können jedoch andere Werte erforderlich sein – beispielsweise Größenangaben, Schriftarten oder Vorgaben zum Einfügen von Rändern. Dabei ist es wichtig, darauf zu achten, dass die Werte, die man hier verwenden kann, immer von der Eigenschaft abhängen. Wenn man wie in diesem Beispiel die Farbe vorgeben will, wäre es beispielsweise nicht sinnvoll, eine Größenangabe in Pixel zu verwenden.

In vielen Fällen soll nicht nur eine einzige Vorgabe gemacht werden. Anstatt dessen soll das Layout eines Bereichs in mehreren Aspekten angepasst werden. Auch das ist möglich. Dazu muss man ein weiteres Paar aus Eigenschaft und Wert zum `style`-Attribut hinzufügen. Die einzelnen Angaben werden jeweils durch ein Semikolon voneinander getrennt. Wenn man beispielsweise zusätzlich die Schriftgröße und die Hintergrundfarbe bestimmen will, wären dafür folgende Angaben notwendig:

```
<p style = "color: red; font-size: 30px; background-color: blue">
    Hier steht ein Absatz
</p>
```

Screenshot 70: Der Absatz mit vergrößerter Schrift und mit einem farbigen Hintergrund

Derartige CSS-Vorgaben kann man bei fast allen Tags im Body-Bereich einfügen – beispielsweise auch in `h1`-Überschriften, Listen, Tabellen und Bilder. Das macht es möglich, für jedes einzelne Element der Seite ein passendes Layout vorzugeben.

14.2. CSS-Angaben im Kopfbereich vornehmen

Einer der wesentlichen Vorteile der Verwendung von CSS besteht in der Trennung von Inhalten und Design. Bei der im vorherigen Abschnitt vorgestellten Verwendung von CSS ist diese jedoch nur in sehr geringem Umfang gegeben. Wenn man eine Änderung am Design vorgeben will, muss man das gesamte Dokument von Anfang bis Ende durchlesen und jedes einzelne HTML-Tag, das eine CSS-Vorgabe enthält, anpassen. Auch wenn man neue Inhalte einfügen will, muss man für diese jeweils neue CSS-Vorgaben erstellen. Daher bringt diese Vorgehensweise bei der praktischen Arbeit eines Webdesigners kaum Vorteile. Aus diesem Grund sollte man sie nur in Ausnahmefällen verwenden.

Eine andere Möglichkeit besteht darin, die CSS-Vorgaben im `head`-Bereich der HTML-Datei anzubringen. Hier kann man das Layout für jedes einzelne HTML-Tag, das im `body`-Bereich steht, vorgeben. Das sorgt bereits dafür, dass das Layout deutlich besser von den Inhalten getrennt ist. Daher ist diese Vorgehensweise wesentlich besser, als die Vorgaben in den einzelnen Tags anzubringen. Darüber hinaus kann man sich auf diese Weise viel Arbeit sparen, da man die Tags zu Gruppen zusammenfassen kann. Das heißt, dass eine CSS-

Angabe ausreicht, um viele verschiedene HTML-Tags zu beeinflussen.

Um die Layoutvorgaben innerhalb des Kopfbereichs zu machen, muss man hier das `style`-Tag einfügen. Dieses umschließt alle CSS-Vorgaben, die wir machen wollen. Die Reihenfolge innerhalb des `head`-Bereichs ist dabei nicht von Bedeutung. Man kann das `style`-Tag also entweder vor den Meta-Tags und dem Titel anbringen oder danach.

Wenn man die CSS-Vorgaben nicht direkt innerhalb der entsprechenden HTML-Tags anbringt, ist es notwendig, für eine genaue Zuordnung zu sorgen. Der Webbrowser muss bei der Darstellung der Seite wissen, auf welche Bereiche sich die Vorgaben beziehen. Dazu ist es notwendig, einen sogenannten Selektor zu verwenden. Welche Selektoren dafür infrage kommen, wird im nächsten Kapitel noch ausführlich dargestellt. An dieser Stelle sei nur erwähnt, dass man für jede CSS-Angabe entweder einen oder mehrere Selektoren verwenden kann. Nutzt man mehrere Selektoren, muss man diese durch ein Komma voneinander trennen.

Nachdem man den Gültigkeitsbereich über die Selektoren vorgegeben hat, muss man die genauen CSS-Vorgaben machen. Diese stehen innerhalb einer geschweiften Klammer. Die Vorgaben selbst sind wie bisher aufgebaut. Zunächst muss man die Eigenschaft und anschließend nach einem Doppelpunkt den Wert vorgeben. Die Struktur der CSS-Vorgaben im `head`-Bereich sieht dann so aus:


```
<style>
     Selektor 1, Selektor 2, … Selektor n {
          Eigenschaft 1: Wert 1;
          Eigenschaft 2, Wert 2;
          .
          .
          Eigenschaft m Wert m;
     }
</style>
```

Innerhalb der `style`-Tags ist es nicht nur möglich, Vorgaben für eine einzelne Gruppe von Selektoren zu machen. Danach kann man beliebige andere Selektoren auswählen und für diese weitere CSS-Regeln definieren.

Das soll nun an einem Beispiel gezeigt werden. Zum einen stellen wir eine CSS-Regel für die Selektoren `p` und `h1` auf. Diese wirken sich auf gewöhnliche Absätze und auf Hauptüberschriften aus. Diese sollen in roter Schrift erscheinen. Außerdem soll die Schriftgröße auf 12 Pixel festgelegt werden. Darüber hinaus machen wir eine Vorgabe für die Selektoren `p` und `h2`. Diese erhalten einen türkisfarbenen Hintergrund. Das zeigt auch, dass man die Selektoren mehrfach verwenden kann, um unterschiedliche Angaben zu machen. Um das Beispiel übersichtlicher zu gestalten, wird darin auf die Verwendung von Meta-Tags verzichtet:

```
<!DOCTYPE html>
<html lang = "de">
    <head>
        <title>
            CSS in die Seite einbinden
        </title>
        <meta charset="UTF-8">
        <style>
            h1, p {
                color: red;
                font-size: 12px;
            }
            h2, p {
                background-color: turquoise;
            }
        </style>
    </head>

    <body>
        <h1>Überschrift 1</h1>
        <h2>Überschrift 2</h2>
        <p>Hier steht ein Absatz.</p>
    </body>
</html>
```

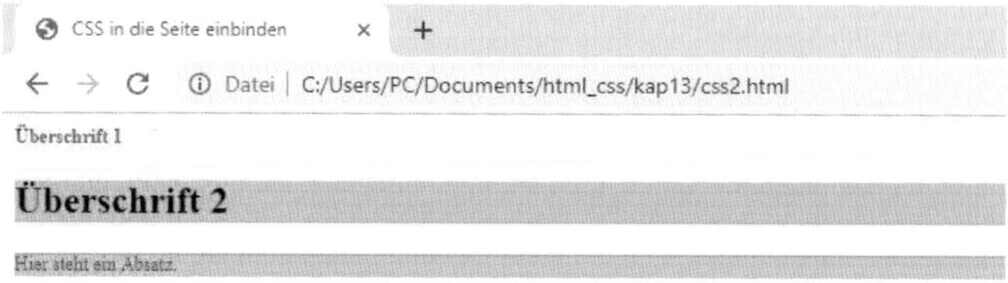

Screenshot 71: Die Darstellung der Seite mit den Style-Vorgaben

14.3. Separate CSS-Dokumente erzeugen

Darüber hinaus gibt es eine dritte Möglichkeit, um CSS-Vorgaben für ein Dokument zu machen. Man kann diese auch in eine separate Datei schreiben. Anschließend muss man diese lediglich in der HTML-Datei verlinken. Das führt dazu, dass der Browser alle Vorgaben, die wir in der externen Datei gemacht haben, bei der Darstellung der Seite berücksichtigt.

Wenn man sich für diese Alternative entscheidet, sind die Inhalte vollständig von den Layout-Vorgaben getrennt. Das sorgt für viele Vorteile – insbesondere bei der Gestaltung größerer Websites. Wenn man beispielsweise das Design einer Website mit vielen Hundert Unterseiten überarbeiten will, wäre es mit einem riesigen Aufwand verbunden, diese Änderungen in jedem einzelnen Dokument vorzunehmen. Wenn man hingegen eine externe Datei verwendet, kann jede einzelne Unterseite auf diese zugreifen. Sollte man nun eine Änderung an ihr vornehmen, wirkt sich diese auf alle Seiten aus, die sie eingebunden haben. Das stellt eine riesige Arbeitsersparnis dar.

Aufgrund dieser Vorteile ist es sinnvoll, immer externe CSS-Dateien zu verwenden. Vielen Anfängern erscheint es jedoch einfacher, die Vorgaben direkt im entsprechenden Tag anzubringen oder wenigstens im `head`-Bereich. Eine externe CSS-Datei zu erstellen und zu verlinken, stellt jedoch keine große Schwierigkeit dar. Daher ist es sinnvoll, sich einmal genau anzuschauen, wie man dabei vorgehen muss. Nach dieser kurzen Einarbeitung profitiert man von einer deutlich einfacheren und effizienteren Arbeitsweise.

Um zu zeigen, wie man eine externe CSS-Datei verwendet, soll eine Seite entstehen, die genau gleich aufgebaut ist, wie das vorherige Beispiel – mit dem Unterschied, dass wir die Layout-Vorgaben nun in einer separaten Datei erstellen.

Um eine CSS-Datei zu erstellen, muss man im Texteditor ein leeres Dokument öffnen. Hier fügen wir nun genau die gleichen Vorgaben ein, die im vorherigen Beispiel zwischen den `style`-Tags standen. Die Tags selbst sind dabei jedoch nicht notwendig. Der Inhalt der CSS-Datei sieht demnach so aus:

```
h1, p {
    color: red;
    font-size: 12px;
}
h2, p {
    background-color: turquoise;
}
```

Nun müssen wir diese Vorgaben noch als CSS-Datei abspeichern. Dazu kommt die Endung .css zum Einsatz. Es ist üblich, die Layoutvorgaben in einer Datei mit dem Namen style.css abzuspeichern. Wenn wir diese Aufgabe erledigt haben, ist die externe CSS-Datei bereits fertiggestellt.

Nun muss man diese Datei noch in die HTML-Seite einbinden. Hierfür sind im Gegensatz zum vorherigen Beispiel keine `style`-Tags notwendig. Anstatt dessen kommt ein `link`-Tag zum Einsatz. Dieses enthält zum einen das Attribut `rel="stylesheet"`. Dieses zeigt an, dass es sich hierbei um ein Stylesheet für die Layout-Vorgaben handelt. Zum anderen ist es wie bei Links auf andere Seiten notwendig, das `href`-Attribut einzufügen und hier die entsprechende Datei anzugeben. Wenn man sie in einem anderen Ordner gespeichert hat, ist zusätzlich der Pfad notwendig. Das ist in diesem Beispiel jedoch nicht der Fall. Daher sieht das `link`-Tag so aus:

```
<link rel="stylesheet" href="style.css">
```

Wenn wir diese Angabe eingefügt haben und die entsprechende Seite aufrufen, erkennen wir, dass diese genau gleich aussieht wie im vorherigen Beispiel.

14.4. Die Priorität der CSS-Angaben

Die vorherigen Abschnitte haben gezeigt, dass es drei verschiedene Möglichkeiten gibt, um CSS-Vorgaben zu machen. Nun stellt sich jedoch die Frage, was passiert, wenn man mehrere dieser Alternativen verwendet und dabei widersprüchliche Angaben macht. Das folgende Beispiel verdeutlicht dieses Problem. Es enthält im entsprechenden Tag, im Kopfbereich und in einem externen Stylesheet unterschiedliche Vorgaben für die farbliche Gestaltung einer Überschrift. Die CSS-Datei sieht so aus:

```
h1 {
    color: red;
}
```

Für das HTML-Dokument kommt dieser Code zum Einsatz:

```
<!DOCTYPE html>
<html lang = "de">
    <head>
        <title>
            CSS in die Seite einbinden
        </title>
        <meta charset="UTF-8">
        <link rel="stylesheet" href="style.css">
        <style>
            h1 {
                color: green;
            }
        </style>
    </head>

    <body>
        <h1 style = "color: blue">Überschrift 1</h1>
```

```
    </body>
</html>
```

Wenn wir die Seite nun aufrufen, erscheint folgendes Ergebnis:

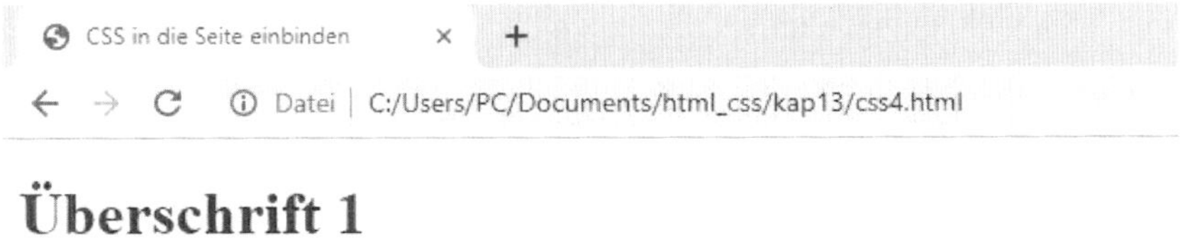

Screenshot 72: Die Darstellung der Überschrift

Hier ist zu sehen, dass die Überschrift in blauer Farbe erscheint. Dabei handelt es sich um die Vorgabe, die wir direkt in das Tag eingefügt haben. Diese hat immer die höchste Priorität. Wenn eine Angabe direkt im Tag steht, wird diese daher immer umgesetzt.

Um die weitere Rangfolge herauszufinden, entfernen wir die CSS-Vorgabe im HTML-Tag. Wenn wir die Seite daraufhin erneut laden, erscheint die Überschrift in grüner Farbe. Daraus könnte man schließen, dass die Angaben im head-Bereich die zweithöchste Priorität haben. Das ist jedoch nicht der Fall. Das wird deutlich, wenn wir den Link zum Stylesheet erst nach den `style`-Tags einfügen:

```
<head>
    <title>
        CSS in die Seite einbinden
    </title>
    <meta charset="UTF-8">
    <style>
        h1 {
            color: green;
        }
    </style>
    <link rel="stylesheet" href="style.css">
</head>
```

Wenn wir die Seite nun erneut laden, wird die Überschrift rot dargestellt. Der Grund dafür besteht darin, dass der Browser immer die Angabe verwendet, die näher zum entsprechenden HTML-Tag steht. Im ersten Beispiel war das die Angabe, die wir direkt in das Tag eingefügt haben. In den beiden anderen Beispielen standen der Link zum externen Stylesheet und die Angaben innerhalb der style-Tags beide im `head`-Bereich. Dort ist es nun entscheidend, welche der beiden Vorgaben zuletzt getätigt wurde und damit näher zum entsprechenden HTML-Tag steht. Diese wird bei widersprüchlichen Angaben dann umgesetzt.

Die geringste Priorität haben stets die Standardeinstellungen des Browsers. Dieser verfügt ebenfalls über Vorgaben, wie er Absätze, Überschriften und andere Elemente darstellen soll. Diese werden jedoch nur dann umgesetzt, wenn keine anderen Angaben vorhanden sind.

Alle Programmcodes aus diesem Buch stehen kostenfrei zum Download bereit. Dadurch müssen Sie Code nicht abtippen.

Außerdem erhalten Sie die eBook Ausgabe zum Buch im PDF Format kostenlos auf unserer Website:

www.bmu-verlag.de/html-css
Downloadcode: siehe Kapitel 23

Kapitel 15

Selektoren: Ein bestimmtes Element über CSS ansprechen

Im vorherigen Kapitel wurde bereits erwähnt, dass man Selektoren verwenden muss, wenn man die CSS-Angaben im Kopfbereich des HTML-Dokuments oder in einer eigenen Datei macht. Diese dienen dazu, das Element oder die Elemente zu bestimmen, auf die sich die entsprechenden Vorgaben auswirken sollen.

Um den grundlegenden Aufbau der CSS-Vorgaben an Beispielen zu verdeutlichen, haben wir bereits einige Selektoren verwendet. Daher ist dieses Thema nicht vollständig neu. Allerdings fehlt noch eine ausführliche Erklärung zu diesem Thema. Außerdem haben wir nur einen Typ von Selektoren verwendet. Es gibt jedoch noch einige weitere Möglichkeiten, die ebenfalls häufig zum Einsatz kommen. Dieses Kapitel gibt einen umfassenden Überblick darüber, wie man die Elemente festlegt, auf die sich eine CSS-Angabe auswirken soll.

15.1. Vorgaben für alle Tags eines Typs

Im vorherigen Kapitel haben wir bereits die Selektoren `p`, `h1` und `h2` verwendet. Diese wirkten sich auf die Tags mit der entsprechenden Auszeichnung aus. Hierbei handelt es sich um einfache Element-Selektoren. Sie beziehen sich auf alle Tags des entsprechenden Typ. Das bedeutet, dass wenn man ein Dokument mit mehreren Absätzen oder Überschriften gestaltet, die Anweisungen für alle diese Elemente gültig sind. Das zeigt das folgende Beispiel.

CSS-Datei (style.css):

```
h1 {
    color: red;
}
h2 {
    color: blue;
}
p {
    color: purple;
}
a {
    color: turquoise;
}
```

HTML-Datei (selektoren1.html):

```
<!DOCTYPE html>
<html lang = "de">
    <head>
        <title>
            Selektoren
        </title>
        <meta charset="UTF-8">
        <link rel="stylesheet" href="style.css">
    </head>

    <body>
        <h1>Überschrift 1 mit einem <a href="selektoren1.html">Link</
        a></h1>
        <p>Hier steht Absatz 1 mit einem <a href="selektoren1.
        html">Link</a></p>
        <h2>Zwischenüberschrift 1 mit einem <a href="selektoren1.
        html">Link</a></h2>
        <p>Hier steht Absatz 2</p>
        <h2>Zwischenüberschrift 2</h2>
        <p>Hier steht Absatz 3</p>
    </body>
</html>
```

Screenshot 73: Die Seite mit farbigen Überschriften und Absätzen

Dieses Beispiel zeigt nicht nur, dass sich die Vorgaben jeweils auf alle Tags der Seite auswirken. Darüber hinaus wird deutlich, dass bei ineinander geschachtelten Tags stets die Vorgabe für das innere Element Priorität hat. Die Links auf der Seite stehen in `a`-Tags. Diese stehen wiederum in `h1`-, `h2`- oder in `p`-Tags. Das bedeutet, dass hier eigentlich zwei unterschiedliche Vorgaben für die Farbgebung vorhanden sind. Der Browser verwendet für die Links jedoch die Farbe, die für das `a`-Tag vorgegeben wurde und nicht die Farbe der umschließenden Tags.

Im vorherigen Kapitel wurde ebenfalls vorgestellt, dass man hier mehrere Tags zusammenfassen kann, wenn man für diese die gleichen Angaben machen will. Um das zu verdeutlichen, sollen nun sowohl die Absätze als auch die Links in Türkis erscheinen. Zu diesem Zweck ändern wir das Stylsheet wie folgt ab:


```
h1 {
    color: red;
}
h2 {
    color: blue;
}
p, a {
    color: turquoise;
}
```

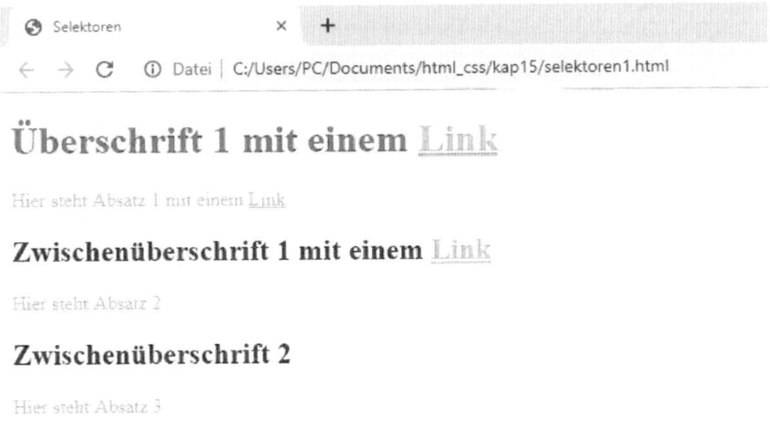

Screenshot 74: Die Absätze und Links erscheinen nun in der gleichen Farbe.

Dieses Beispiel zeigt, dass die Angaben für beide Selektoren gültig sind, wenn man diese durch ein Komma getrennt vor der entsprechenden Anweisung aufführt. Wie wichtig dieses Komma ist, wird deutlich, wenn wir dieses entfernen. Wenn wir die Seite daraufhin erneut laden, ergibt sich folgendes Bild:

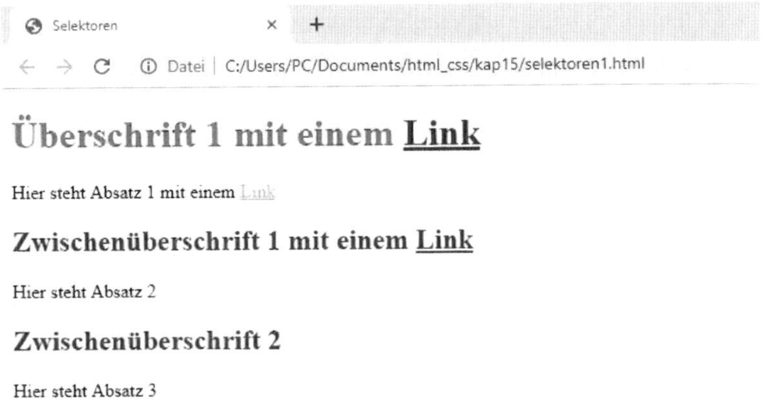

Screenshot 75: Nun erscheint nur noch ein Link in der vorgegebenen Farbe.

Das Ergebnis ist für viele Leser sicherlich überraschend. Jetzt erscheint nur noch ein Link in Türkis, die beiden anderen hingegen in Violett. Außerdem sind die Absätze jetzt schwarz. Wenn man zwei Selektoren ohne Komma auflistet, hat das zur Folge, dass die Anweisung nur für Tags des zweiten genannten Typs gelten, die innerhalb des ersten Typs stehen. Wenn wir wie in diesem Beispiel die Selektoren `p` und `a` ohne Komma verwenden, gilt die Anweisung für alle `a`-Tags, die innerhalb von `p`-Tags stehen. Deshalb erscheint nur der Link in Absatz 1 in Türkis.

Nun stellt sich noch die Frage, weshalb die übrigen Links in Violett und die Absätze in Schwarz erscheinen. Für diese Elemente enthält das CSS-Dokument nun keine Vorgaben mehr. Das bedeutet, dass hierfür die Standardeinstellungen des Browsers gelten. Dieser stellt gewöhnliche Absätze in schwarzer Schrift dar, wenn wir hierfür keine gesonderten Vorgaben machen. Links erscheinen normalerweise in Blau – allerdings nur, wenn wir diese noch nicht zuvor besucht haben. Da der Link jedoch auf die gleiche Seite verweist, haben wir das Linkziel bereits besucht. Die Standardeinstellung für bereits besuchte Links ist die Darstellung in violetter Farbe. Auf diese Weise kommt es zum Erscheinungsbild, das im Screenshot zu sehen ist.

15.2. Klassen definieren und ansprechen

Die Layoutvorgaben sehen es häufig vor, dass nur ein bestimmter Bereich in einer anderen Farbe oder mit einer unterschiedlichen Größe erscheinen soll. Wenn wir hierfür jedoch einfache Element-Selektoren verwenden, die nur den Typ eines bestimmten Tags angeben, ist es nicht möglich, diese Anforderung zu erfüllen: Die Angaben wirken sich auf alle Tags dieses Typs aus. 15

Allerdings bietet CSS auch hierfür eine passende Möglichkeit an. Es ist möglich, Klassen zu definieren. So kann man ein einzelnes Tag einer Klasse zuordnen. Wenn man nun eine CSS-Vorgabe für diese Klasse macht, trifft diese nur auf Tags zu, die entsprechend gekennzeichnet wurden.

Um eine Klasse vorzugeben, muss man ein zusätzliches Attribut zum HTML-Tag hinzufügen. Dieses trägt die Bezeichnung class. Als Wert kann man einen beliebigen Namen auswählen. Im folgenden Beispiel sollen alle Elemente der entsprechenden Klasse in Blau erscheinen. Daher wählen wir diesen Begriff als Namen aus: `class = "blau"`. Das folgende HTML-Dokument enthält mehrere Elemente, von denen einige mit der entsprechenden Klasse gekennzeichnet sind:

```
<!DOCTYPE html>
<html lang = "de">
    <head>
        <title>
            Selektoren
        </title>
        <meta charset="UTF-8">
        <link rel="stylesheet" href="style.css">
    </head>

    <body>
        <h1>Überschrift 1</h1>
        <p>Hier steht Absatz 1</p>
        <h2 class = "blau">Zwischenüberschrift 1</h2>
        <p>Hier steht Absatz 2</p>
        <p class = "blau">Hier steht Absatz 3</p>
        <h2>Zwischenüberschrift 2</h2>
        <p>Hier steht Absatz 4</p>
        <p class = "blau">Hier steht Absatz 5</p>
    </body>
</html>
```

Nun müssen wir noch das entsprechende CSS-Dokument erstellen. Damit die Vorgaben für eine Klasse gültig sind, muss man als Selektor den Namen der Klasse nennen. Diesem muss man jedoch einen Punkt voranstellen. Die CSS-Datei sieht dann so aus:

```
.blau {
    color: blue;
}
```

Screenshot 76: Alle Elemente der Klasse "blau" erscheinen in blauer Farbe.

Das Ergebnis zeigt, dass sich die Vorgaben auf alle Elemente auswirken, die mit der entsprechenden Bezeichnung versehen wurden: auf die Zwischenüberschrift 1, auf Absatz 3 und auf Absatz 5. Darüber hinaus wird deutlich, dass man Tags unterschiedlichen Typs zu einer Klasse zusammenfassen kann. In diesem Beispiel wenden wir die CSS-Regel beispielsweise auf eine `h2`-Überschrift und auf einen Absatz an.

Im nächsten Schritt möchten wir einige Absätze mit einer etwas größeren Schrift darstellen. Dazu gestalten wir eine Klasse mit der Bezeichnung "gross". Diese weisen wir den Absätzen 1 und 4 zu. Die CSS-Vorgabe dafür sieht so aus:

```
.gross {
    font-size: 20px;
}
```

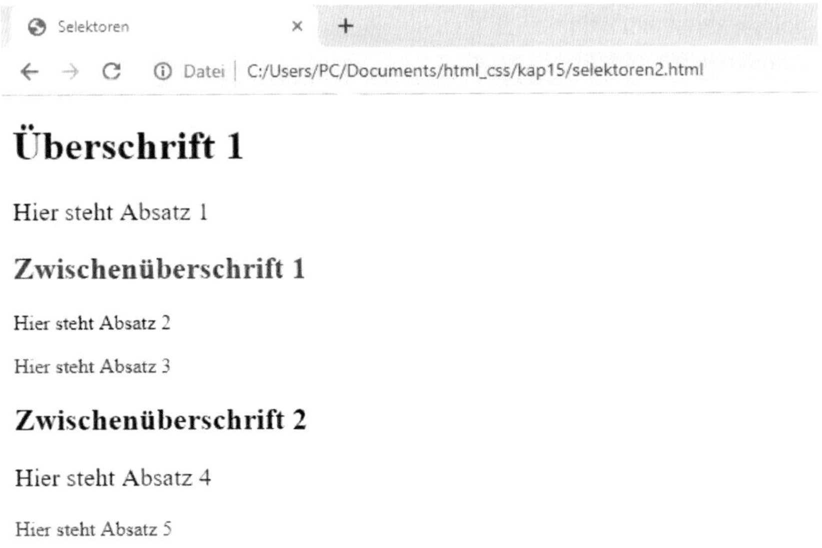

Screenshot 77: Die Absätze 1 und 4 erscheinen nun mit einer größeren Schrift.

Im nächsten Schritt möchten wir auch Absatz 3, der bereits in blauer Farbe erscheint, zusätzlich in einer größeren Schrift darstellen. Nun könnte man auf die Idee kommen, einfach ein weiteres Attribut für die Klasse anzugeben (<p class = "blau" class = "gross">Hier steht Absatz 3</p>). Das führt jedoch nicht zur gewünschten Darstellung. Außerdem würde das Dokument bei der Validierung einen Fehler verursachen, da es nicht erlaubt ist, das gleiche Attribut innerhalb eines Tags zwei Mal zu nennen. Daher ist hierfür eine andere Vorgehensweise notwendig.

Wenn ein bestimmtes Element der Seite die Regeln mehrerer Klassen befolgen soll, kann man die Namen der beiden Klassen innerhalb des gleichen Attributs aufführen. Dazu muss man sie lediglich durch ein Leerzeichen voneinander trennen. Damit der Absatz sowohl in blauer Farbe als auch mit einer größeren Schrift erscheint, muss man ihn so auszeichnen: <p class = "blau gross">Hier steht Absatz 3</p>

Screenshot 78: Nun erscheint der dritte Absatz in blauer Farbe und mit einer größeren Schrift.

15.3. Ein Element über seine ID ansprechen

Um ein Element zu kennzeichnen und um ein bestimmtes Layout dafür vorzugeben, kommt noch eine weitere Möglichkeit infrage: die Verwendung einer ID. Auf den ersten Blick scheint die ID sehr ähnlich wie eine Klasse zu funktionieren. Dabei muss man lediglich anstatt des Attributs class das Attribut id verwenden. Wenn man beispielsweise eine Vorgabe für den ersten Absatz machen will, könnte man diesen wie folgt auszeichnen:


```
<p id = "absatz1">Hier steht Absatz 1</p>
```

Wenn man nun eine CSS-Vorgabe für diesen Absatz erstellen will, muss man den Namen der ID als Selektor verwenden. Diesem muss man jedoch das Rautezeichen (#) voranstellen.

Wenn man nun den ersten Absatz in einer noch etwas größeren Schrift und außerdem fett gedruckt (Hierfür dient die Eigenschaft `font-weight` mit dem Wert `bold`.) darstellen will, könnte man folgende CSS-Vorgabe machen:

```
#absatz1 {
    font-size: 25px;
    font-weight: bold;
}
```

Wenn man diese Regel nun zum bereits bestehenden CSS-Dokument hinzufügt und auf die bisherige HTML-Datei anwendet, ergibt sich folgende Darstellung:

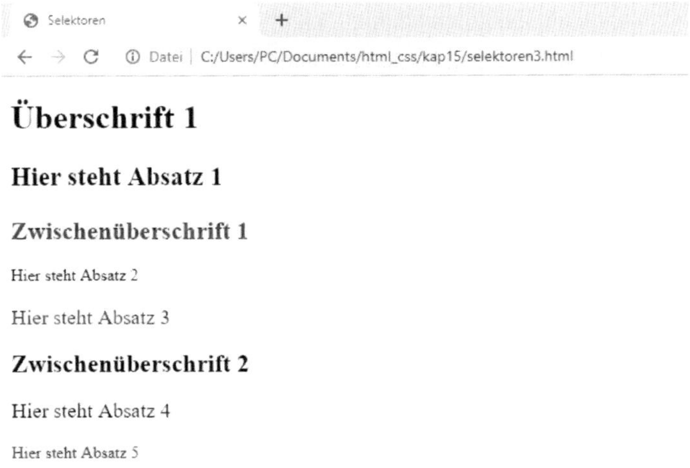

Screenshot 79: Der erste Absatz erscheint nun noch größer und fett gedruckt.

Bei diesem Beispiel wäre es auch möglich, eine Klasse zu verwenden, um die entsprechenden Vorgaben zu machen. Analog dazu wäre es auch bei den beiden ersten Beispielen aus Kapitel 15.2 möglich, die Klassen durch IDs zu ersetzen. Die Darstellung im Browser würde sich dadurch nicht ändern. Daher stellt sich die Frage, worin die Unterschiede zwischen Klassen und IDs bestehen.

Ein erster Unterschied wird deutlich, wenn wir auch im letzten Beispiel aus Kapitel 15.2 die Klassen durch IDs ersetzen. In diesem Fall wird Absatz 4 in schwarzer Farbe und in normaler Größe angezeigt – genau so, wie die Standardeinstellungen das vorgeben. Das liegt darin begründet, dass man für einen Tag zwar mehrere Klassen vorgeben kann, aber nur eine ID. Wenn man mehrere IDs vorgibt, führt das dazu, dass der gesamte Ausdruck ungültig wird. Daher verwendet der Browser keine der gemachten Angaben und stellt den Absatz den Standardeinstellungen entsprechend dar.

Ein weiterer Unterschied zeigt sich, wenn wir das Dokument validieren. In den ersten beiden Beispielen aus Kapitel 15.2 änderte sich die Darstellung zwar nicht, als wir die Klassen durch IDs ersetzt haben. Bei der Validation kommt es nun jedoch zu zahlreichen Fehlermeldungen:

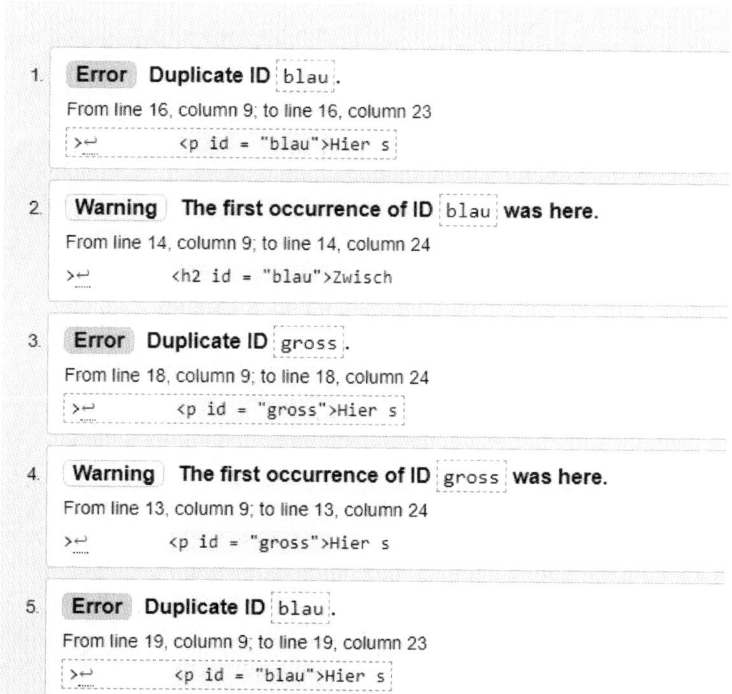

Screenshot 80: Die Fehlermeldungen beim Validieren des Dokuments.

Die Fehlermeldung lautet in diesem Fall “Duplicate ID” – also doppelte ID. Daraus kann man bereits schließen, worin der Fehler besteht. IDs sollten nur ein einziges Mal im Dokument vorkommen. Sie beziehen sich auf ein ganz bestimmtes Tag. Wenn man IDs mehrfach verwendet, zeigt der Browser die Seite zwar korrekt an. Allerdings entspricht der Code nicht den HTML-Vorgaben. Da unser Ziel darin besteht, korrektes HTML zu erzeugen, sollten wir jede ID nur ein einziges Mal verwenden.

Klassen dürfen hingegen mehrfach im Dokument vorkommen. Die Vorgaben, die man in einer Klasse macht, kann man auf viele verschiedene Elemente anwenden. Daher sollte man sich zu Beginn stets überlegen, ob die Anweisung nur für ein spezifisches Element gültig sein soll oder ob man noch weitere Bereiche auf die gleiche Weise gestalten will. Im ersten Fall bietet sich die Verwendung einer ID an. Im zweiten Fall ist es sinnvoll, eine Klasse zu gestalten.

Insbesondere wenn man die Position eines Elements vorgibt, ist es üblich, IDs zu verwenden. Da es nicht sinnvoll ist, mehrere Inhalte genau an der gleichen Stelle anzubringen, sollten die verwendeten Koordinaten einzigartig sein. Deshalb empfiehlt sich die Nutzung einer ID.

Es ist auch möglich, IDs und Klassen gemeinsam zu verwenden. Man kann beispielsweise per ID eine Vorgabe machen, um die Position eines Elements genau festzulegen. Allgemeinere Layoutvorgaben wie die Farbe und die Schriftgröße, die auch für andere Elemente gültig sind, kann man dann in einer Klasse anbringen.

Anmerkung: Darüber hinaus gibt es noch einen weiteren Unterschied zwischen Klassen und IDs, der jedoch nichts mit CSS zu tun hat. In Kapitel 7 haben wir die ID für die interne Verlinkung innerhalb einer Seite verwendet. Das ist mit Klassen nicht möglich.

15.4. Auswahl von Tags und Klassen miteinander verbinden

Die letzten drei Abschnitte haben bereits alle Alternativen für die Auswahl der Selektoren vorgestellt: einfache Tags, Klassen und IDs. Darüber hinaus ist es jedoch möglich, einige dieser Selektoren miteinander zu kombinieren.

In vielen Fällen gibt es Layout-Vorgaben, die man auf alle Elemente einer Klasse anwenden will – beispielsweise die Schriftfarbe. Darüber hinaus wäre es beispielsweise möglich, die farbigen Elemente auch etwas größer darzustellen. Nun stellt sich jedoch die Frage, welche Schriftgröße man verwenden will. Absätze haben in den meisten Browsern eine Größe von 16 Pixeln, wenn man dafür keine anderen Werte angibt. Nun könnte man eine Schriftgröße von 20 Pixeln vorgeben, um die Schrift etwas größer erscheinen zu lassen. Wenn man diese Klasse nun jedoch auf eine Überschrift anwendet, tritt hingegen ein umgekehrter Effekt auf: Die Überschrift erscheint nun deutlich kleiner als zuvor, da diese normalerweise in mit einer größeren Schrift dargestellt wird. Daher wäre es sinnvoll, die Schriftgröße individuell vorzugeben – abhängig davon, ob es sich um einen Absatz oder um eine Überschrift handelt.

Für das folgende Beispiel verwenden wir wieder die gleiche HTML-Datei wie im ersten Beispiel in Kapitel 15.2. Diese enthielt lediglich die Klasse blau. Diese wurde auf verschiedene Elemente der Seite angewendet. Die CSS-Vorgabe für diese Klasse bleibt ebenfalls unverändert:

```
.blau {
    color: blue;
}
```


Um die Schriftgröße für die blauen Bereiche anzupassen, müssen wir eine Kombination aus dem Tag und aus der Klasse verwenden. Dazu muss man zunächst das Tag einfügen und nach einem Punkt den Namen der Klasse. Um die Größe der blauen Absätze zu verändern, können wir folgende Vorgabe machen:

```
p.blau {
    font-size: 20px;
}
```

Auf die gleiche Weise gehen wir vor, um die blaue h2-Überschrift zu vergrößern. Allerdings wählen wir nun eine deutlich größer Schriftgröße aus:

```
h2.blau {
    font-size: 35px;
}
```

Screenshot 81: Die Größe hängt nun von der Klasse und von der Art des Tags ab.

Der Screenshot zeigt, dass sich diese Änderungen nur auf die Bereiche auswirken, in denen sowohl die Klasse als auch das verwendete HTML-Tag mit den Vorgaben übereinstimmen.

15.5. Pseudoklassen verwenden

Darüber hinaus ist es möglich, Eigenschaften für sogenannte Pseudoklassen zu definieren. Dabei handelt es sich um keine gewöhnlichen Klassen, die wir innerhalb eines Tags fest vorgeben. Anstatt dessen beschreiben die Pseudoklassen eine zusätzliche Eigenschaft. Trifft diese zu, wird das Element den Vorgaben entsprechend dargestellt. Trifft sie hingegen nicht zu, hat die CSS-Regel keinen Effekt. Das besondere an diesen Pseudoklassen besteht darin, dass sich die Eigenschaften eines Elements im zeitlichen Verlauf manchmal ändern können. Dementsprechend wird auch die Darstellung angepasst.

Besonders häufig kommen Pseudoklassen für die Darstellung von Links zum Einsatz. Diese werden bereits in den Standardeinstellungen durch eine blaue Farbe und durch eine Unterstreichung kenntlich gemacht. Das soll an einem Beispiel deutlich gemacht werden. Die folgende Seite enthält einen Link auf die Seite ziel.html.

```
<!DOCTYPE html>
<html lang = "de">
    <head>
        <title>
            Selektoren
        </title>
        <meta charset="UTF-8">
        <link rel="stylesheet" href="style2.css">
    </head>

    <body>
        <p>Dieser Absatz enthält einen <a href = "ziel.html">Link</a>
        zu einer anderen Seite.</p>
    </body>
</html>
```


Die Seite ziel.html sollten wir ebenfalls erstellen, sie kann jedoch leer bleiben.

Wenn wir die Seite nun aufrufen, erscheint der Link zunächst in blauer Farbe, so wie es die Standardeinstellungen vorsehen. Wenn wir nun jedoch einmal den Link anklicken und daraufhin zur ursprünglichen Seite zurückkehren, erscheint er jedoch in violetter Farbe. Das ist die Standardeinstellung für Links, die wir bereits besucht haben.

Nun möchten wir die verwendeten Farben verändern. Nicht besuchte Links sollen nun grün und bereits besuchte Links orange dargestellt werden. In einem der vorherigen Abschnitte haben wir bereits die Farbe für das a-Tag verändert. Diese Vorgabe hat sich jedoch sowohl auf die noch nicht besuchten als auch auf die besuchten Links ausgewirkt. Daher müssen wir die entsprechende Eigenschaft zusätzlich angeben. Zu diesem Zweck kommen Pseudoklassen zum Einsatz.

Hierfür erstellen wir ein neues Stylesheet mit der Bezeichnung style2.css. Dieses gibt zunächst die Farbe für noch nicht besuchte Links vor:

```
a:link {
    color: green;
}
```

Hierfür müssen wir zunächst das Tag angeben, auf das sich die Vorgabe bezieht. Nach einem Doppelpunkt folgt die entsprechende Eigenschaft. Der Bezeichner für noch nicht besuchte Links lautet link.

Wenn wir die Seite nun erneut aufrufen, erscheint der Link jedoch immer noch in violetter Farbe. Das liegt darin begründet, da wir die entsprechende Seite bereits besucht haben. Um dies zu ändern, kann man den Verlauf des Browsers löschen. Danach erscheint der Link in grüner Farbe:

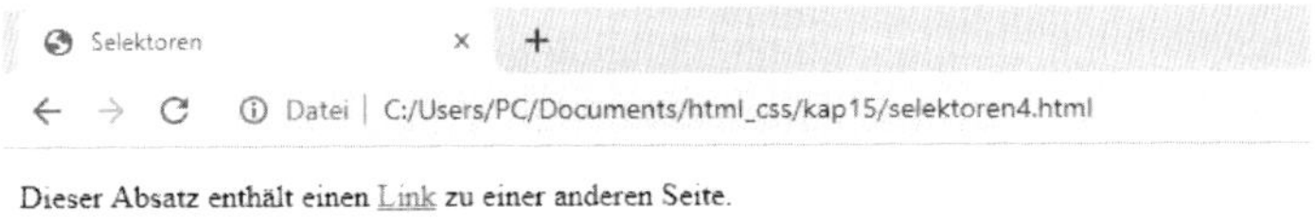

Screenshot 82: Die Darstellung des Links in grüner Farbe

Nun möchten wir noch die Farbe für bereits besuchte Links ändern. Dazu dient die Pseudoklasse `visited`:

```
a:visited {
    color: orange;
}
```

Wenn wir den Link nun nochmals anklicken und daraufhin die Seite erneut aufrufen, erscheint er in orangener Farbe.

Pseudoklassen bieten die Möglichkeit, auch weitere Zustände zu definieren, die in den Standardeinstellungen keine besondere Darstellung mit sich bringen. Sehr beliebt ist es beispielsweise, die Farbe des Links zu verändern, wenn der Anwender mit der Maus darüber fährt. Zu diesem Zweck dient die Pseudoklasse hover:

```
a:hover {
    color: red;
}
```

Dieser Effekt sorgt dafür, dass der Link noch etwas mehr Aufmerksamkeit auf sich zieht. Eine derartige Angabe kann man übrigens nicht nur für Links verwenden. Man kann auch die Darstellung von Absätzen, Überschriften und anderen Elementen verändern, wenn der Anwender mit der Maus darüber fährt. In diesen Fällen muss man lediglich die Pseudoklasse auf die entsprechenden Tags anwenden.

Die Zahl der verschiedenen Pseudoklassen ist so groß, dass an dieser Stelle nicht alle Möglichkeiten vorgestellt werden können. Es gibt beispielsweise Pseudoklassen für Formularfelder, die davon abhängen, ob der Fokus auf das Feld gesetzt ist, ob das Feld noch leer ist oder ob der Anwender hier bereits einen Wert eingetragen hat. Darüber hinaus gibt es Pseudoklassen, die auf die Struktur eines Dokuments Bezug nehmen. Eine vollständige Übersicht über alle Pseudoklassen mit umfangreichen Erklärungen ist unter folgendem Link verfügbar:

https://www.w3schools.com/css/css_pseudo_classes.asp

15.6. Übungsaufgabe: Seitenelemente ansprechen

Erstellen Sie ein HTML-Dokument, das eine Hauptüberschrift, zwei Zwischenüberschriften und insgesamt fünf Absätze enthält. Darüber hinaus soll in Absatz 1 ein Link stehen. Die HTML-Datei soll ein externes Stylesheet mit der Bezeichnung styleAufgabe.css einbinden.

Sorgen Sie per CSS dafür, dass alle Absätze in Grün und alle Zwischenüberschriften in Türkis erscheinen.

Der zweite und der vierte Absatz sollen besonders wichtig sein und daher mit einer etwas größeren Schrift und fett gedruckt dargestellt werden.

Der letzte Absatz soll hingegen kursiv dargestellt werden (`font-style: italic`). Diese Vorgabe soll nur für diesen Absatz und für keine weiteren Elemente der Seite gelten. Wählen sie dementsprechend einen passenden Bezeichner.

Passen Sie nun noch die Darstellung des Links an. Dieser soll in roter Schrift erscheinen – sowohl für bereits besuchte als auch für noch nicht besuchte Seiten. Wenn der Anwender mit der Maus über den Link fährt, soll die Farbe gleich bleiben, allerdings soll die Schriftgröße etwas erhöht werden.

Lösung:

HTML-Dokument:

```
<!DOCTYPE html>
<html lang = "de">
    <head>
        <title>
            Selektoren
        </title>
        <meta charset="UTF-8">
        <link rel="stylesheet" href="styleAufgabe.css">
    </head>

    <body>
        <h1>Hauptüberschrift</h1>
        <p>Absatz 1 mit <a href = "ziel.html">Link</a></p>
        <h2>Zwischenüberschrift 1</h2>
        <p class = "wichtig">Absatz 2</p>
        <p>Absatz 3</p>
        <h2>Zwischenüberschrift 2</h2>
        <p class = "wichtig">Absatz 4</p>
        <p id = "letzterAbsatz">Absatz 5</p>
    </body>
</html>
```

CSS-Dokument:

```
p {
    color: green;
}
h2 {
    color: turquoise;
}
.wichtig {
    font-size: 20px;
    font-weight: bold;
}
#letzterAbsatz {
    font-style: italic;
}
a:link, a:visited {
    color: red;
}
```

```
a:hover {
    font-size: 20px;
}
```

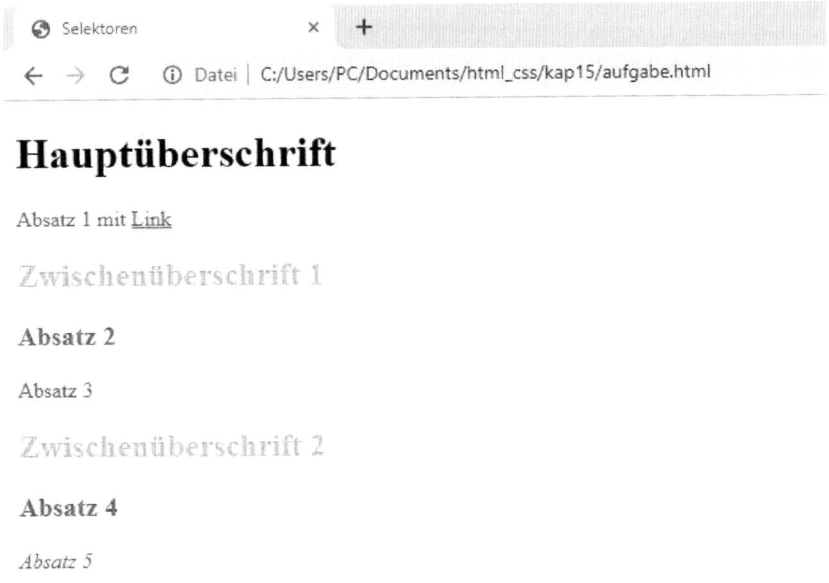

Screenshot 83: Die Anzeige der fertigen Seite

Alle Programmcodes aus diesem Buch stehen kostenfrei zum Download bereit. Dadurch müssen Sie Code nicht abtippen.

Außerdem erhalten Sie die eBook Ausgabe zum Buch im PDF Format kostenlos auf unserer Website:

www.bmu-verlag.de/html-css
Downloadcode: siehe Kapitel 23

Kapitel 16

Texte mit CSS formatieren

Eine der wesentlichen Aufgaben von CSS besteht darin, für eine ansprechende Darstellung der Texte zu sorgen. Einige Möglichkeiten, um Einfluss auf die Gestaltung der Schrift zu nehmen, haben wir bereits kennengelernt. Um die grundlegende Syntax von CSS und die Verwendung der Selektoren an Beispielen zu verdeutlichen, haben wir die Farbe und die Größe der Schrift verändert. Die hierfür notwendigen Befehle haben wir nur nebenbei eingeführt, um die eigentlichen Themen mit anschaulichen Effekten zu demonstrieren. Nun soll jedoch eine ausführliche Erklärung folgen. Außerdem handelte es sich dabei nur um einen winzigen Ausschnitt aus den vielfältigen Möglichkeiten, die CSS für die Gestaltung von Texten bietet.

16.1. Die richtige Schriftgröße auswählen

Im Verlauf der bisherigen Kapitel haben wir die Schriftgröße bereits in mehreren Beispielen verändert. Dabei haben wir die Eigenschaft `font-size` verwendet und ihr einen Wert in Pixeln zugewiesen. Dafür steht die Abkürzung `px`, die hinter der entsprechenden Zahl stand.

Die Vorgabe einer passenden Schriftgröße erscheint demnach auf den ersten Blick ganz einfach, sodass es eigentlich nicht notwendig wäre, dafür ein eigenes Kapitel zu erstellen. Allerdings gibt es noch zahlreiche weitere Möglichkeiten für diese Festlegung. Die Eigenschaft, die wir für diese Aufgabe verwenden, bleibt jedoch stets die gleiche. Lediglich die Angabe der Werte ändert sich.

Die Festlegung der Schriftgröße in Pixel bezieht sich auf die einzelnen Bildpunkte des Bildschirms. Das bedeutet, dass die Größe der Schrift von der Auflösung und von der Größe des Bildschirms abhängt. Es ist jedoch auch möglich, eine ganz konkrete Längeneinheit vorzugeben –

beispielsweise in Zentimetern (cm), Millimetern (mm) oder wenn man die US-amerikanischen Längenmaße mag in Zoll (in). Wenn die Schrift für die Hauptüberschrift beispielsweise 3 cm groß sein soll, kann man das folgendermaßen vorgeben:

```
h1 {
    font-size: 3cm;
}
```

Um andere Maßeinheiten zu verwenden, muss man lediglich die Einheit anpassen. Darüber hinaus ist es möglich, die in der klassischen Typografie verwendete Angabe in Punkten zu verwenden. Um eine 20-Punkt-Schrift zu verwenden, muss man folgende Angabe machen:

```
h1 {
    font-size: 20pt;
}
```

Eine weitere Möglichkeit besteht darin, eine Angabe in Pica (pc) zu machen. Auch diese Einheit stammt aus der klassischen Typografie. Ihre Verwendung ist jedoch nicht sehr weit verbreitet.

Schließlich kann man die Schriftgröße auch in Worte fassen. CSS unterstützt folgende Angaben für die Eigenschaft `font-size`:

- xx-small
- x-small
- small
- medium
- large
- x-large
- xx-large

16

All diese Angaben haben eine Gemeinsamkeit: Es handelt sich dabei um absolute Größen. Das bedeutet, dass die Schrift stets in der gleichen Größe erscheint. Das bringt jedoch in manchen Fällen Probleme mit sich. Wenn beispielsweise eine Person mit einer Sehschwäche die Seite aufruft, vergrößert diese häufig die Schrift. Wenn man jedoch absolute Angaben macht, hat diese Maßnahme keine Auswirkung: Die Schrift erscheint weiterhin in der gleichen Größe.

Aus diesem Grund ist es sinnvoll, relative Angaben für die Schriftgröße zu verwenden. Das bedeutet, dass sich die Größenangabe auf ein bestimmtes anderes Element bezieht. Dabei handelt es sich meistens um das sogenannte Eltern-Element. Wenn beispielsweise ein p-Tag direkt im body-Tag steht, dann ist das body-Element dessen Elternelement. Wenn es hingegen noch zusätzlich in div-Tags eingefasst ist, stellen diese das Elternelement dar. Die Größenangabe bezieht sich dann auf dessen Schriftgröße.

Wenn man ausschließlich relative Angaben verwendet, bedeutet das, dass sich alle Angaben in letzter Instanz auf das html-Tag beziehen, das die ganzen Inhalte umschließt. Wenn der Anwender im Browser eine andere Schriftgröße wählt, wirkt sich diese Einstellung auf dieses Ursprungs-Element aus. Das hat zur Folge, dass auch alle anderen Schriften ihre Größe verändern. Wenn man jedoch zwischendurch eine absolute Größe vorgibt, wird diese Vererbung unterbrochen. Das bedeutet, dass wenn man für ein p-Tag relative Angaben wählt, dieses jedoch in ein div-Tag mit absoluten Größenvorgaben stellt, eine Veränderung der Schriftgröße im Browser keine Auswirkungen auf dieses hat.

Um relative Angaben für die Schriftgröße zu machen, kann man Angaben in Prozent verwenden:

```
h1 {
    font-size: 120%;
}
```

Das bedeutet, dass die Schrift um 20 Prozent größer erscheint als im übergeordneten Element. Eine andere Möglichkeit stellt es dar, die Einheit em zu verwenden. Hierbei wird die Größe des Elternelements mit dem angegebenen Wert multipliziert. Wenn man beispielsweise eine Schriftgröße von 1.2em vorgibt, ist diese Angabe vollständig gleichbedeutend mit 120%. Darüber hinaus ist es für relative Angaben möglich, die Begriffe "larger" und "smaller" zu verwenden. Diese bieten jedoch nur eine geringe Präzision, da man die Werte hierbei nicht genau vorgeben kann.

Bei der Verwendung relativer Werte muss man beachten, dass hierbei eine Veränderung der Schriftgröße weitergereicht wird. Das soll das folgende Beispiel verdeutlichen. Der body-Bereich des HTML-Dokuments sieht so aus:

```
<body>
        <div class = "groesser">
            <p>Container 1</p>
            <div class = "groesser">
                <p>Container 2</p>
                <div class = "groesser">
                    <p>Container 3</p>
                </div>
            </div>
        </div>
        <div class = "groesser">
            <p>Container 4</p>
        </div>
    </body>
```

Für die CSS-Datei verwenden wir den folgenden Inhalt:

```
.groesser {
    font-size: 130%;
}
```

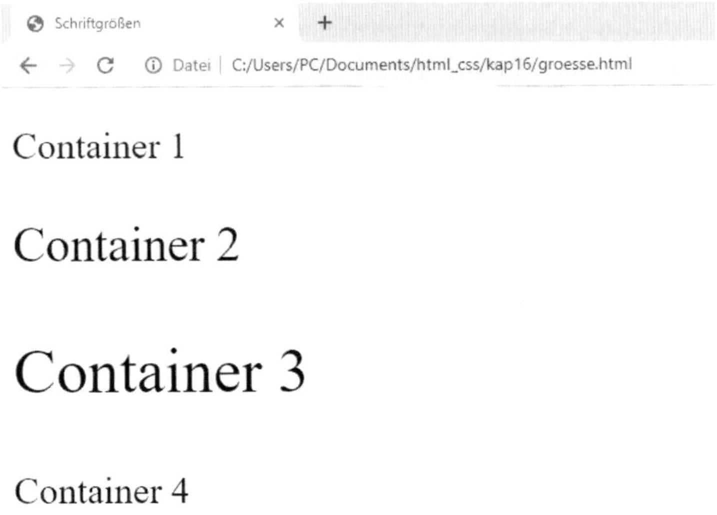

Screenshot 84: Die Darstellung erfolgt in unterschiedlichen Größen.

Für jeden einzelnen Container verwenden wir die gleiche Klasse. Dort geben wir die Schriftgröße mit 130 Prozent vor. Nun könnte man erwarten, dass die Inhalte alle in der gleichen Größe erscheinen. Das ist jedoch nicht der Fall, da die ersten drei Container ineinandergeschachtelt sind. Das heißt, dass der erste Container die Standard-Schriftgröße um 30 Prozent erhöht. Der zweite Container bezieht sich jedoch nicht auf die Standard-Größe, sondern auf sein Eltern-Element – also auf Container 1. Dessen Größe erhöht er nun nochmals um 30 Prozent. Im Vergleich zur Standard-Größe findet also eine Erhöhung um 69 Prozent statt. Im dritten Container wird dieser Vorgang wiederholt. Da er sich auf sein Eltern-Element (Container 2) bezieht, erscheint die Schrift noch größer. Der vierte Container erscheint jedoch wieder in der gleichen Größe wie Container 1. Das liegt daran, dass er nicht in einen anderen Container geschachtelt ist und sich daher direkt auf die Standard-Schriftgröße bezieht.

Diese Abhängigkeit der einzelnen Elemente voneinander kann manchmal zu Problemen bei der Gestaltung des Layouts führen. Wenn man die Schriftgröße eines Elements verändert, kann das Auswirkungen auf viele weitere Bereiche habe. Aus diesem Grund gibt es noch eine weitere Größenangabe: rem. Hierbei handelt es sich ebenfalls um eine relative Angabe. Diese bezieht sich jedoch direkt auf das Root-Element – also auf die Standard-Schriftgröße. Das bedeutet, dass es hierbei keine Auswirkung hat, wenn man Elemente mit verschiedenen Größenangaben ineinander schachtelt. Wenn wir in der vorherigen CSS-Datei die Größenangabe durch 1.3rem (das entspricht 130%) ersetzen, erscheinen alle Absätze in der gleichen Größe.

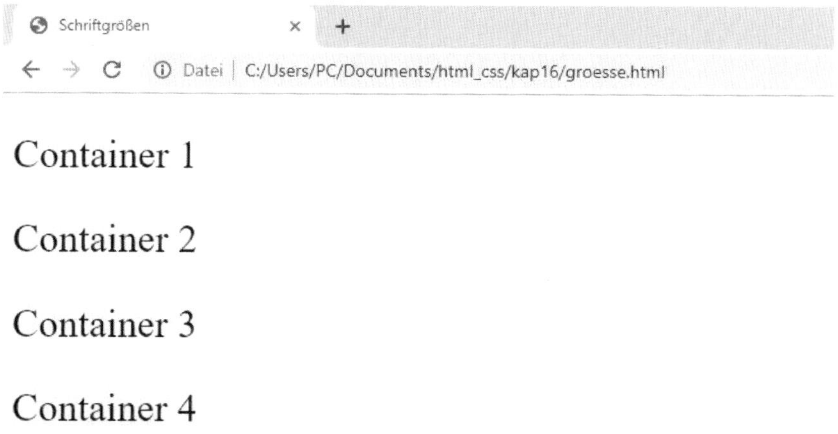

Screenshot 85: Die Größendarstellung bei Verwendung von rem

16.2. Verschiedene Schriftarten

Wenn man eine Seite gestaltet, ist es wichtig, eine passende Schriftart auszuwählen. Diese kann den Eindruck der Seite stark beeinträchtigen. Sie kann beispielsweise für eine seriöse oder für eine lockere Darstellung sorgen, sie kann ein modernes oder ein klassisches Erscheinungsbild vermitteln. Um die Schriftart zu bestimmen, verwenden wir die Eigenschaft `font-family`. Als Wert können wir nun jede beliebige Schriftart einfügen. Wenn man sich einen Überblick über die möglichen Schriftarten machen will, kann man beispielsweise einmal ein Textverarbeitungsprogramm wie Word öffnen und sich dort die verschiedenen Möglichkeiten anschauen.

Das folgende Beispiel verdeutlicht die Verwendung. Es stellt eine Seite mit drei Absätzen dar, die jeweils eine unterschiedliche Schriftart verwenden. Der Inhalt des `body`-Bereichs sieht so aus:

```
<p class = "schriftart1">
    Hier steht ein Absatz, der mit der Schriftart
    Palatino Linotype dargestellt wird
</p>
<p class = "schriftart2">
    Hier steht ein Absatz, der mit der Schriftart
    Impact dargestellt wird
</p>
<p class = "schriftart3">
    Hier steht ein Absatz, der mit der Schriftart
    Lucida Console dargestellt wird
</p>
```

Für das Stylesheet verwenden wir folgenden Code:

```
.schriftart1 {
    font-family: "Palatino Linotype";
}
.schriftart2 {
    font-family: Impact;
}
.schriftart3 {
    font-family: "Lucida Console";
}
```

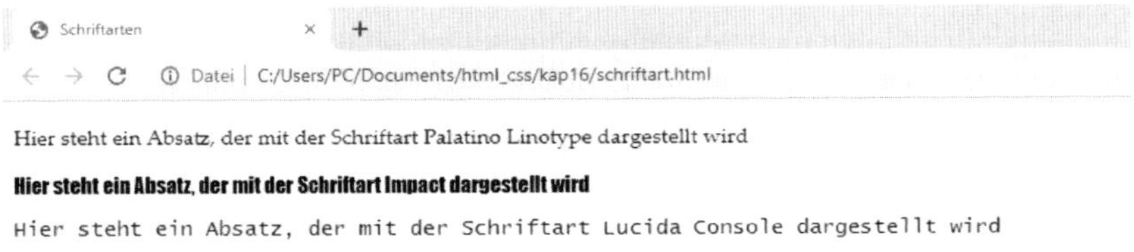

Screenshot 86: Die Absätze mit den verschiedenen Schriftarten

Der Screenshot zeigt, dass die Auswahl der Schriftart einen großen Einfluss auf das Erscheinungsbild hat. Daher sollte sie stets mit Bedacht gewählt werden.

Wenn wir uns den Code für die CSS-Datei nochmals genau anschauen, stellen wir fest, dass die erste und die dritte Schriftart in Anführungszeichen stehen, die zweite hingegen nicht. Das liegt darin begründet, dass diese beiden Bezeichnungen aus mehreren Wörtern bestehen und daher mindestens ein Leerzeichen enthalten. Normalerweise sind für die Angaben keine Anführungszeichen notwendig. Sobald ein Leerzeichen auftritt, geht der Browser jedoch davon aus, dass nun eine neue Angabe folgt. Das ist hierbei jedoch nicht der Fall. Um deutlich zu machen, dass es sich dabei um einen zusammengehörigen Ausdruck handelt, ist es notwendig, diesen in Anführungszeichen zu setzen.

Bei der Auswahl der Schriftart gilt es zu berücksichtigen, dass diese nur dann richtig dargestellt wird, wenn der Browser sie auch unterstützt. Tut er dies nicht, stellt er den Text in der Standard-Schrift dar.

Obwohl dieses Problem heutzutage nur noch selten auftritt, da moderne Browser fast alle gängigen Schriftarten unterstützen, sollte man dennoch beachten, dass es nicht sichergestellt ist, dass der Text genau in der gewünschten Schriftart erscheint. Insbesondere wenn man eine sehr ausgefallene Darstellung wählt, stellen manchmal selbst moderne Browser die Schrift nicht richtig dar.

Daher ist es möglich, bei der Angabe der Schriftart eine weitere Alternative vorzugeben. Dazu muss man nach einem Komma eine weitere Schriftart eintragen. Sollte die erste Schriftart nicht unterstützt werden, verwendet der Browser die zweite Alternative. Hierfür ist es sinnvoll, eine Schriftart auszuwählen, die zwar eine möglichst große Ähnlichkeit zur ersten Alternative aufweist, die jedoch recht weit verbreitet sein sollte, damit alle gängigen Browser sie unterstützen.

Theoretisch kann man hier beliebig viele verschiedene Schriftarten angeben, um sicherzustellen, dass der Browser eine von ihnen unterstützt. Allerdings ist es üblich, nur zwei oder drei Auswahlmöglichkeiten anzugeben. Danach folgt eine sogenannte generische Schriftfamilie. Dabei handelt es sich um Gruppen, die Schriftarten zusammenfassen, die ähnliche Eigenschaften aufweisen. Wenn die anderen Schriftarten nicht verfügbar sind, wählt der Browser eine Schrift aus dieser Gruppe aus, um die Seite darzustellen.

Die folgende Liste stellt die wichtigsten Schriftfamilien dar. Bei der Angabe der Schriftart ist es sinnvoll, dass die zuvor genannten Schriften immer zur abschließenden generischen Familie gehören. Das stellt eine einheitliche Darstellung sicher.

- `serif`: Hierbei sind am Ende der Buchstabenstriche feine Linien angebracht, die quer zu diesen verlaufen. Diese sorgen für einen ansprechenden Abschluss.
- `sans-serif`: Bei diesen Schriftarten sind diese Linien nicht angebracht. Im Internet kommen sehr häufig serifenlose Schriften zum Einsatz, da diese eine optimale Lesbarkeit sicherstellen.
- `monospace`: Diese Schriften orientieren sich an der klassischen Schreibmaschine. Ein wichtiger Aspekt ist dabei, dass jeder Buchstabe genau die gleiche Breite einnimmt. Sie kommen häufig zum Einsatz, um Computer-Code darzustellen.
- `cursive:` Diese Schriftarten verwenden feine Linien, die häufig nicht ganz gerade verlaufen. Sie sollen eine Handschrift symbolisieren.
- `fantasy`: Hierbei handelt es sich um Schriftarten, die sehr ausgefallen sind und daher zu keiner der anderen Familien gehören. Bei längeren Absätzen sollte man die Verwendung vermeiden, da sie in der Regel nur schwer lesbar sind.

Abschließend ändern wir nun die Angaben für die Schriftarten aus dem ersten Beispiel so ab, dass sie noch eine alternative Schrift und eine generische Familie enthalten. Dabei haben wir die Angaben so ausgewählt, dass die alternative Schrift ähnlich zur eigentlich vorgesehenen Schriftart ist. Außerdem gehören sie beide zur generischen Familie, die am Ende angegeben ist.

```
.schriftart1 {
    font-family: "Palatino Linotype", "Book Antiqua", serif;
}
.schriftart2 {
    font-family: Impact, "Arial Black", sans-serif;
}
.schriftart3 {
    font-family: "Lucida Console", "Courier New", monospace;
}
```

16.3. Die Darstellung der Schriftzeichen

Um besonders wichtige Passagen in einem Text zu kennzeichnen, werden diese häufig fett gedruckt. Das bedeutet, dass die Linien, aus denen die Buchstaben bestehen, breiter dargestellt werden. In Kapitel 6 wurde bereits erwähnt, dass es hierfür zwei Möglichkeiten in HTML gibt: das `strong`- und das `b`-Tag. Wenn dabei die Bedeutung der entsprechenden Bereiche herausgestellt werden soll, ist es sinnvoll, das `strong`-Tag zu verwenden.

Auch CSS bietet die Möglichkeit, bestimmte Textabschnitte fett darzustellen. Nun stellt sich jedoch die Frage, weshalb dies notwendig ist, da wir diese Darstellung bereits problemlos über HTML auswählen können. Die Antwort darauf liegt darin begründet, dass CSS in diesem Bereich deutlich detailliertere Gestaltungsmöglichkeiten zulässt. Beispielsweise ist es aus gestalterischen Gesichtspunkten manchmal erwünscht, dass die Linien bei normalen Texten etwas breiter oder dünner als gewöhnlich erscheinen. Auch bei fett gedruckten Wörtern in `strong`-Tags ist es möglich, den Unterschied zu den übrigen Textbereichen stärker oder schwächer zu gestalten – oder ganz auf die fett gedruckte Darstellung zu verzichten und eine andere Form der Hervorhebung auszuwählen.

Für diese Angabe kommt die Eigenschaft `font-weight` zum Einsatz. Hierbei kann man den Wert in Worten angeben. Dafür kommen die Ausdrücke `normal`, `bold`, `bolder` und `lighter` zum Einsatz. Noch detaillierter ist es, eine nummerische Angabe zu machen. Dazu kann man Werte zwischen 100 und 900 verwenden. Diese müssen jeweils durch 100 teilbar sein. Der Wert 400 entspricht dabei beispielsweise der

Angabe normal (die gleichzeitig der Standardeinstellung entspricht). Der Wert 700 ist gleichbedeutend mit `bold`.

Um die Verwendung an einem Beispiel zu demonstrieren, erstellen wir vier Absätze, die jeweils über einen hervorgehobenen Bereich verfügen:

```
<p class = "duenn">
    Hier steht ein Absatz mit dünner Schrift und mit einem
    <strong>besonders wichtigen</strong> Bereich.
</p>
<p class = "normal">
    Hier steht ein Absatz mit normaler Schrift und mit einem
    <strong>besonders wichtigen</strong> Bereich.
</p>
<p class = "stark">
    Hier steht ein Absatz mit starker Schrift und mit einem
    <strong>besonders wichtigen</strong> Bereich.
</p>
<p class = "sehrStark">
    Hier steht ein Absatz mit sehr starker Schrift und mit einem
    <strong>besonders wichtigen</strong> Bereich.
</p>
```

Die CSS-Datei sieht wie folgt aus:

```
.duenn {
    font-weight: lighter;
}
.normal {
    font-weight: normal;
}
.stark {
    font-weight: bold;
}
.sehrStark {
    font-weight: bolder;
}
```

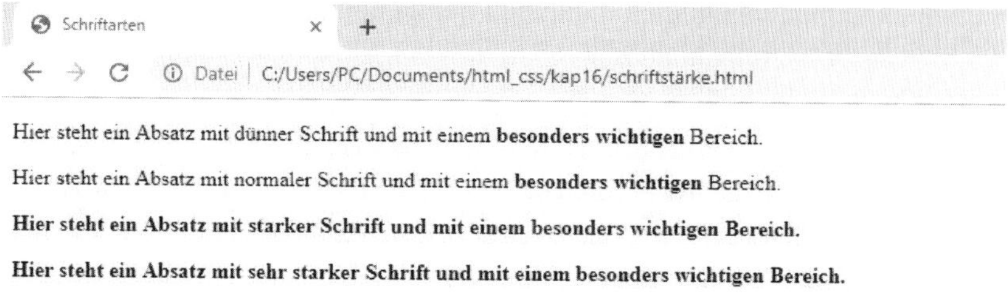

Screenshot 87: Die Darstellung der verschiedenen Schriftstärken

Der Screenshot zeigt, dass die Schrift der Absätze nun in verschiedenen Stärken erscheint. Der hervorgehobene Bereich bleibt jedoch immer gleich – er erscheint in der Schriftstärke `bold`. Das führt dazu, dass im dritten Absatz überhaupt kein Unterschied mehr zum eigentlichen Text zu erkennen ist. Im vierten Abschnitt ist der hervorgehobene Bereich sogar etwas dünner.

16.4. Eine Textfarbe auswählen

Damit eine Internetseite ansprechend wirkt, ist es wichtig, sie farbig zu gestalten. Hierfür gibt es mehrere Möglichkeiten. Man kann beispielsweise Hintergrundfarben vorgeben oder farbige Bilder einfügen. Darüber hinaus ist die Textfarbe von großer Bedeutung.

In den vorherigen Kapiteln haben wir die Textfarbe bereits mehrfach verändert. Hierfür kam die Eigenschaft color zum Einsatz. Diese ermöglicht es, eine beliebige Farbe vorzugeben. Das folgende Beispiel zeigt, wie man eine Überschrift sehr farbenfroh gestalten kann:


```
<h1>
    <span class = "blau">K</span>
    <span class = "rot">u</span>
    <span class = "türkis">n</span>
    <span class = "gelb">t</span>
    <span class = "violett">e</span>
    <span class = "dunkelgrün">r</span>
    <span class = "braun">b</span>
    <span class = "hellblau">u</span>
```

```
    <span class = "hellgrün">n</span>
    <span class = "pink">t</span>
</h1>
```

Damit jeder einzelne Buchstabe in einer anderen Farbe erscheint, ist folgende CSS-Datei notwendig:

```
.blau {
    color: blue;
}
.rot {
    color: red;
}
.türkis {
    color: turquoise;
}
.gelb {
    color: yellow;
}
.violett {
    color: violet;
}
.dunkelgrün {
    color: darkgreen;
}
.braun {
    color: brown;
}
.hellblau {
    color: lightblue;
}
.hellgrün {
    color: lightgreen;
}
.pink {
    color: pink;
}
```

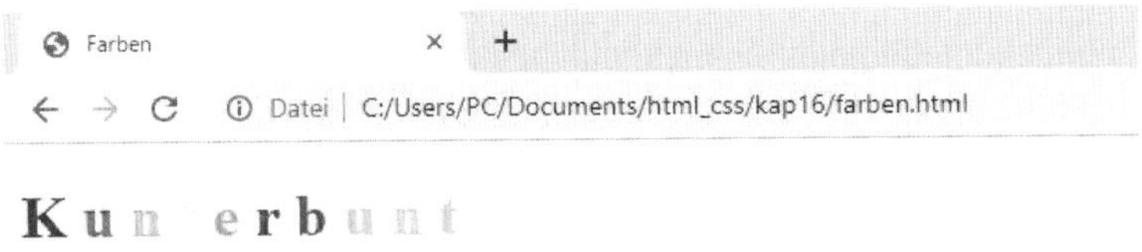

Screenshot 88: Die farbige Darstellung der Seite

Die Verwendung dieser Eigenschaft ist recht einfach: Man kann dafür einfach eine Farbe in englischer Sprache verwenden. Die Liste der Begriffe, die CSS unterstützt, ist sehr lang, sodass man auf diese Weise die Farbvorgaben bereits sehr detailliert auswählen kann. Allerdings gibt es noch viele weitere Möglichkeiten für die Auswahl der Farben – nicht nur für die Schrift, sondern auch für Hintergründe. Da dieses Thema sehr umfangreich ist und außerdem eine große Bedeutung hat, wird es im Folgenden in einem eigenen Kapitel behandelt.

16.5. Exkurs: Farben in CSS

Bislang haben wir in unseren Beispielen stets einen Begriff in englischer Sprache verwendet, um eine Farbe festzulegen. Die meisten Browser unterstützen hierbei 140 verschiedene Begriffe. Auf diese Weise lässt sich bereits eine sehr präzise Auswahl treffen. Aufgrund der zahlreichen Möglichkeiten, die es hierbei gibt, ist es nicht möglich, eine komplette Liste mit allen Farben abzudrucken. Diese ist jedoch unter folgendem Link verfügbar:

https://www.w3schools.com/cssref/css_colors.asp

Dabei wird zu jeder Bezeichnung auch ein Feld mit der entsprechenden Farbe dargestellt, sodass man auf den ersten Blick die Wirkung erkennen kann.

In dieser Tabelle sieht man außerdem, dass hierbei nach jeder Farbe ein Wert steht, der mit einem Rautezeichen beginnt. Dabei handelt es sich um den sogenannten Hexadezimalwert der entsprechenden Farbe. Anstatt sie in Worten auszuschreiben, kann man auch den Hexadezimalwert verwenden:

```
.grün {
      color: #008000;
}
```

Bei dieser Angabe handelt es sich um Informationen über die Stärke der drei Grundfarben Rot, Grün und Blau. Jede von ihnen nimmt dabei zwei Stellen ein. Die ersten beiden Stellen stehen daher für den Wert der roten Farbe, die zweiten beiden Stellen für den Wert der grünen Farbe und die letzten beiden Stellen für die blaue Farbe. Das kann man auf folgende Weise symbolisieren: #RRGGBB.

Das Hexadezimalsystem benötigt insgesamt 16 verschiedene Zeichen, um Zahlen zu repräsentieren. Daher kommen hierfür neben den gewöhnlichen Ziffern von 0 bis 9 auch Buchstaben von a bis f zum Einsatz. Diese symbolisieren hierbei ebenfalls Zahlen. Der Buchstabe a steht beispielsweise für den Wert 10, b für den Wert 11, f für den Wert 15. Um den Wert ins Dezimalsystem zu übertragen, muss man die erste Angabe mit 16 multiplizieren und den Wert der zweiten Angabe hinzuaddieren. Der Wert a2 steht beispielsweise für 162, der Wert cf für 207 und der Wert 4d für 77. Dabei ist es nicht notwendig, die gesamten Details des Hexadezimalsystems zu verstehen und die Werte in Dezimalzahlen zu übertragen. Es ist nur wichtig, zu wissen, dass Buchstaben stets größere Zahlen symbolisieren als Ziffern und dass der erste Wert (genau wie im Dezimalsystem) einen deutlich stärkeren Einfluss auf die Größe der Zahl als der zweite Wert hat.

Anhand dieser Werte kann man nun mehr als 16 Millionen unterschiedliche Farben mischen. Wenn man beispielsweise die Angabe #ab34f3 verwendet, hat diese einen recht großen Anteil an Rot, einen geringen Anteil an Grün und einen sehr großen Anteil an Blau. Daraus ergibt sich ein Violett-Ton. Auf diese Weise kann man ausgesprochen präzise Vorgaben machen – deutlich präziser, als wenn man dafür die Bezeichnung der Farben verwendet. Wenn man beispielsweise bei der eben genannten Farbe den Blauton um eine Stufe erhöht (#ab34f4) kann man den Unterschied mit bloßem Auge kaum erkennen. Um das zu zeigen, erstellen wir zunächst diesen Inhalt in einer HTML-Datei:

```
<p id = "absatz1">Hier steht ein Absatz mit der Hintergrundfarbe
#ab34f3</p>
<p id = "absatz2">Hier steht ein Absatz mit der Hintergrundfarbe
#ab34f4</p>
```

Danach legen wir die Farben mit CSS fest:

```
#absatz1{
    background-color: #ab34f3;
}
#absatz2{
    background-color: #ab34f4;
}
```

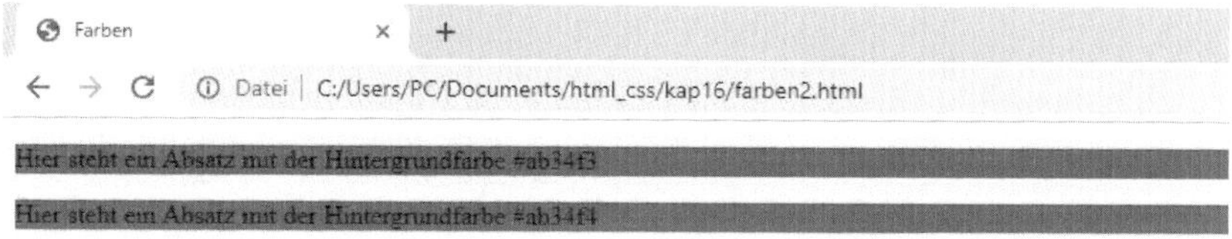

Screenshot 89: Die Unterschiede zwischen den Hintergrundfarben sind kaum zu erkennen.

In den Anfangszeiten des Internets erschienen solche sehr ähnlichen Farben sogar häufig vollkommen gleich, da die Farbtiefe des Bildschirms zu gering war, um die Unterschiede darzustellen. Daher hat sich der sogenannte Standard der websicheren Farben entwickelt. Dabei müssen die beiden Ziffern des Hexadezimalwerts den gleichen Wert aufweisen. Außerdem muss dieser durch drei teilbar sein. Es kommen also lediglich die Kombinationen 00, 33, 66, 99, cc und ff infrage. (Da der Buchstabe c den Wert 12 und der Buchstabe f den Wert 15 repräsentiert, sind diese ebenfalls durch 3 teilbar). Farbangaben, die ausschließlich diese Werte verwenden, sind bis heute noch weit verbreitet, obwohl der sogenannte websichere Standard bereits seit Langem nicht mehr berücksichtigt werden muss. Unter anderem sind diese Werte auch heute noch beliebt, da sie eine Kurzschreibweise erlauben. Wenn beide Ziffern gleich sind, muss man diese nur einmal angeben. Wenn man etwa den Hexadezimalwert #66cc33 verwenden will, kann man diesen mit #6c3 abkürzen. Der Browser stellt den Bereich dann in genau der gleichen Farbe dar.

Eine weitere Möglichkeit, um Farben darzustellen, besteht darin, deren RGB-Wert anzugeben. Dieses System verwendet genau wie die Hexadezimal-Angaben drei Werte für die Farben Rot, Grün und Blau. Allerdings stellt es diese in Dezimalschreibweise dar. Dafür kommen für jede Farbe Werte zwischen 0 und 255 infrage – oder eine Angabe in Prozent. Wenn man beispielsweise den oben verwendeten Hexadezimalwert #ab34f3 ins Dezimalsystem überträgt, ergeben sich für die drei Farben die Werte 171, 52 und 243. Die zugehörige Angabe im RGB-System sieht dann so aus: `rgb(171,52,243)`.

Daran wird deutlich, dass man mit Hexadezimalwerten und mit RGB-Werten genau die gleichen Farben erzeugen kann. Es handelt sich lediglich um eine unterschiedliche Schreibweise. Allerdings lassen die RGB-Werte noch eine Erweiterung zu. Man kann hierbei einen vierten Wert angeben. Dieser muss zwischen 0.0 und 1.0 liegen. Er gibt die Transparenz an. 0.0 bedeutet, dass die Farbe vollkommen transparent ist. 1.0 hat eine volle Deckkraft zur Folge. Dieses System wird mit den Buchstaben RGBA abgekürzt.

Eine weiter Möglichkeit für die Darstellung einer Farbe ist das HSL-System. Diese Abkürzung steht für Hue (Farbton), Saturation (Sättigung) und Lightness (Helligkeit). Auch mit diesem System kann man die gleichen Farben repräsentieren, wie mit den beiden anderen Methoden. Die Schreibweise soll jedoch für den Anwender leichter verständlich sein. Der erste Wert ist dabei eine Zahl zwischen 0 und 360. Dabei handelt es sich um die Gradangabe in einem Farbkreis. Der Wert 240 repräsentiert beispielsweise die Farbe Blau und der Wert 120 steht für Grün. Auf diese Weise lässt sich der Farbton präzise vorgeben. Danach steht ein Wert in Prozent, der die Sättigung angibt. Darauf folgt ein weiterer Wert in Prozent, der für die Helligkeit steht. 0% symbolisieren eine schwarze Darstellung, 100% führen zu einer weißen Farbgebung. Wenn man beispielsweise ein dunkles Blau mit einer geringen Sättigung erzeugen will, wäre dafür folgender Wert sinnvoll: `hsl(240, 30%, 30%)`.

Darüber hinaus gibt es noch einige weitere Möglichkeiten, um eine Farbe in CSS zu bestimmen. Allerdings kommen diese nur recht selten zum Einsatz. Außerdem ist nicht gewährleistet, dass jeder Browser sie unterstützt. Mit den vier aufgezeigten Systemen bestehen jedoch vielfältige Möglichkeiten, um die Farben für die Internetseite präzise vorzugeben.

16.6. Das Attribut text-decoration

Eine weitere Möglichkeit für die Gestaltung von Texten stellt die Eigenschaft `text-decoration` dar. Diese dient beispielsweise dazu, einen Text zu unterstreichen, ihn durchzustreichen oder um eine Linie oberhalb der Buchstaben anzubringen. Besonders häufig kommt sie jedoch zum Einsatz, um eine Unterstreichung zu entfernen. Daher soll diese Verwendung im ersten Beispiel erklärt werden.

Wenn man einen Link in eine Seite einfügt, führt die Standardeinstellung des Browsers dazu, dass dieser unterstrichen dargestellt wird. Viele Webdesigner wünschen sich jedoch, dass der Link ohne diesen Strich erscheint. Insbesondere innerhalb des Navigationsmenüs kann dieser störend wirken. Dazu muss man folgende Regel für den Link vorgeben: text-decoration: none.

Um das an einem Beispiel zu verdeutlichen, fügen wir zunächst folgenden Inhalt in den body-Bereich ein:

```
<p>Hier steht ein Absatz, der einen <a href ="dekoration.html">Link</
a> enthält.</p>
```


Wenn wir die Seite nun aufrufen, erscheint der Link wie gewohnt mit der Unterstreichung. Nun geben wir im CSS-Dokument jedoch folgende Regel vor:

```
a {
    text-decoration: none;
}
```

Wenn wir nun die Seite aktualisieren, verschwindet die Unterstreichung.

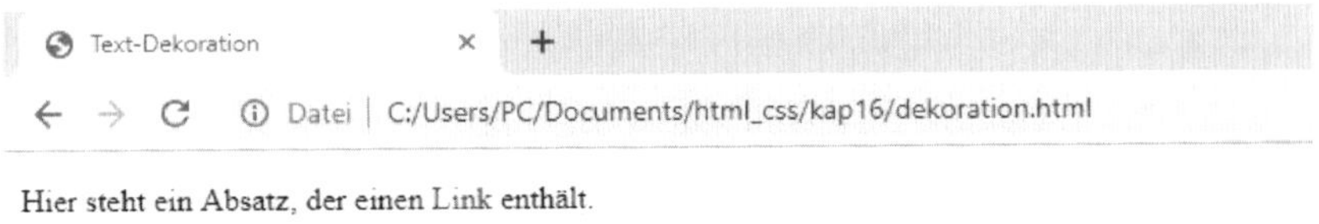

Screenshot 90: Der Link erscheint nun ohne die Unterstreichung

Die Eigenschaft `text-decoration` ermöglicht jedoch noch zahlreiche weitere Werte:

- `underline` für einen unterstrichenen Text
- `overline` für eine Linie über dem Text
- `line-through` für einen durchgestrichenen Text

Dabei ist es sogar möglich, mehrere Werte anzugeben. Auf diese Weise erhält der Text alle angegebenen Linien. Darüber hinaus gibt es noch weitere Gestaltungsmöglichkeiten. Beispielsweise kann man hierbei eine Farbe vorgeben und außerdem eine bestimmte Art von Linie auswählen. Der Wert `dotted` erzeugt etwa eine gepunktete Linie und der Wert `wavy` eine wellenförmige Linie.

Das folgende Beispiel stellt einige Möglichkeiten für die Verwendung dieser Linien vor. Der Inhalt des Body-Bereichs sieht so aus:

```
<p class = "stil1">Absatz 1</p>
<p class = "stil2">Absatz 2</p>
<p class = "stil3">Absatz 3</p>
```

Für die CSS-Datei verwenden wir folgende Vorgaben:

```
p {
    font-size: 2em;
}
.stil1 {
    text-decoration: underline line-through overline red;
}
```

```
.stil2 {
    text-decoration: underline overline wavy green;
}
.stil3 {
    text-decoration: line-through blue dashed;
}
```

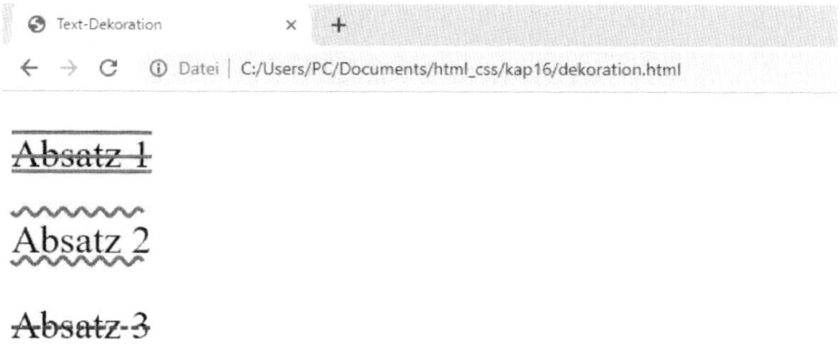

Screenshot 91: Verschiedene Möglichkeiten für die Dekoration des Texts

16.7. Bündigkeit der Absätze und Einrückungen

Normalerweise werden alle Texte auf der Seite linksbündig dargestellt. Allerdings ist es häufig sinnvoll, die Inhalte zentriert zu platzieren. Insbesondere bei Überschriften kommt dieses gestalterische Element häufig zum Einsatz. Seltener kommt es vor, dass ein Text rechtsbündig präsentiert werden soll, doch gibt es auch Layout-Entwürfe, die diese Darstellungsform vorsehen. CSS ermöglicht es über die Eigenschaft `text-align`, all diese Angaben vorzunehmen. Für linksbündige Texte kommt der Wert left, für rechtsbündige Texte der Wert right und für zentrierte Texte die Vorgabe center zum Einsatz.

Das soll am folgenden Beispiel verdeutlicht werden. Der Inhalt des `body`-Tags sieht so aus:

```
<h1 class = "zentriert">Überschrift</h1>
<p class = "links">Ein linksbündiger Absatz</p>
<p class = "zentriert">Ein zentrierter Absatz</p>
```

```
<p class = "rechts">Ein rechtsbündiger Absatz</p
```

Für die CSS-Datei verwenden wir folgende Vorgaben:

```
.links {
    text-align: left;
}
.zentriert {
    text-align: center
}
.rechts {
    text-align: right;
}
```

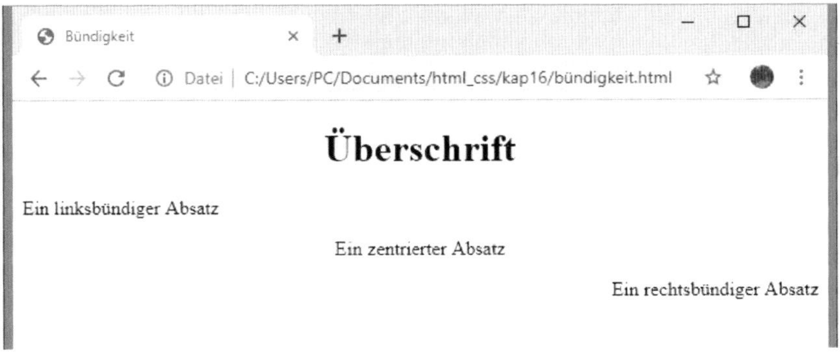

Screenshot 92: Texte mit unterschiedlicher Orientierung

Anmerkung: Die Angabe für die Klasse links könnte man auch weglassen, da die linksbündige Darstellung bereits dem Standardlayout für `p`-Tags entspricht.

Darüber hinaus gibt es noch einen weiteren Wert, den man für diese Eigenschaft verwenden kann: `justify`. Dieser erzeugt einen Blocksatz, wie das beispielsweise bei Zeitungen üblich ist. Im Internet ist diese Darstellungsform jedoch ungebräuchlich, sodass dieser Wert nur sehr selten verwendet wird.

Bei vielen Texten ist die erste Zeile eines neuen Absatzes eingerückt. Das verdeutlicht, dass es sich dabei um einen neuen Abschnitt handelt. Auch diese Darstellungsweise ist mit CSS möglich. Dazu dient die Eigenschaft `text-indent`. Dieser kann man nun einen festen Wert in Pixel, Millimetern oder in einer anderen Längeneinheit zuordnen. Sehr praktisch ist auch eine Angabe in em. Diese bezieht sich auf die verwendete Schriftgröße. Schließlich kann man auch eine Angabe in Prozent machen. Diese bezieht sich in diesem Fall jedoch nicht auf die Schriftgröße, sondern auf die Gesamtbreite, die für das entsprechende Element zur Verfügung steht.

Das folgende Beispiel stellt verschiedene Möglichkeiten vor. Da diese Eigenschaften nur bei längeren Absätzen ersichtlich werden, fügen wir in die Absätze den bereits bekannten Blindtext ein:

```
<p id = "absatz1">Lorem ipsum dolor sit amet, consectetuer adipiscing
    elit. Aenean commodo ligula eget dolor. Aenean massa. Cum sociis
    natoque penatibus et magnis dis parturient montes, nascetur
    ridiculus mus. Donec quam felis, ultricies nec, pellentesque eu,
    pretium quis, sem.
</p>
<p id = "absatz2">Lorem ipsum dolor sit amet, consectetuer adipiscing
    elit. Aenean commodo ligula eget dolor. Aenean massa. Cum sociis
    natoque penatibus et magnis dis parturient montes, nascetur
    ridiculus mus. Donec quam felis, ultricies nec, pellentesque eu,
    pretium quis, sem.
</p>
<p id = "absatz3">Lorem ipsum dolor sit amet, consectetuer adipiscing
    elit. Aenean commodo ligula eget dolor. Aenean massa. Cum sociis
    natoque penatibus et magnis dis parturient montes, nascetur
    ridiculus mus. Donec quam felis, ultricies nec, pellentesque eu,
    pretium quis, sem.
</p>
```

Dabei machen wir folgende CSS-Vorgaben:

```
#absatz1{
    text-indent: 3cm;
}
#absatz2{
    text-indent: 4em;
}
#absatz3{
    text-indent: 25%;
}
```

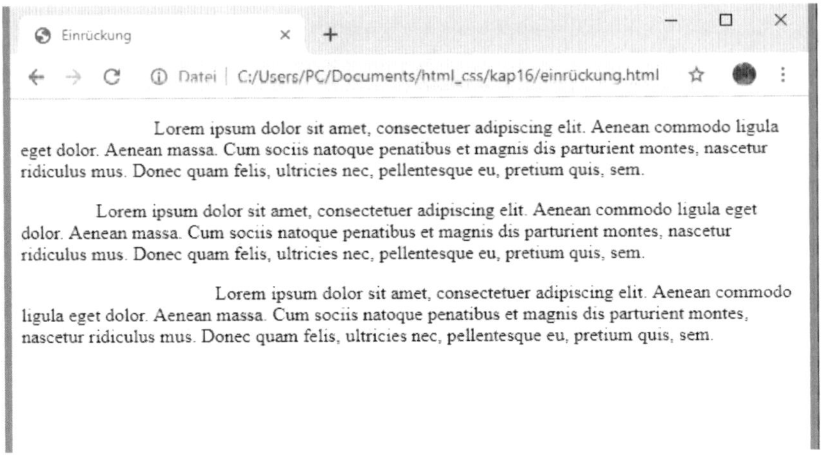

Screenshot 93: Die eingerückten Absätze

16.8. Übungsaufgabe: Texte ansprechend gestalten

Gestalten Sie eine Seite, die aus zwei Absätzen besteht. Sie soll eine Hauptüberschrift und eine Zwischenüberschrift haben. Füllen Sie die Absätze mit Blindtext, damit diese jeweils mehrere Zeilen einnehmen.

Die Hauptüberschrift soll in der Farbe Aqua erscheinen und drei Mal so groß sein wie der gewöhnliche Text.

Wählen Sie für den ersten Absatz eine Monospace-Schrift aus. Geben Sie dabei eine weitere Alternative und eine generische Familie vor. Außerdem soll die erste Zeile eingerückt sein.

Die Zwischenüberschrift soll durch eine gewellte Linie über und unter dem Text gekennzeichnet werden. Die Linien sollen in einem weinroten Ton erscheinen. Verwenden Sie hierfür einen Hexadezimalwert. Die Überschrift selbst soll in einem dunklen Türkis erscheinen. Verwenden Sie hierfür einen RGB-Wert.

Der zweite Absatz soll zentriert erscheinen. Der gesamte Text soll eine fett gedruckte Schrift verwenden. Markieren Sie einen Bereich des Absatzes mit strong-Tags. Um diese trotz der fetten Schrift im übrigen Absatz hervorzuheben, soll dieser Bereich unterstrichen werden. Diese Angabe soll nur für die `strong`-Tags gültig sein, die im zweiten Absatz zum Einsatz kommen.

Lösung:

HTML-Dokument:

```
<!DOCTYPE html>
<html lang = "de">
    <head>
        <title>
            Text-Dekoration
        </title>
        <meta charset="UTF-8">
        <link rel="stylesheet" href="styleAufgabe.css">
    </head>

    <body>
        <h1>Hauptüberschrift</h1>
        <p id = "absatz1">Lorem ipsum dolor sit amet, consectetuer
        adipiscing
            elit. Aenean commodo ligula eget dolor. Aenean massa. Cum
            sociis
            natoque penatibus et magnis dis parturient montes,
            nascetur
            ridiculus mus. Donec quam felis, ultricies nec,
            pellentesque eu,
            pretium quis, sem.
        </p>
        <h2>Zwischenüberschrift</h2>
        <p id = "absatz2">Lorem ipsum dolor sit amet, consectetuer
        adipiscing
            elit. Aenean <strong>commodo ligula</strong> eget dolor.
            Aenean massa. Cum
            sociis natoque penatibus et magnis dis parturient montes,
            nascetur
            ridiculus mus. Donec quam felis, ultricies nec,
            pellentesque eu,
            pretium quis, sem.
        </p>
    </body>
</html>
```

CSS-Dokument:

```
h1 {
    color: aqua;
    font-size: 3em;
}
#absatz1 {
    font-family: "Courier New", "Lucida Console", monospace;
    text-indent: 3em;
}
h2 {
    text-decoration: overline underline wavy #5e2028;
    color: rgb(0,206,209)
}
#absatz2 {
    text-align: center;
    font-weight: bold;
}
#absatz2 strong {
    text-decoration: underline;
}
```

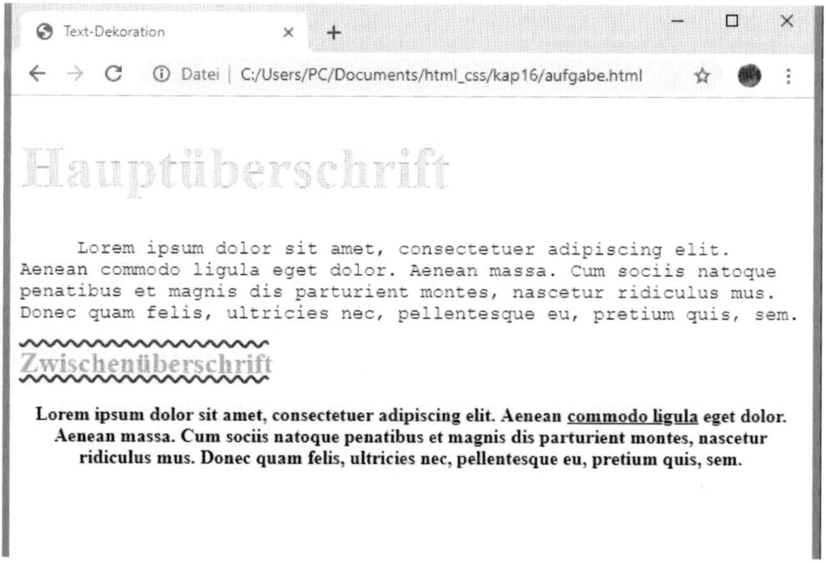

Screenshot 94: Die Darstellung der Seite

Alle Programmcodes aus diesem Buch stehen kostenfrei zum Download bereit. Dadurch müssen Sie Code nicht abtippen.

Außerdem erhalten Sie die eBook Ausgabe zum Buch im PDF Format kostenlos auf unserer Website:

www.bmu-verlag.de/html-css
Downloadcode: siehe Kapitel 23

Kapitel 17
Hintergründe

Damit eine Seite ansprechend wirkt, sind Hintergründe sehr wichtig. Der standardmäßig vorhandene weiße Hintergrund wirkt recht langweilig. Deutlich interessanter wird die Seite, wenn man farbige Hintergründe verwendet. Damit kann man auch unterschiedliche Bereiche voneinander abgrenzen. Es ist sogar möglich, Fotos oder Grafiken als Hintergrund zu verwenden. Dieses Kapitel stellt vor, wie man Hintergründe in eine Seite einfügt.

17.1. Einfache Hintergrundfarben

Die einfachste und zugleich am häufigsten verwendete Form des Hintergrunds besteht darin, einfach eine bestimmte Farbe vorzugeben. Hierfür kommt die Eigenschaft `background-color` zum Einsatz. Für die Zuordnung der Farbe bestehen die gleichen Möglichkeiten, wie in Kapitel 16 vorgestellt: Hexadezimalwerte, RGB(A)-Werte, HSL-Werte und Farbangaben in englischer Sprache.

Die Hintergrundfarbe lässt sich für viele verschiedene Elemente der Seite festlegen. Häufig wird bereits das `body`-Tag mit einer Hintergrundfarbe belegt. Das hat zur Folge, dass die gesamte Seite in der entsprechenden Farbe erscheint. Darüber hinaus kann man auch einzelnen Überschriften, Absätzen oder anderen Elementen einen Hintergrund zuordnen. Dieser wird im entsprechenden Bereich dann über die Hintergrundfarbe des `body`-Elements gelegt. Das zeigt das folgende Beispiel:

17

Body-Bereich des HTML-Dokuments:

```
<body>
    <h1>Überschrift 1</h1>
    <p>
```

```
        Hier steht Absatz 1<br>
        Dieser besteht aus mehreren Zeilen
    </p>
</body>
```

CSS-Vorgaben:

```
body {
    background-color: darkorange;
}

h1 {
    background-color: darkturquoise;
}
p {
    background-color: darkslateblue;
}
```

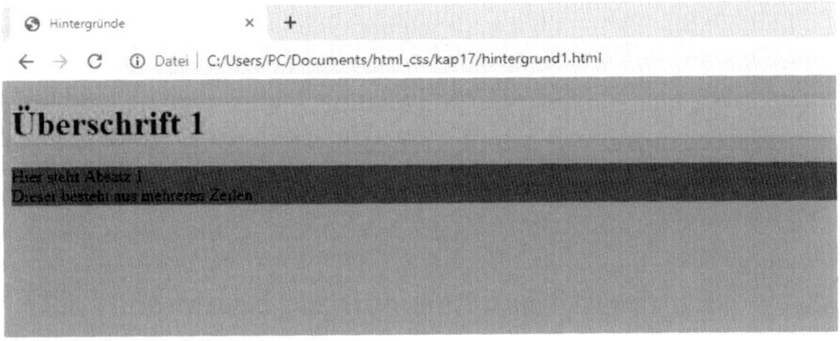

Screenshot 95: Hintergründe mit verschiedenen Farben

Wenn man Hintergründe für Textbereiche verwendet, ist es immer wichtig, auf einen ausreichenden Kontrast zwischen Schrift und Hintergrund zu achten. Der letzte Abschnitt in diesem Beispiel ist beispielsweise nur schwer lesbar, da der Kontrast zwischen dunkelblau und schwarz nur sehr gering ist. Wenn man diese Hintergrundfarbe verwenden will, wäre es besser, für die Schrift eine hellere Farbe zu wählen.

17.2. Bilder als Hintergrund verwenden

CSS bietet auch die Möglichkeit, ein beliebiges Foto als Hintergrund zu verwenden. Hierfür kommt die Eigenschaft `background-image` zum

Einsatz. Als Wert muss man hierfür zunächst die Abkürzung `url` angeben. Danach steht in Klammern und in Anführungszeichen der Name der entsprechenden Bilddatei und gegebenenfalls deren Pfad.

Für das nächste Beispiel verwenden wir wieder das Katzenbild, das bereits in Kapitel 8 zum Einsatz kam. Damit das Beispiel mit dem angegebenen Code funktioniert, muss sich dieses im gleichen Ordner wie die entsprechende CSS-Datei befinden.

Um die Verwendung von Hintergrundbildern zu demonstrieren, verwenden wir den gleichen HTML-Code wie im vorherigen Abschnitt. Allerdings verändern wir die CSS-Datei. Dafür verwenden wir folgende Regel:

```
body {
    background-image: url("katze.jpg");
}
```

Screenshot 96: Die Seite mit einem Foto als Hintergrund

An diesem Screenshot sieht man, dass nun das Foto mit der Katze als Hintergrund erscheint. Allerdings werden dabei auch einige Probleme bemerkbar. Zum einen ist die Schrift nur schwer lesbar. Wenn man Schrift direkt auf einem Foto platziert, führt das dazu, dass die Kontraste in verschiedenen Bereichen ganz unterschiedlich sind. Aus diesem Grund ist es sinnvoll, die Bereiche, in denen eine Schrift erscheint, mit einem einfarbigen Hintergrund zu versehen und dabei für ausreichende Kontraste zu sorgen. Das verbessert die Lesbarkeit deutlich.

Darüber hinaus wird das Bild auf der Seite wiederholt. Am rechten Rand des Fotos wird dieses erneut angezeigt. Wenn wir ein kleineres Bild verwenden würden (oder einen längeren Text), würde man sehen, dass auch unterhalb des Fotos das entsprechende Bild wiederholt wird.

Wenn man Fotos als Hintergrund verwendet, ist das jedoch meistens nicht erwünscht. Doch lässt sich das mit CSS einfach verhindern. Dazu muss man die Eigenschaft background-repeat einfügen und ihr den Wert no-repeat geben. (Wenn man wünscht, dass das Bild nur horizontal wiederholt wird, kann man den Wert `repeat-x` verwenden. Der Wert `repeat-y` führt dazu, dass das Bild nur in vertikaler Richtung wiederholt wird.

Wenn man ein Foto als Hintergrund verwendet, kann es manchmal vorkommen, dass der Browser die Datei nicht abrufen kann oder dass dabei lange Ladezeiten entstehen. In diesen Fällen würde ohne weitere Angabe ein weißer Hintergrund entstehen. Damit die Seite auch in diesem Fall ansprechend wirkt, ist es sinnvoll, auch die Eigenschaft `background-color` vorzugeben. Die entsprechende Farbe wird nur dann verwendet, wenn die entsprechende Datei nicht verfügbar oder noch nicht geladen ist. Auch wenn das Foto nicht den kompletten Bereich ausfüllt (und man eine Wiederholung des Bildes verhindert hat), ist diese Farbe sichtbar. Sie wird für die Gestaltung der Ränder neben dem Bild verwendet. Dabei ist es sinnvoll, einen Farbton auszuwählen, der der dominierenden Farbe des verwendeten Fotos entspricht. Wenn wir all diese Änderungen umsetzen, sieht die CSS-Datei wie folgt aus:

```
body {
    background-image: url("katze.jpg");
    background-repeat: no-repeat;
    background-color: azure;
}
```

```
h1 {
    background-color: darkturquoise;
}
p {
    background-color: darkslateblue;
    color: beige;
}
```

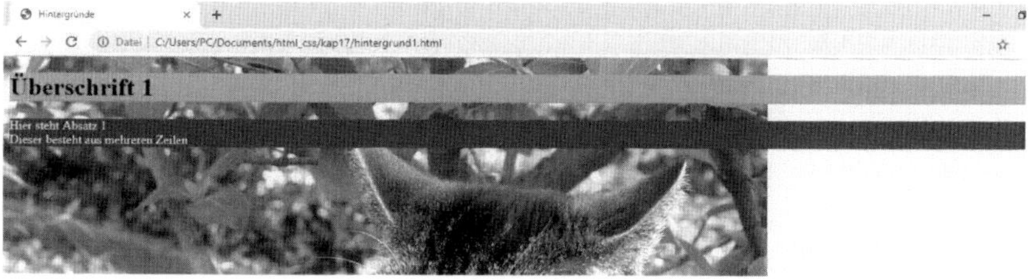

Screenshot 97: Die Darstellung mit den durchgeführten Änderungen

Anmerkung: Die breiten Hintergründe für die Überschrift und für den Absatz, die sich über die gesamte Breite des Browserfensters erstrecken, wirken hier etwas seltsam. Später lernen wir jedoch, wie man die Breite der Elemente anpassen kann, um dieses Problem zu vermeiden.

17.3. Den Hintergrund positionieren und fixieren

Im vorherigen Beispiel erschien das Hintergrundbild links oben im Browserfenster. Häufig soll diesem jedoch eine andere Position gegeben werden. Das ist mit der Eigenschaft `background-position` möglich. Hier müssen wir zwei Angaben machen. Die erste steht für die horizontale Positionierung und kann die Werte `left`, `center` oder `right` annehmen. Die zweite Angabe steht für die vertikale Positionierung. Hierfür kann man die Werte `top`, `center` und `bottom` verwenden.

Bei der Ausrichtung muss man beachten, dass sich diese nicht auf das gesamte Browserfenster bezieht, sondern nur auf den Bereich, des `body`-Tags. Dieses umspannt nur die Bereiche, die mit Inhalten belegt sind. Wenn man wie in unseren bisherigen Beispielen einen Inhalt

17

nutzt, der nur wenige Zeilen einnimmt, führt das bei der Verwendung der Werte `center` oder `bottom` dazu, dass der obere Bereich des Fotos abgeschnitten wird.

Das folgende Beispiel sorgt dafür, dass das Hintergrundbild horizontal zentriert erscheint. Für eine übersichtlichere Darstellung verwenden wir außerdem das Bild mit einer geringeren Größe, das wir ebenfalls bereits in Kapitel 8 heruntergeladen haben. Dafür müssen wir lediglich die CSS-Angabe für den `body`-Bereich verändern. Der Rest bleibt unverändert. Die entsprechende CSS-Regel sieht dann so aus:

```
body {
    background-image: url("katze_klein.jpg");
    background-repeat: no-repeat;
    background-color: azure;
    background-position: center top;
}
```

Screenshot 98: Die Seite mit der zentrierten Darstellung.

Darüber hinaus lässt es diese Eigenschaft zu, die Position ganz individuell vorzugeben. Dabei kann man beispielsweise zwei Werte in Pixel (`background-position: 30px 60px;`) oder in einer anderen Längeneinheit verwenden. Der erste Wert gibt dabei den Abstand vom linken Rand vor, der zweite Wert den Abstand vom oberen Rand. Darüber hinaus ist es auch möglich, eine Angabe in Prozent zu machen. Diese bezieht sich auf den Anteil am gesamten Raum, der für den Hintergrund zur Verfügung steht.

Bei umfangreicheren Inhalten ist es außerdem wichtig, vorzugeben, was mit dem Hintergrund passieren soll, wenn der Anwender auf der Seite nach unten scrollt. Die Standard-Einstellung sieht vor, dass das Bild dabei ebenfalls gescrollt wird. Wenn man es jedoch fest auf seiner Position belassen will, muss man die CSS-Eigenschaft `background-attachement` verwenden und ihr den Wert `fixed` zuweisen. Auf diese Weise wird nur der Text gescrollt, während das Hintergrundbild stets an der gleichen Stelle sichtbar ist.

17.4. Sich wiederholende Grafiken verwenden

Im vorherigen Abschnitt haben wir bereits gesehen, dass die Hintergrundgrafiken wiederholt werden, wenn man keine anderslautende Vorgabe macht. Bei Fotos ist das meistens nicht erwünscht. Allerdings bietet diese Funktionsweise viele andere interessante Anwendungsmöglichkeiten. Man kann beispielsweise eine kleine Kachel erstellen, und diese als Hintergrund verwenden. Es ist möglich, die Grafik so zu gestalten, dass sie einige Punkte in ähnlichen Farben enthält. Das gibt dem Hintergrund eine interessante Struktur. Dennoch bleibt der Farbton einheitlich. Das erleichtert das Zusammenspiel mit anderen farbigen Elementen erheblich.

Derartige Grafiken sind eigentlich leicht zu erstellen. Mit einem Grafikprogramm und grundlegenden Kenntnissen kann man diese Aufgabe selbst als Anfänger übernehmen. Da dies jedoch nicht zu den Themen dieses Lehrbuchs gehört, wird an dieser Stelle nicht erklärt, wie man dabei vorzugehen hat. Wer über die entsprechenden Kenntnisse bereits verfügt, kann für die folgende Aufgabe selbst kleine Kacheln erstellen. Für alle übrigen Leser bietet es sich an, die entsprechenden Grafiken aus dem Internet herunterzuladen. Kostenlose Angebote findet man beispielsweise unter folgendem Link:

http://bgrepeat.com

Hier wählen wir nun ein beliebiges Bild aus und laden es herunter. Für das folgende Beispiel kommt diese Grafik zum Einsatz:

http://bgrepeat.com/bg_128-93. Diese müssen wir herunterladen und in den entsprechenden Ordner einfügen.

Auch für diese Seite verwenden wir wieder die gleiche HTML-Datei wie in den beiden vorherigen Beispielen. Für die CSS-Datei verwenden wir nun jedoch folgende Vorgaben:

```
body {
    background-image: url("128-93.jpg");
    background-color: darkslateblue;
}

h1 {
    color: beige;
}
p {
    color: beige;
}
```

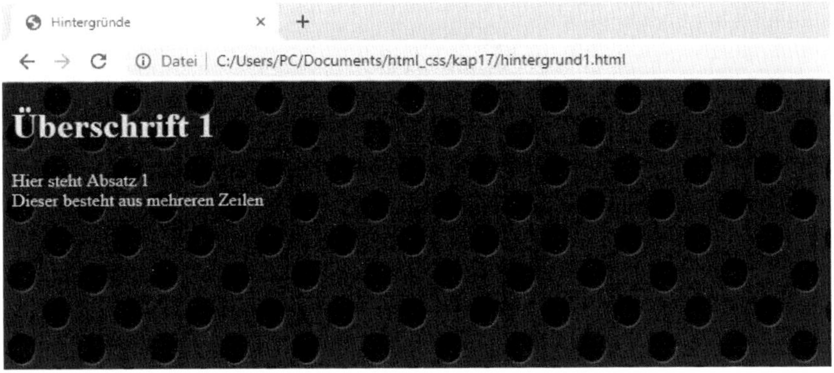

Screenshot 99: Die Seite mit der sich wiederholenden Hintergrundgrafik

Dieser Effekt erzeugt einen ansprechenden und abwechslungsreichen Hintergrund. Dennoch ist der Farbton relativ einheitlich. Das erlaubt es, die Schrift direkt auf dem Hintergrund zu platzieren, ohne dass es dabei zu Schwierigkeiten mit den Kontrasten kommt.

17.5 Farbverläufe gestalten

Für die Gestaltung von Internetseiten ist es sehr beliebt, nicht einen einfachen Hintergrund vorzugeben, sondern einen Farbverlauf. Das führt zu einer abwechslungsreicheren Gestaltung. Meistens wird dabei ein Übergang zwischen recht ähnlichen Farbtönen erzeugt. Es ist jedoch auch möglich, ganz unterschiedliche Farben für den Verlauf auszuwählen und sogar mehrere Übergänge zu gestalten. Dieses Kapitel stellt vor, wie die notwendigen CSS-Regeln hierfür aussehen.

Um einen Farbverlauf als Hintergrund zu verwenden, kommt wieder die Eigenschaft `backgroud-image` zum Einsatz. Hier fügen wir nun jedoch keine URL ein, sondern den Begriff `linear-gradient`. Danach stehen in einer Klammer mindestens zwei Farben. Hierfür kann man wieder alle verschiedenen Arten von Farbangaben verwenden, die bereits im vorherigen Kapitel vorgestellt wurden. Für das folgende Beispiel verwenden wir ebenfalls das gleiche HTML-Dokument wie in den vorherigen Abschnitten. Das CSS-Dokument sieht nun jedoch so aus:

```
html {
    height: 100%;
}
body {
    background-image: linear-gradient(aqua, aquamarine);
}
```

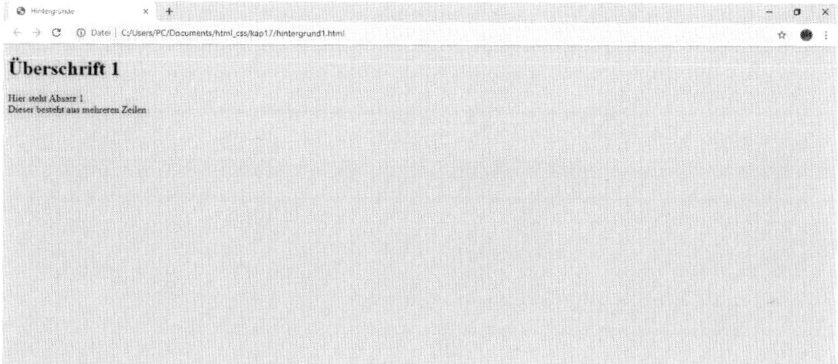

Screenshot 100: Auf der Seite entsteht ein sanfter Farbverlauf und die Farbe wird zum unteren Rand hin heller.

Die CSS-Datei enthält neben der Angabe für den Farbverlauf auch eine Höhenangabe für das `html`-Tag. Wenn man diese entfernt, erkennt man, dass sich der Farbverlauf nur auf die Inhalte – also auf die Überschrift und auf den Absatz – erstreckt. Danach wird er wiederholt. Das entspricht selbstverständlich nicht unseren Layout-Vorstellungen. Mit der Höhenangabe von 100 Prozent erreicht man, dass sich der Inhalt der Seite über das gesamte Browserfenster erstreckt. Das führt dazu, dass der Farbverlauf ebenfalls das gesamte Fenster einnimmt. Wie Höhenangaben im Detail funktionieren, wird im folgenden Kapitel vorgestellt.

Der Befehl `linear-gradient` ermöglicht es, noch viele weitere Angaben in die Klammer einzufügen. Man kann beispielsweise beliebig viele Farben verwenden. Das führt dazu, dass der Farbverlauf immer von einer der genannten Farben zur nächsten geht. Auf diese Weise lassen sich sehr bunte Seiten gestalten.

Darüber hinaus kann man die Richtung des Farbverlaufs ändern. Im obigen Beispiel verläuft dieser von oben nach unten. Wenn man in die Klammer jedoch den Begriff `to right` einfügt, verläuft er von links nach rechts. Der Ausdruck `to bottom` right führt dazu, dass er von links oben nach rechts unten verläuft. Darüber hinaus kann man eine ganz individuelle Angabe machen. Dazu muss man den gewünschten Winkel eingeben und daran die Abkürzung `deg` anhängen. Das folgende Beispiel zeigt einen Verlauf aus vielen verschiedenen Farben mit einem Winkel von 60 Grad:

```
html {
    height: 100%;
}
body {
    background-image: linear-gradient(60deg, darkblue, gold,
    firebrick, lawngreen, indigo);
}
```

Screenshot 101: Eine sehr bunte Darstellung mit vielfältigen Farbverläufen

Es ist mit CSS nicht nur möglich, lineare Farbverläufe zu erstellen. Diese können auch ellipsen- oder kreisförmig verlaufen. Dazu dient die Eigenschaft `radial-gradient`. Auch hierbei kann man verschiedene Farben eingeben. Wenn man hinter der Farbe eine Angabe in Prozent schreibt, kann man diese auch unterschiedlich gewichten. Dabei muss man jedoch beachten, dass der Prozentwert nicht angibt, welchen Anteil die entsprechende Farbe einnehmen soll. Er sagt aus, in welchem Bereich des Kreises oder der Ellipse diese beginnen soll. Daher muss die Summe der Werte für die verschiedenen Farben nicht 100 Prozent betragen.

Die Eigenschaft `radial-gradient` erlaubt es, noch viele weitere Werte einzufügen. Standardgemäß erscheint der Farbverlauf hierbei ellipsenförmig. Wenn man jedoch eine kreisförmige Darstellung wünscht, kann man den Begriff `circle` einfügen. Danach ist es möglich, die Größe des Farbverlaufs anzugeben. Der Standardwert hierfür ist `farthest-corner`. Das bedeutet, dass der Farbverlauf in der Ecke, die am weitesten vom Zentrum entfernt ist, vollständig seinen Endpunkt erreicht. Man kann jedoch auch die Begriffe `closest-side`, `closest-corner` oder `farthest-side` verwenden. In diesen Fällen erreicht der Verlauf an der nächstgelegenen Seite, an der nächstgelege-

17

nen Ecke oder an der am weitesten entfernten Seite seine endgültige Farbe. Außerdem kann man die Position des Zentrums angeben. Dazu muss man den Begriff `at` hinzufügen. Danach folgen die Positionsangaben genau wie bei der Platzierung eines Hintergrundbildes – beispielsweise in Prozent oder in Pixeln.

Das folgende Beispiel stellt einen runden Farbverlauf vor, der bereits an der nächstgelegenen Seite eine endgültige Farbe erreicht und der außerdem nicht direkt im Zentrum platziert ist. Außerdem sind die Farben unterschiedlich gewichtet:

```
html {
    height: 100%;
}
body {
    background-image: radial-gradient(circle closest-side at 25% 40%,
    darkblue 10%, gold 50%, firebrick 90%);
}
```

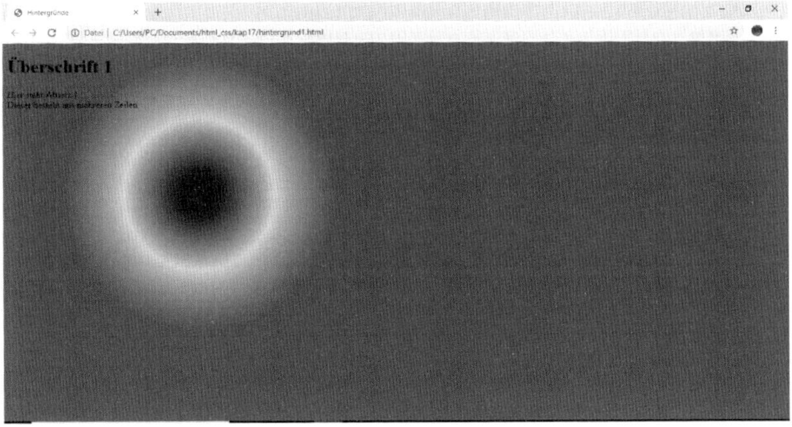

Screenshot 102: Der kreisförmige Farbverlauf

17.6. Übungsaufgabe: ansprechende Hintergründe hinzufügen

1. Erstellen Sie eine HTML-Datei mit einer Überschrift und drei Absätzen. Fügen Sie in diese etwas Blindtext ein. Erzeugen Sie sowohl für

die gesamte Seite als auch für jeden der Absätze eine unterschiedliche Hintergrundfarbe.

2. Verwenden Sie das gleiche HTML-Dokument wie in Aufgabe 1. Laden Sie nun jedoch aus dem Internet zwei kleine Grafiken herunter, die sich für eine gekachelte Darstellung eignen. Verwenden Sie eine von Ihnen für den Hintergrund des gesamten body-Bereichs und die andere für alle drei Absätze.

3. Gestalten Sie nun den Hintergrund für den body-Bereich mit einem ellipsenförmigen Farbverlauf. Die Absätze sollen hingegen einen linearen Farbverlauf erhalten, der vom linken oberen Eck ins rechte untere Eck verläuft.

Lösungen:

HTML-Datei:

```
<!DOCTYPE html>
<html lang = "de">
    <head>
        <title>
            Hintergründe
        </title>
        <meta charset="UTF-8">
        <link rel="stylesheet" href="style.css">
    </head>

    <body>
        <h1>Hauptüberschrift</h1>
        <p id = "absatz1">Lorem ipsum dolor sit amet, consectetuer
        adipiscing
            elit. Aenean commodo ligula eget dolor. Aenean massa. Cum
            sociis
            natoque penatibus et magnis dis parturient montes,
            nascetur
            ridiculus mus.
        </p>
        <p id = "absatz2">Lorem ipsum dolor sit amet, consectetuer
        adipiscing
            elit. Aenean commodo ligula eget dolor. Aenean massa. Cum
            sociis
            natoque penatibus et magnis dis parturient montes,
            nascetur
            ridiculus mus.
        </p>
        <p id = "absatz3">Lorem ipsum dolor sit amet, consectetuer
        adipiscing
            elit. Aenean commodo ligula eget dolor. Aenean massa. Cum
            sociis
            natoque penatibus et magnis dis parturient montes,
            nascetur
            ridiculus mus.
        </p>
    </body>
</html>
```

CSS-Vorgaben:

```
body {
    background-color: lavender;
}
#absatz1 {
    background-color: indigo
}
#absatz2 {
    background-color: lime
}
#absatz3 {
    background-color: darkgreen;
}
```

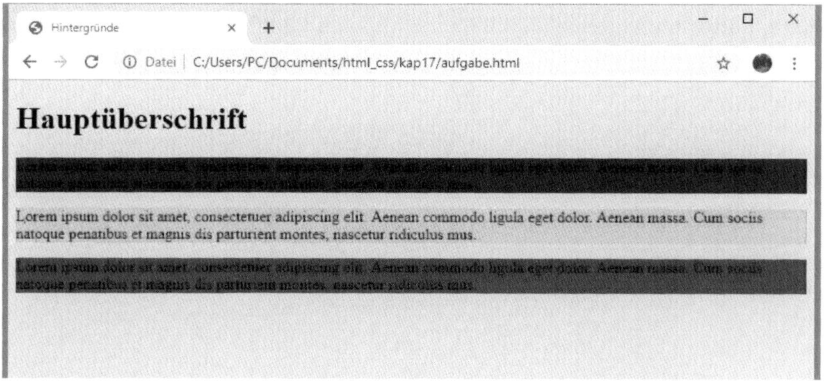

Screenshot 103: Die Darstellung der Seite mit verschiedenen Hintergrundfarben

2.

```
body {
    background-image: url("128-176.jpg");
    background-color: darkorchid;
}
p {
    background-image: url("128-162.jpg");
    background-color: lightgray;
}
```

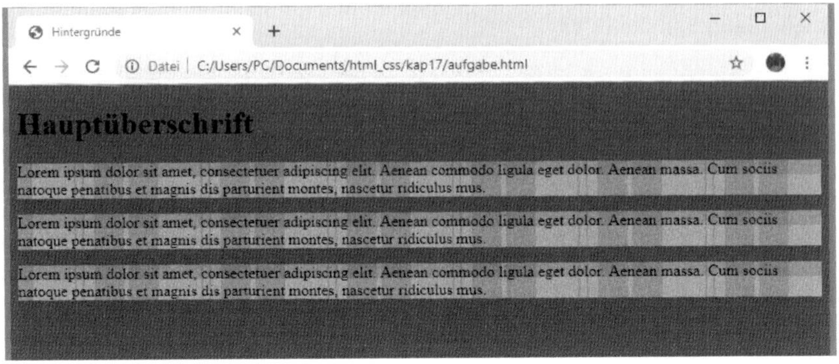

Screenshot 104: Die Darstellung mit gekacheltem Hintergrund

Links für den Download der in diesem Beispiel verwendeten Grafiken:

http://bgrepeat.com/bg_128-176

http://bgrepeat.com/bg_128-162

3.

```
html {
    height: 100%;
}
body {
    background-image: radial-gradient(darkorchid, lightgray);
}
p {
    background-image: linear-gradient(to bottom right, honeydew,
    lightcoral)
}
```

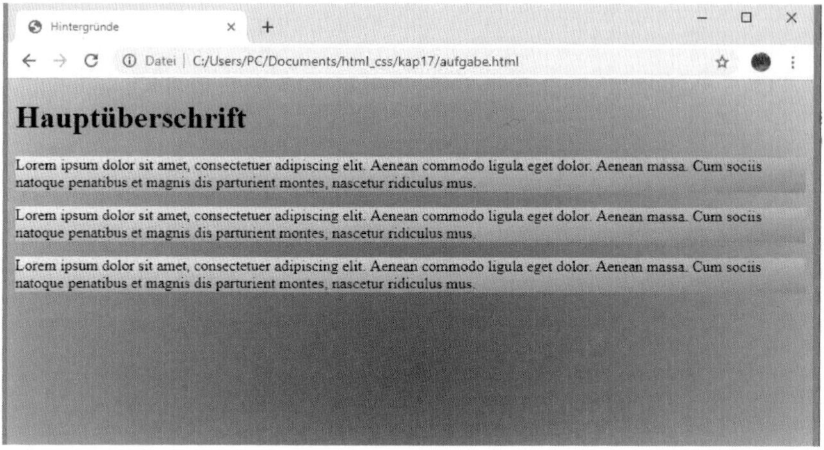

Screenshot 105: Die Seite mit Farbverläufen

Alle Programmcodes aus diesem Buch stehen kostenfrei zum Download bereit. Dadurch müssen Sie Code nicht abtippen.

Außerdem erhalten Sie die eBook Ausgabe zum Buch im PDF Format kostenlos auf unserer Website:

www.bmu-verlag.de/html-css
Downloadcode: siehe Kapitel 23

Kapitel 18
Größen, Abstände und Positionen

Farben, Hintergründe und die Gestaltung der Schrift spielen für das Layout einer Seite eine wichtige Rolle. Um eine ansprechende Wirkung zu erzielen, ist es darüber hinaus jedoch notwendig, jedes Element richtig auf der Seite zu platzieren. Erst auf diese Weise ist es möglich, ein ansprechendes und übersichtliches Gesamtbild zu erzeugen. Eine ähnliche Aufgabe haben wir bereits in Kapitel 10 erledigt. Dabei haben wir jedoch nur HTML genutzt. Diese Technik ist nicht nur veraltet, darüber hinaus bringt sie viele erhebliche Nachteile mit sich. Daher wird in diesem Kapitel nun vorgestellt, wie man die Elemente mit CSS auf der Seite positioniert.

Für diese Aufgabe ist es jedoch nicht nur wichtig, die Positionen anzugeben. Darüber hinaus spielen Rahmen, Abstände und Größen eine wichtige Rolle. Daher werden auch diese Aspekte erläutert, sodass es möglich ist, jedem einzelnen Element eine präzise Position zu verleihen.

18.1. Die Höhe und die Breite eines Elements vorgeben: absolute und relative Werte

Wenn man die Größe eines Elements vorgeben will, muss man dessen Höhe und dessen Breite bestimmen. Dazu kommen die Attribute height und width zum Einsatz. Auf diese Weise lassen sich die Größen sehr präzise vorgeben. Es ist möglich, für diese Angaben absolute Werte in Pixeln zu verwenden. Man kann jedoch auch andere Längenangaben (cm, mm, in, pt, etc.) verwenden. Das folgende Beispiel besteht aus einer Überschrift und aus zwei Absätzen. Dafür kommt der folgende HTML-Code im body-Bereich zum Einsatz:

```
<h1 id = "überschrift">Überschrift 1</h1>
<p id = "absatz1">
    Absatz 1
```

18

```
</p>
<p id = "absatz2">
    Absatz 2
</p>
```

Im CSS-Dokument geben wir nun für jedes dieser Elemente eine Höhe und eine Breite vor. Damit die Größe auf der Seite sichtbar wird, erstellen wir außerdem für jedes von ihnen eine Hintergrundfarbe:

```
#überschrift {
    width: 200px;
    height: 100px;
    background-color: turquoise;
}
#absatz1 {
    width: 400px;
    height: 50px;
    background-color: beige;
}
#absatz2 {
    width: 50px;
    height: 300px;
    background-color: lightcoral;
}
```

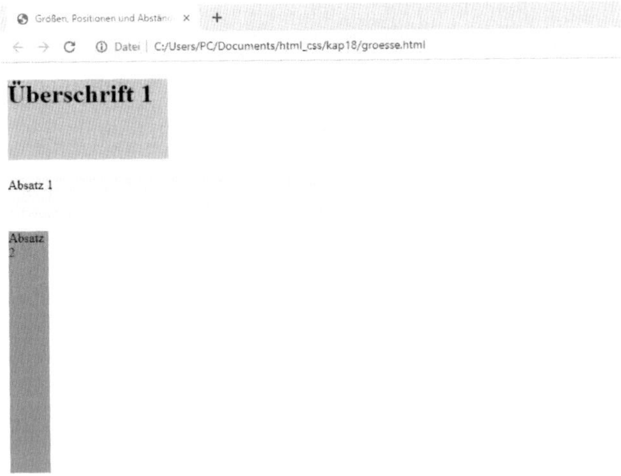

Screenshot 106: Die Größe der einzelnen Seitenelemente

Wenn man sowohl für die Höhe als auch für die Breite feste Werte verwendet, kann das jedoch Probleme mit sich bringen. In diesem Fall bleibt die Größe stets konstant – selbst wenn die Inhalte nicht mehr hineinpassen. Selbstverständlich kann der Webdesigner die Größe stets individuell an den Inhalt anzupassen. Allerdings ist es auch möglich, dass der Anwender die Schriftgröße verändert oder dass er ein Gerät mit einer anderen Auflösung verwendet. Das kann dazu führen, dass der Inhalt nun trotzdem nicht mehr in das vorgesehene Feld passt. Um zu zeigen, was in diesem Fall passiert, können wir nun einmal einen längeren Blindtext in den ersten Absatz einfügen. Dann sieht die Darstellung so aus:

Screenshot 107: Der Inhalt überschreitet die vorgesehene Größe

Der Hintergrund für den Absatz nimmt nach wie vor die gleiche Größe ein. Da der Text nun jedoch nicht mehr hineinpasst, ragt er darüber hinaus. Er überlagert sogar den Inhalt des zweiten Absatzes. Diese Darstellungsweise ist selbstverständlich nicht erwünscht.

Aus diesem Grund ist es nicht empfehlenswert, sowohl für die Höhe als auch für die Breite genaue Vorgaben zu machen. In der Regel ist die Breite des Elements von größerer Bedeutung. Daher ist es sinnvoll, diesen Wert fest vorzugeben. Der Browser passt dann die Höhe automatisch an die Inhalte an.

Wenn man nun jedoch nur eine Vorgabe für die Breite macht, kann es vorkommen, dass die Höhe bei kleinen Inhalten nur sehr gering ist. Das führt dazu, dass das Element nicht wie gewünscht zur Geltung kommt. Um eine bestimmte Mindesthöhe vorzugeben, aber bei größeren Inhalten dennoch eine automatische Anpassung zu ermöglichen, ist es sinnvoll, das Attribut `min-height` zu verwenden:

```
#überschrift {
    width: 200px;
    min-height: 100px;
    background-color: turquoise;
}
#absatz1 {
    width: 400px;
    min-height: 50px;
    background-color: beige;
}
#absatz2 {
    width: 50px;
    min-height: 300px;
    background-color: lightcoral;
}
```

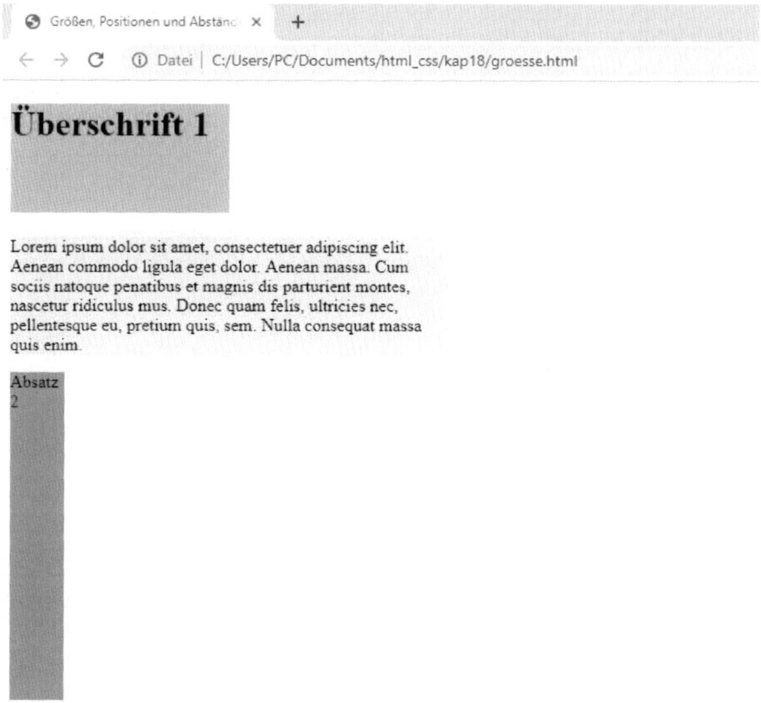

Screenshot 108: Die Höhe wird nun an den Inhalt angepasst, doch wird bei kleinen Inhalten die Mindestvorgabe berücksichtigt.

Darüber hinaus ist es mit dem Attribut min-width möglich, eine Mindestbreite anzugeben. Des Weiteren erlauben es die Eigenschaften `max-width` und `max-height`, Höchstwerte für die Breite und für die Höhe anzugeben.

In den bisherigen Abschnitten haben wir die Höhen und die Breiten direkt für die Überschrift und für die Absätze vorgegeben. Das ist in der Praxis jedoch nicht üblich. In der Regel stellen die Überschrift und die darauf folgenden Absätze – gegebenenfalls auch mit weiteren Zwischenüberschriften und Absätzen – eine zusammengehörige Einheit dar. Daher werden diese meistens zusammengefasst und die Größe sowie der Hintergrund werden für den gesamten Bereich festgelegt.

Lange Zeit kamen für diese Aufgabe ausschließlich `div`-Tags zum Einsatz. Diese haben die Funktion eines Containers, sodass man damit alle zusammengehörigen Überschriften und Absätze einfassen kann. Auch Bilder und weitere Inhalte kann man in diesen `div`-Tags anbringen. In Kapitel 12 wurde jedoch bereits ausgeführt, dass die Verwendung von `div`-Tags immer stärker abnimmt. Anstatt dessen ist es sinnvoll, die mit HTML 5 eingeführten semantischen Auszeichnungen zu verwenden. Allerdings ist es auch bei der Verwendung der semantischen HTML-Tags hin und wieder notwendig, einzelne Bereiche mit `div`-Tags zusammenzufassen. Dennoch geht dieses Lehrbuch nicht weiter auf deren Verwendung ein, sondern nutzt von Anfang an semantische HTML-Tags für die Vorgabe von Größen und Positionen. Das macht nicht nur deutlich, welche Funktion der entsprechende Inhalt hat. Darüber hinaus muss man auf diese Weise keine Klassen oder IDs vorgeben – vorausgesetzt, man verwendet die entsprechenden Tags nur ein einziges Mal pro Seite. Um die Verwendung zu demonstrieren, gestalten wir nun eine Seite mit einem `article`- und mit einem `aside`-Bereich. Für diese definieren wir individuellen Größen und Hintergründe:

```
<article>
    <h1>Überschrift 1</h1>
    <p>Absatz 1</p>
    <p>Absatz 2</p>
</article>
<aside>
    <h2>Zwischenüberschrift</h2>
    <p>Nebengeordneter Absatz</p>
</aside>
```

Die CSS-Vorgabe für die beiden Bereiche sieht so aus:

```
article {
    width: 400px;
    min-height: 100px;
    background-color: aquamarine;
}
aside {
    width: 300px;
    min-height: 80px;
    background-color: orchid;
}
```

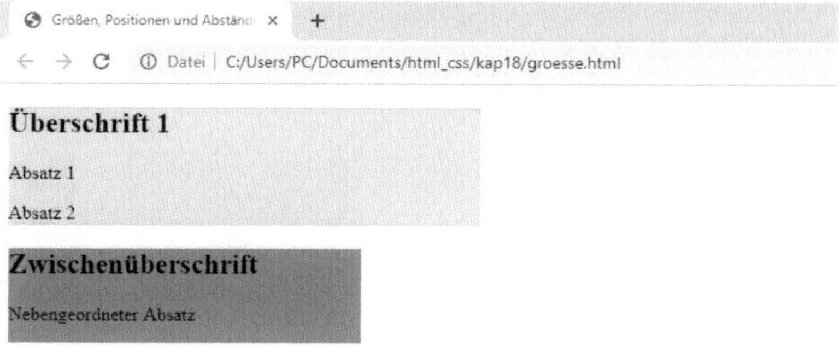

Screenshot 109: Die Seite mit zwei funktionalen Bereichen

Bisher haben wir für die Angabe der Höhe und der Breite immer absolute Werte verwendet. Wenn der Anwender mit einem Gerät auf die Seite zugreift, dessen Bildschirmgröße und Auflösung etwa derjenigen entspricht, die der Designer für seinen Entwurf verwendet hat, stellt das kein Problem dar. Wenn er jedoch ein anderes Gerät verwendet oder die Größe des Browserfensters ändert, kann das die gesamte Anordnung durcheinanderbringen. Daher kann es sinnvoll sein, relative Werte zu verwenden. In diesem Fall richtet sich die Größe nach dem zur Verfügung stehenden Raum. Wenn beispielsweise ein Element direkt im `body`-Tag steht und eine Breitenangabe von 50 Prozent erhält, nimmt es die Hälfte der gesamten Breite des Browserfensters ein. Voraussetzung hierfür ist, dass weder für das `html`- noch für das `body`-Tag anderslautende Breitenvorgaben gemacht wurden. Wenn man hingegen die entsprechende Breitenvorgabe in einem `p`-Tag anbringt, das wiederum in einem `article`-Tag mit einer festen Breite von 200 Pixeln steht, nimmt es die Hälfte der Breite des `article`-Tags ein – also 100 Pixel.

Das folgende Beispiel verwendet eine relative Breitenangabe. Dafür überarbeiten wir nur die CSS-Datei, die HTML-Datei bleibt hingegen unverändert.

```
article {
    width: 40%;
    min-height: 100px;
```

```
    background-color: aquamarine;
}
aside {
    width: 30%;
    min-height: 80px;
    background-color: orchid;
}
```

Screenshot 110: Die Größenverhältnisse im vollen Browserfenster

Den Unterschied zu absoluten Größenangaben bemerken wir, wenn wir das Browserfenster nun verkleinern. In diesem Fall passt sich auch die Größe der entsprechenden Elemente an:

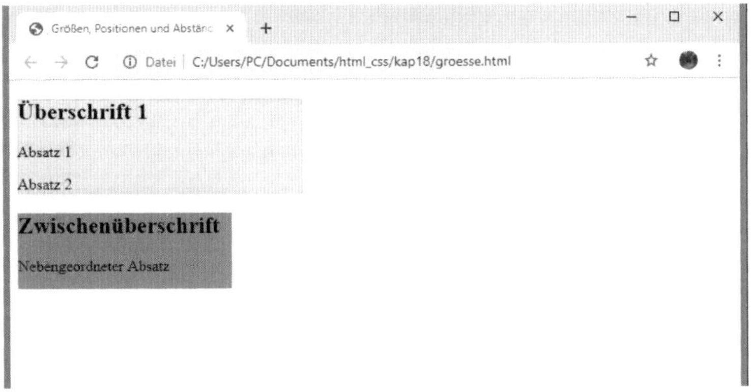

Screenshot 111: Die Darstellung in einem verkleinerten Browserfenster

In Kapitel 17.5 haben wir bereits eine Höhenangabe verwendet. Dabei haben wir dem `html`-Tag eine Höhe von 100 Prozent zugewiesen. Es ist sinnvoll, eine entsprechende Angabe auf allen Seiten einzufügen. Das sorgt dafür, dass sich das `html`-Tag und damit auch das `body`-Tag auf das gesamte Browserfenster erstreckt. Wenn man Hintergrundbilder oder Farbverläufe für den `body`-Bereich verwenden will und gleichzeitig eine Seite mit geringen Inhalten gestaltet, ist das für eine ansprechende Darstellung sehr wichtig.

18.2. Rahmen für die einzelnen Elemente vorgeben

Wenn man mit HTML einzelne Elemente vorgibt, ist es auf den ersten Blick nicht zu erkennen, wo diese beginnen und wo sie enden. Um die Größe deutlich zu machen, haben wir den einzelnen Elementen bisher einen Hintergrund verliehen. Das ist jedoch nicht immer ganz eindeutig. Wenn man beispielsweise für zwei Elemente die gleiche Hintergrundfarbe verwendet, ist es schwer zu erkennen, wo sich der Übergang zwischen diesen Bereichen befindet.

Um deutlich zu machen, welchen Bereich ein bestimmtes Element einnimmt, erlaubt es CSS, Rahmen einzufügen. Auf diese Weise sind die Grenzen der einzelnen Bereiche klar zu erkennen. Ein Beispiel für die Verwendung von Rahmen haben wir bereits in Kapitel 10 kennengelernt: bei Tabellen. Für eine übersichtlichere Gestaltung ist es hierbei häufig sinnvoll, Rahmen einzufügen, um die Zellen klarer erkenntlich zu machen.

Darüber hinaus können Rahmen auch an anderen Stellen zum Einsatz kommen. Beispielsweise werden sie häufig verwendet, um einen nebengeordneten Text vom Hauptbereich abzugrenzen. Auch für Bilder, einzelne Forenbeiträge oder Blog-Kommentare kann man dieses Stilmittel nutzen, um diese optisch abzugrenzen.

Um einen Rand einzufügen, verwenden wir das Attribut `border-style`. Für einen einfachen durchgezogenen Rand geben wir diesem den Wert solid. Um das an einem Beispiel zu demonstrieren, kommt eine einfache HTML-Seite mit einer Überschrift und zwei Absätzen zum Einsatz. Die CSS-Vorgabe für die Seite sieht so aus:

```
p {
    border-style: solid;
}
```

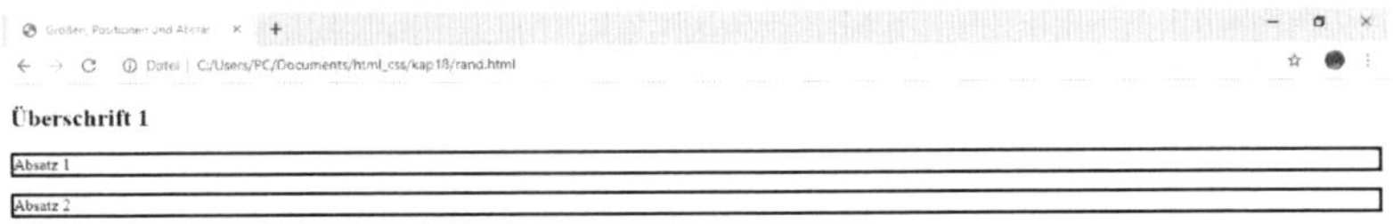

Screenshot 112: Die Absätze nehmen die gesamte Breite der Seite ein.

Der Rahmen orientiert sich immer an der Größe des Objekts, das er umschließt. Gewöhnliche Absätze nehmen die komplette Breite des übergeordneten Elements ein, wenn wir hier keine anderen Vorgaben machen. Daher erstrecken Sie sich in diesem Beispiel über das gesamte Browserfenster. Wenn wir die Größe der Absätze ändern, wird auch der Rahmen angepasst:

```
p {
    border-style: solid;
    width: 200px;
    min-height: 100px;
}
```

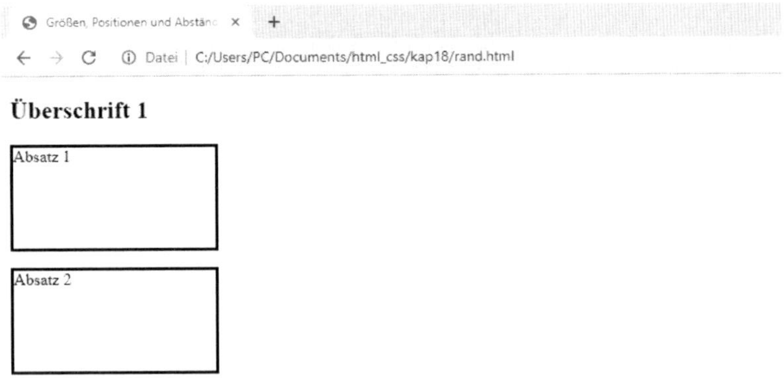

Screenshot 113: Die Rahmen bei einer fest vorgegebenen Größe der Absätze

Das Attribut `border-style` erlaubt es, noch viele weitere Werte einzugeben. Diese geben genau vor, wie die Ränder gestaltet sein sollen. Gepunktete Ränder verwenden beispielsweise die Bezeichnung dotted, gestrichelte Ränder erhalten den Wert `dashed`. Das folgende Beispiel stellt noch einige weitere Möglichkeiten vor. Dazu fügen wir drei zusätzliche Absätze in das HTML-Dokument ein und geben ihnen jeweil eine ID – von absatz1 bis absatz5. Das CSS-Dokument gestalten wir wie folgt:

```
#absatz1 {
    border-style: dashed;
    width: 200px;
}
#absatz2 {
    border-style: dotted;
    width: 200px;
}
#absatz3 {
    border-style: double;
    width: 200px;
}
#absatz4 {
    border-style: ridge;
    width: 200px;
}
#absatz5 {
    border-style: inset;
    width: 200px;
}
```

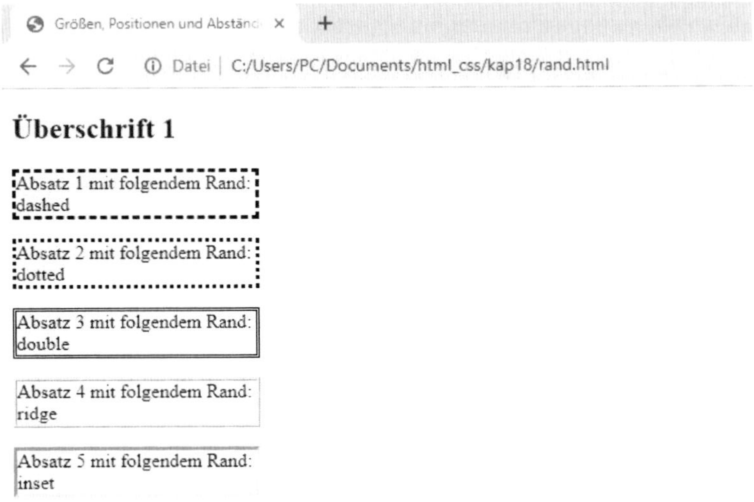

Screenshot 114: Absätze mit verschiedenen Rahmen

Darüber hinaus gibt es noch einige weitere Möglichkeiten für die Gestaltung der Rahmen. Erwähnenswert sind dabei die Werte `none` und `hidden`. Die erste Angabe gibt vor, dass das Element keinen Rand haben soll. Die zweite gibt ihm hingegen einen unsichtbaren Rand. Auf den ersten Blick wirken die beiden Angaben identisch. Es kann dabei jedoch zu Unterschieden in der Anordnung kommen. Wenn ein Rand vorhanden ist, hält der Browser dafür stets den notwendigen Bereich frei – selbst wenn dieser unsichtbar ist. Daher kommt es bei der Verwendung des Werts `hidden` zu einer leichten Verschiebung der Inhalte.

Dabei ist es sogar möglich die einzelnen Seiten der Ränder unterschiedlich zu gestalten. Hierfür erstellen wir eine HTML-Seite mit nur einem Absatz und geben dafür folgende CSS-Regeln an:

```
p {
    border-top-style: dashed;
    border-right-style: double;
    border-bottom-style: dotted;
    border-left-style: hidden;
    width: 200px;
}
```

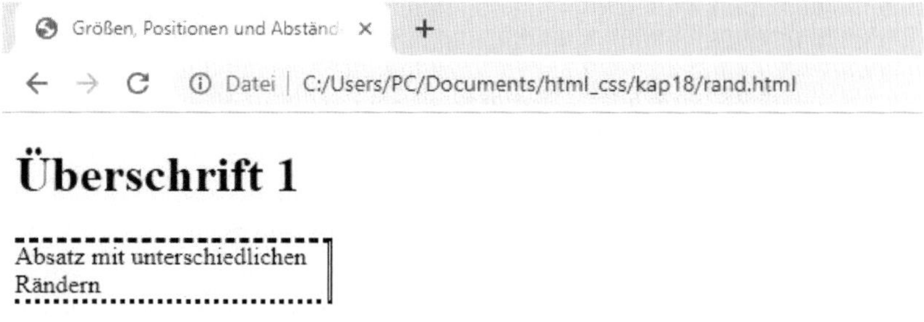

Screenshot 15: Der Absatz mit unterschiedlichen Rändern

Hierfür gibt es auch eine Kurzschreibweise. Dafür muss man dem `border-style` Attribut einfach vier Werte zuweisen. Der erste steht dann für den oberen Rand, der zweite für den rechten, der dritte für den unteren und der vierte für den linken Rand. Folgende Angabe erzeugt daher genau den gleichen Rahmen wie im vorherigen Beispiel:

```
border-style: dashed double dotted hidden;
```

Um die Rahmen zu gestalten, kann man auch deren Breite vorgeben. Dazu kommt das Attribut `border-width` zum Einsatz. Daraufhin folgt eine Größenangabe. Es ist üblich, hierfür die Einheit Pixel zu verwenden. Das folgende Beispiel verwendet wieder die HTML-Datei mit fünf Absätzen und entsprechenden IDs. Dafür gestalten wir folgende CSS-Vorgaben:


```
#absatz1 {
    border-style: dashed;
    border-width: 1px;
    width: 200px;
}
#absatz2 {
    border-style: dotted;
    border-width: 3px;
    width: 200px;
```

```
}
#absatz3 {
    border-style: double;
    border-width: 5px;
    width: 200px;
}
#absatz4 {
    border-style: ridge;
    border-width: 10px;
    width: 200px;
}
#absatz5 {
    border-style: inset;
    border-width: 30px;
    width: 200px;
}
```

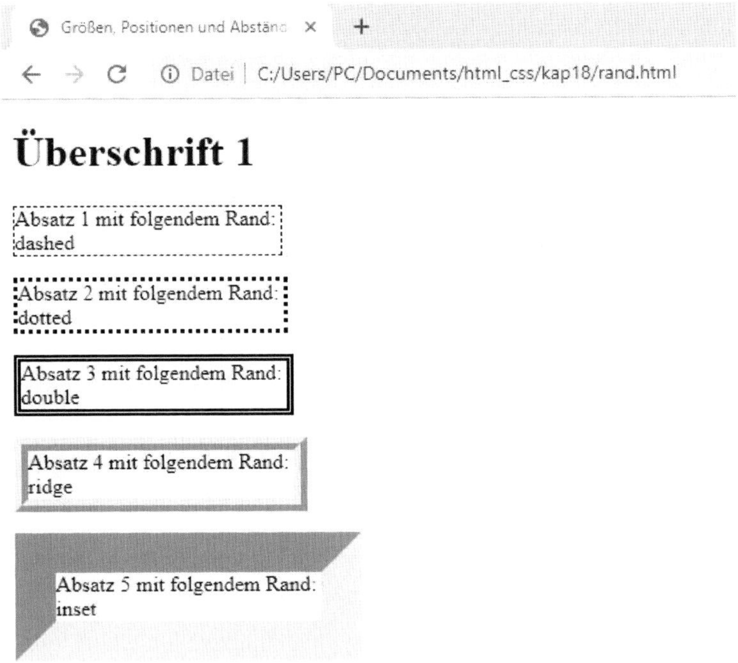

Screenshot 116: Ränder mit unterschiedlicher Breite

Wenn man das Attribut `border width` alleine verwendet, erscheint kein Rand. Es muss immer in Verbindung mit der Eigenschaft border-style stehen. Dieses kann dabei jedoch beliebige Werte annehmen, wie das obige Beispiel zeigt.

Auch hierbei ist es möglich, die Breite für jede Seite individuell anzugeben. Dafür kann man die Attribute border-top-width, border-right-width, border-bottom-width und border-left-width verwenden. Auch die für die Gestaltung der Ränder bereits vorgestellte Kurzschreibweise ist hierbei möglich.

Schließlich kann man noch Farben für die Ränder vorgeben. Dazu dient das Attribut border-color. Die Verwendung ist dabei weitestgehend die gleiche wie bei den übrigen Attributen. Daher reicht ein kurzes Beispiel aus, um diese Funktion vorzustellen:

```
#absatz1 {
    border-style: dashed;
    border-width: 1px;
    border-color: green;
    width: 200px;
}
#absatz2 {
    border-style: dotted;
    border-width: 3px;
    border-color: red;
    width: 200px;
}
#absatz3 {
    border-style: double;
    border-width: 5px;
    border-color: blue;
    width: 200px;
}
#absatz4 {
    border-style: ridge;
    border-width: 10px;
    border-color: yellow;
    width: 200px;
}
#absatz5 {
    border-style: inset;
    border-width: 30px;
    border-color: turquoise;
    width: 200px;
}
```

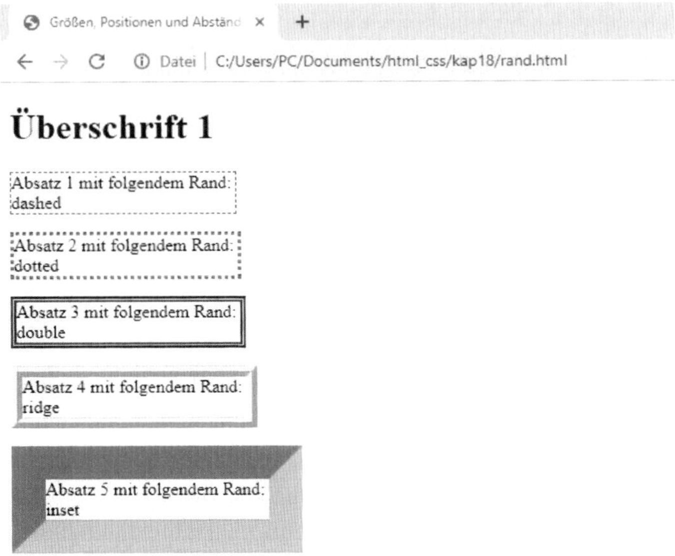

Screenshot 117: Die Seite mit farbigen Rändern

Auch hierbei gilt es zu beachten, dass das Attribut `border-color` für sich alleine genommen, keinen Rand erzeugt. Daher muss man es immer zusammen mit `border-style` verwenden. Dabei ist es ebenfalls möglich, nach dem bereits bekannten Muster die Farben für die einzelnen Seiten individuell vorzugeben.

Darüber hinaus erlaubt es CSS, die Ecken der Rahmen abzurunden. Dafür kommt das Attribut `border-radius` zum Einsatz. Hierbei ist es wieder üblich, einen Wert in Pixeln anzugeben. Wenn man beispielsweise den letzten Rahmen abrunden will, kann man dafür folgende Regel definieren:

```
#absatz5 {
    border-style: inset;
    border-width: 30px;
    border-color: turquoise;
    border-radius: 30px;
    width: 200px;
}
```

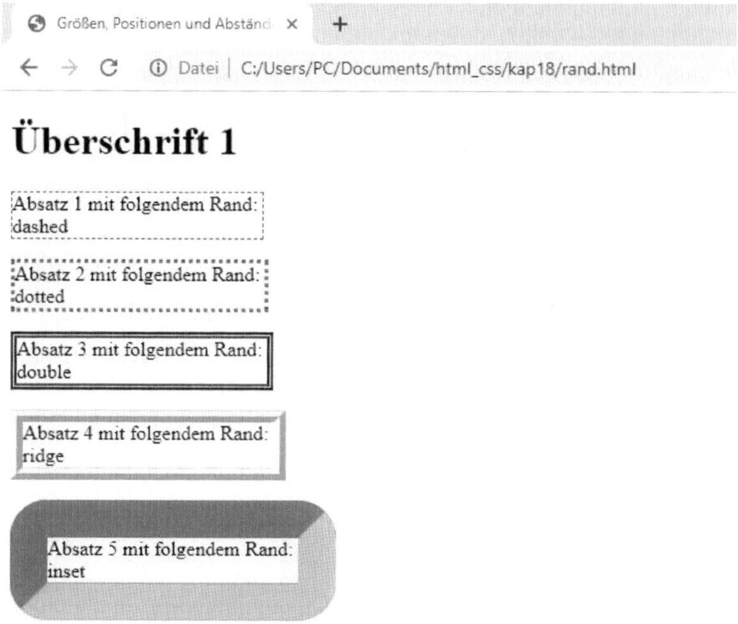

Screenshot 118: Der letzte Rahmen ist nun an den Ecken abgerundet

Für die Gestaltung von Rahmen kann man vielfältige Kurzschreibweisen verwenden. Besonders häufig kommt dabei das Attribut `border` zum Einsatz. Dieses ist immer dann sinnvoll, wenn alle vier Seiten auf die gleiche Weise gestaltet werden sollen. Hier muss man nun einen Wert einfügen, der dem Attribut `border-style` entspricht. Optional kann man auch eine Farbe und eine Breite angeben. Die Reihenfolge dieser Angaben ist unerheblich. Auf diese Weise kann man in nur einem Befehl Vorgaben für die Gestaltung, die Farbe und die Breite des Rahmens machen. Das zeigt das folgende Beispiel, das nun alle Absätze einheitlich gestaltet:

```
p {
    border: solid 1px blue;
    width: 200px;
}
```

18

Screenshot 119: Mit der genannten Kurzschreibweise lassen sich alle Vorgaben in einem Befehl zusammenfassen.

18.3. Innere und äußere Abstände definieren

Wenn man ein Objekt in eine Seite einfügt, ist es wichtig, auf die Abstände zu achten, die es zu anderen Elementen aufweisen soll. Dieser Aspekt ist für die Anordnung der einzelnen Elemente von großer Bedeutung.

Um die Abstände zwischen den einzelnen Elementen zu erkennen, wollen wir sie im ersten Schritt sichtbar machen. Zu diesem Zweck erstellen wir eine HTML-Seite mit einer Hauptüberschrift und mit zwei Absätzen. Diesen beiden Elementen geben wir einen feinen Rahmen und legen eine Breite fest:

```
p, h1 {
    border: solid 1px;
    width: 200px;
}
```

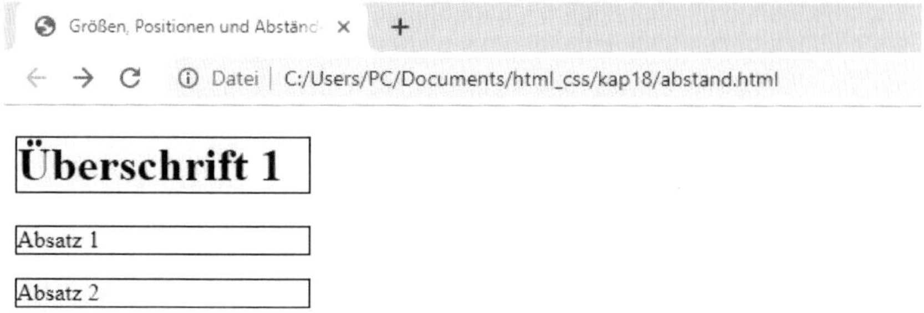

Screenshot 120: Die Elemente erscheinen mit Abständen.

Die Rahmen grenzen die einzelnen Elemente ein und stellen deren Abschluss dar. Wenn wir den Screenshot betrachten, stellen wir jedoch fest, dass zwischen den einzelnen Rahmen ein Abstand besteht. Das liegt darin begründet, dass sowohl die Überschrift als auch die Absätze in den Standardeinstellungen bereits einen Abstand erhalten. Das ist jedoch nicht bei allen Elementen so. Als Vergleich dazu kann man beispielsweise einmal sowohl die `h1`- als auch die `p`-Tags durch `div`-Tags ersetzen und für diese genau die gleichen CSS-Regeln erstellen. In diesem Fall grenzen die Rahmen direkt aneinander:

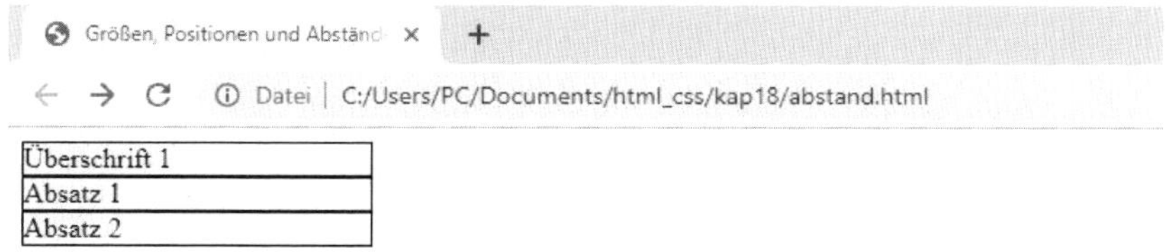

Screenshot 121: Bei der Verwendung von div-Tags treten keine Abstände auf.

Um zu bestimmen, ob ein Element einen Abstand erhalten soll oder nicht, ist es jedoch nicht notwendig, die Tags zu verändern. Es ist möglich, hierfür passende CSS-Vorgaben zu machen. Dazu machen wir die eben gemachte Änderung wieder rückgängig, sodass die einzelnen Inhalte wieder in `h1`- und in `p`-Tags stehen. Allerdings ändern wir unsere CSS-Regel wie folgt ab:

```
p, h1 {
    border: solid 1px;
    width: 200px;
    margin: 0px;
}
```

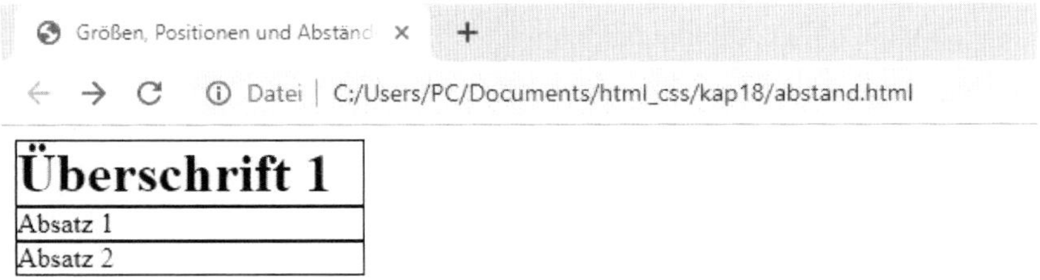

Screenshot 122: Die Elemente ohne Abstände

Mit dem `margin`-Attribut lassen sich die Abstände zwischen den einzelnen Elementen individuell anpassen. Diese werden jedoch auch weiterhin mit den Tags ausgezeichnet, die ihrer Funktion entsprechen. Mit dem `margin`-Attribut lassen sich die Abstände nicht nur entfernen, sondern auch vergrößern. Man kann hierbei jeden beliebigen Wert eingeben.

Jedes Element hat vier verschiedene Seiten. Wenn man beim `margin`-Attribut einen einheitlichen Wert eingibt, gilt dieser für alle Seiten. Es ist jedoch auch möglich, die Abstände für jede Seite individuell vorzugeben. Um dies zu demonstrieren, geben wir dem ersten Absatz nun die ID absatz1 und fügen hierfür folgende CSS-Vorgabe ein:

```
#absatz1 {
    margin-top: 30px;
    margin-right: 20px;
    margin-bottom: 50px;
    margin-left: 100px;
}
```

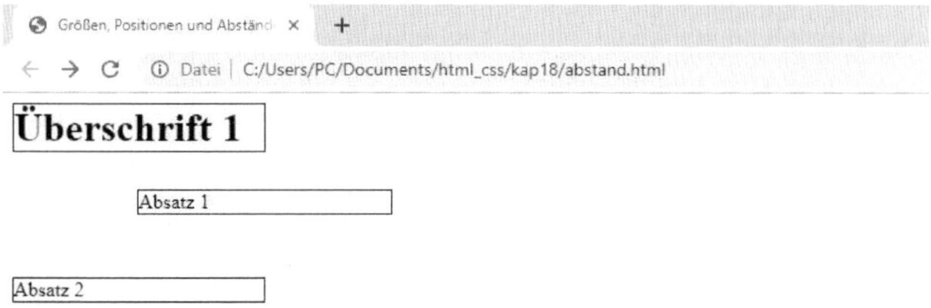

Screenshot 123: Der erste Absatz erhält nun ganz unterschiedliche Abstände auf den verschiedenen Seiten.

Auch hierbei ist eine Kurzschreibweise möglich. Dafür muss man das `margin`-Attribut verwenden und diesem vier verschiedene Werte zuweisen. Die Reihenfolge ist dabei die gleiche wie bei den Rändern. Daher könnte man den obigen Ausdruck mit diesem Code ersetzen, ohne dass sich dabei die Darstellung ändert:

```
#absatz1 {
    margin: 30px 20px 50px 100px;
}
```

Das `margin`-Attribut gibt die äußeren Abstände eines Elements vor. Es ist jedoch auch möglich, innere Abstände zu definieren. Um uns diesem Thema anzunähern, stellen wir die bisherigen Inhalte – also die Überschrift und die beiden Absätze – in `article`-Tags. Für die CSS-Datei verwenden wir folgenden Inhalt:

```
p, h1 {
    border: solid 1px;
    margin: 10px;
    background-color: lightgray;
}
article {
    border: solid 1px;
    width: 300px;
    background-color: orchid;
}
```

Screenshot 124: Die Seite mit den verschiedenen Elementen

In diesem Beispiel haben wir die Breite nun nicht mehr direkt in den `h1`- und `p`-Tags vorgegeben, sondern wie bei der Gestaltung moderner Webseiten üblich in einem umschließenden Container. Darüber hinaus hat der gesamte Container eine Hintergrundfarbe erhalten. Die einzelnen Inhalte erscheinen hingegen mit einem anderen Hintergrund.

Wenn wir uns den Screenshot genau anschauen, stellen wir fest, dass die Schrift am linken Rand genau dort ansetzt, wo auch der Hintergrund für das entsprechende Element beginnt. Auch oben und unten ist nur ein minimaler Abstand enthalten. Der Hintergrund für das Element entspricht genau der Höhe einer Schriftzeile. Er fasst also lediglich den enthaltenen Text ein. Für eine ansprechendere Darstellung wäre es jedoch sinnvoll, auch hier den Abstand etwas zu vergrößern.

Wenn wir nun jedoch das `margin`-Attribut verändern, wirkt sich dies lediglich auf den Abstand zum umgebenden `article`-Container aus. Der Hintergrund der `p`- und `h1`-Elemente umfasst nach wie vor nur den Inhalt. Um diesen Aspekt zu verändern, müssen wir einen inneren Abstand vorgeben. Das ist mit dem `padding`-Attribut möglich:

```
p, h1 {
    border: solid 1px;
    margin: 10px;
    padding: 10px;
    background-color: lightgray;
}
```

```
article {
    border: solid 1px;
    width: 300px;
    background-color: orchid;
}
```

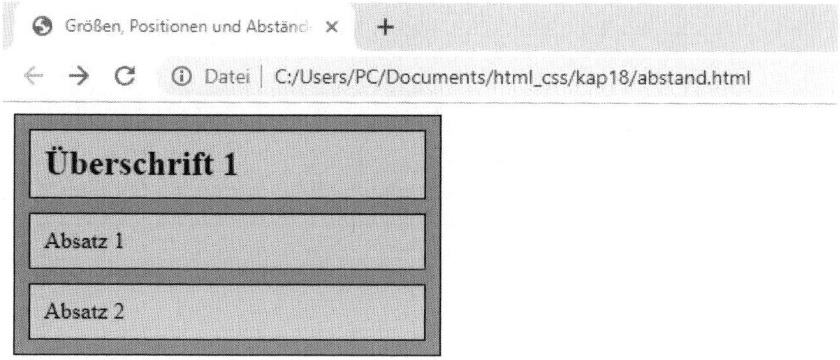

Screenshot 125: Die Seite mit inneren Abständen

Nun hat der Text etwas Abstand vom Rand des Elements, sodass die Darstellung deutlich ansprechender wirkt. Die Verwendung eines inneren Abstands bietet sich nicht nur für Elemente an, die Schrift enthalten. Auch für Container, die weitere Elemente beinhalten, ist das sinnvoll. Das bewirkt dass die enthaltenen Elemente einen größeren Abstand zum Rand des Containers einnehmen. Der Abstand zwischen den Elementen und dem Rand des Containers ergibt sich dann aus der Summe des padding-Attributs des Containers und des `margin`-Attributs des enthaltenen Elements. Um das zu demonstrieren, versehen wir nun das `article`-Tag mit einem `padding`-Attribut:

```
article {
    border: solid 1px;
    width: 300px;
    padding: 20px;
    background-color: orchid;
}
```

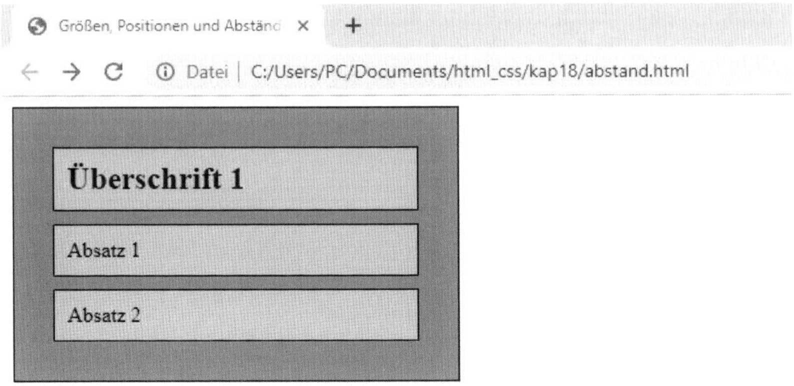

Screenshot 126: Die Abstände haben sich nun verändert.

Wenn man beim `article`-Tag einen Wert für den inneren Abstand vorgibt, ändert sich der Abstand der enthaltenen Elemente zum Rand dieses Containers. Den gleichen Effekt könnte man erzielen, wenn man das `margin`-Attribut der enthaltenen Elemente erhöht. Allerdings würde sich dadurch auch der Abstand zwischen diesen vergrößern.

Auch beim `padding`-Attribut ist es möglich, die Werte für die einzelnen Seiten individuell vorzugeben. Das geschieht genau nach dem gleichen Muster wie beim `margin`-Attribut.

18.4. Das CSS Box Model

Um das Layout zu gestalten, ist es wichtig, genau zu wissen, welche Größe die enthaltenen Elemente aufweisen. So kann man diese präzise anordnen. Die Höhe und die Breite zu bestimmen, ist jedoch nicht ganz so einfach, wie es auf den ersten Blick erscheint. Deshalb ist es wichtig, sich mit dem CSS Box Model zu beschäftigen. Dieses ermöglicht es, genau zu bestimmen, welchen Raum ein bestimmtes Element einnimmt.

Wenn man herausfinden will, wie breit ein Bereich ist, könnte man zunächst auf die Idee kommen, hierfür einfach den Wert heranzuziehen, der im Attribut `width` angegeben ist. Dass das nicht immer zutrifft, zeigt das folgende Beispiel. Hierfür verwenden wir ein HTML-Dokument, das aus zwei Absätzen und einer Überschrift besteht. Diese sind in ein `article`-Tag eingefasst. Der Inhalt der CSS-Datei sieht wie folgt aus:

```
p {
    width: 200px;
    background-color: lightgray;
}

h1 {
    width: 200px;
    background-color: aquamarine;
}
article {
    background-color: orchid;
    display: inline-block;
}
```

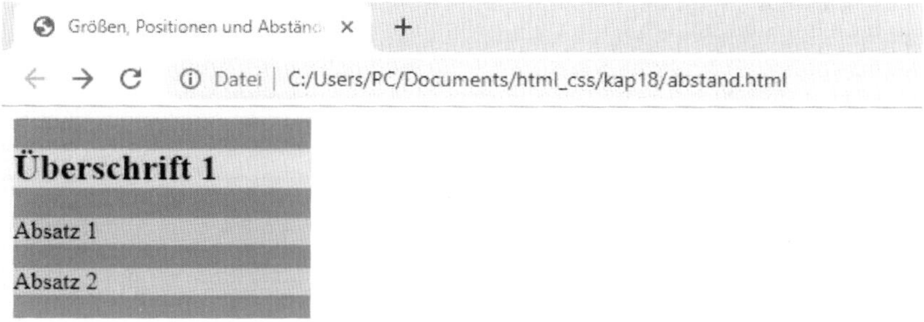

Screenshot 127: Die Darstellung der einzelnen Elemente

Sowohl die `h1`-Tags als auch die `p`-Tags erhalten eine Breite von 200 Pixeln. Das `article`-Tag erhält nicht nur eine eigene Hintergrundfarbe. Darüber hinaus fügen wir die Regel `display: inline-block;` ein. Diese führt dazu dass die Breite nicht das komplette Browserfenster einnimmt, sondern lediglich die Inhalte umspannt. In diesem Beispiel nehmen sowohl das `h1`-Tag als auch die `p`-Tags genau 200 Pixel ein. Der Abschluss des `article`-Tags ist bündig zu den enthaltenen Elementen. Dass es ebenfalls eine Breite von genau 200 Pixeln aufweist, kann man erkennen, wenn man ihm ebenfalls den entsprechenden Wert zuweist. Das führt zu keinerlei Unterschied in der Darstellung.

Nun weisen wir der Überschrift zusätzlich einen `margin`-Wert von 10 Pixeln zu. Dadurch verändert sich die Breite des umschließenden `article`-Tags:

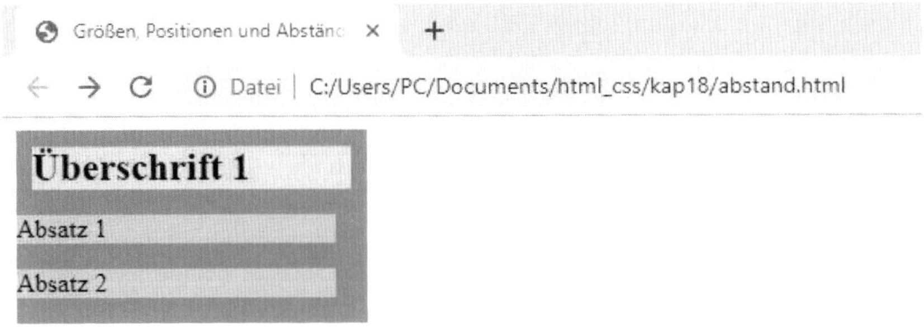

Screenshot 128: Die Darstellung des article-Tags ist nun breiter.

Das zeigt, dass die Überschrift nun mehr Raum einnimmt, obwohl die Breite nach wie vor mit 200 Pixeln vorgegeben ist. Um herauszufinden, wie viel Platz es nun beansprucht, kann man wieder eine Breite für das `article`-Tag vorgeben. Wenn man hierfür einen Wert von 220 Pixeln verwendet, kommt es zu keinem Unterschied in der Darstellung.

Nun gehen wir noch einen Schritt weiter und weisen der Überschrift einen Rand von 5 Pixel und einen inneren Abstand von 20 Pixeln zu:

```
h1 {
    width: 200px;
    background-color: aquamarine;
    margin: 10px;
    border: solid 5px red;
    padding: 20px;
}
```

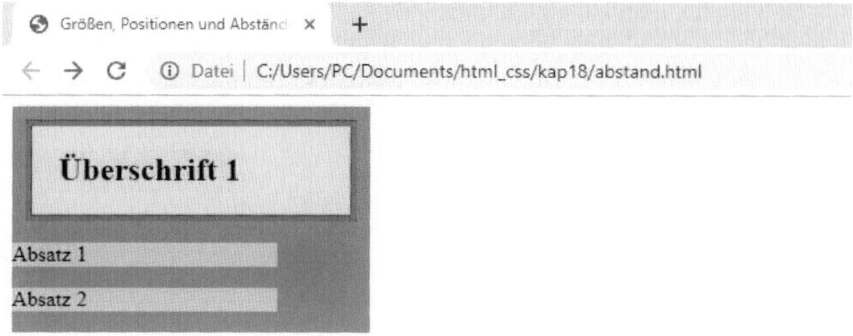

Screenshot 129: Das article-Tag wird durch diese Maßnahmen noch breiter.

Wenn man nun die Breite nochmals überprüft, kommt man zu dem Ergebnis, dass diese nun 270 Pixel beträgt. Wenn man die genaue Breite berechnen will, muss man zunächst den Wert, der im `width`-Attribut angegeben ist, heranziehen. Zu diesem addiert man den linken und den rechten Wert für das Padding. Diese sind in diesem Beispiel beide gleich groß und betragen jeweils 20 Pixel. Daraufhin muss man die Stärke des Rahmens hinzuzählen. Auch hierbei muss man wieder den Wert für die linke und für die rechte Seite berücksichtigen. Um die Berechnung abzuschließen, muss man nun noch den `margin`-Wert für beide Seiten hinzuaddieren. Daraus ergibt sich folgende Berechnung:

200px (width)
20px (padding links)
20px (padding rechts)
5px (border links)
5px (border rechts)
10px (margin links)
10px (margin rechts)

270px (Gesamtbreite)

Wenn man den obigen Screenshot betrachtet, stellt man fest, dass das `article`-Tag auch oben und unten über die enthaltenen Elemente hinausragt. Das liegt darin begründet, dass diese bereits in der Standarddarstellung einen oberen und unteren `margin`-Wert erhalten. Wenn man die Höhe eines Elements berechnen will, muss man dazu die Höhe sowie den oberen und den unteren Wert für `padding`, `border` und `margin` addieren. Wenn wie in diesem Fall drei Elemente in einem Container enthalten sind, muss man diese Berechnung für jedes einzelne Tag durchführen und die Ergebnisse daraufhin zusammenzählen, um die Gesamthöhe zu erhalten.

18.5. Elementen absolute Positionen geben

Die Abstände, die in den vorherigen Abschnitten vorgestellt wurden, haben bereits einen starken Einfluss auf die Positionierung eines Elements. Allerdings sind die Gestaltungsmöglichkeiten damit recht begrenzt. Um Elemente zu positionieren, bietet CSS ein Attribut an, das genau für diese Aufgabe bestimmt ist: das `position`-Attribut. Damit lässt sich die Position eines Elements präzise und individuell vorgeben.

Das `position`-Attribut kann mehrere Werte annehmen. Der Standard-Wert beträgt hierbei `static`. Das bedeutet, dass die Elemente alle untereinander in der gleichen Reihenfolge erscheinen, wie sie im HTML-Dokument vorkommen. Die Position wird dann zum einen davon bestimmt, wo das vorherige Element endet. Zum anderen sind die verwendeten Abstände von Bedeutung. Die Elemente auf allen bisherigen Seiten, die wir entworfen haben, hatten genau diese Eigenschaft.

Wenn man nun die Positionen individuell festlegen will, muss man den Wert des `position`-Attributs ändern. Eine Möglichkeit stellt es hierbei dar, es auf `absolute` zu setzen. Wenn man daraufhin die Attribute `top` und `left` mit einem Wert belegt, kann man die Position genau vorgeben. Meistens kommen hierfür Werte in Pixeln zum Einsatz. Diese geben den Abstand zum oberen beziehungsweise zum linken Rand an.

Das soll nun an einem Beispiel verdeutlicht werden. Dazu gestalten wir eine HTML-Seite, die ein `article`- und ein `aside`-Tag enthält. Diese beinhalten jeweils eine Überschrift und einen Absatz:

```
<article>
    <h1>Überschrift 1</h1>
    <p>Absatz 1</p>
</article>
<aside>
    <h1>Überschrift 1</h1>
    <p>Absatz 1</p>
</aside>
```

Im CSS-Dokument geben wir nun für das `article`- und für das `aside`-Tag zunächst eine Breite und eine Hintergrundfarbe vor. Danach fügen wir das `position`-Attribut ein. Das `top`-Attribut erhält bei beiden Elementen den gleichen Wert, sodass sie nebeneinander auf der Seite erscheinen. Das `left`-Attribut bekommt jedoch jeweils einen verschiedenen Wert:

```
article {
    width: 400px;
    background-color: orchid;
    position: absolute;
    top: 100px;
    left: 50px;
}
aside {
    width: 300px;
    background-color: turquoise;
    position: absolute;
    top: 100px;
    left: 500px;
}
```

18

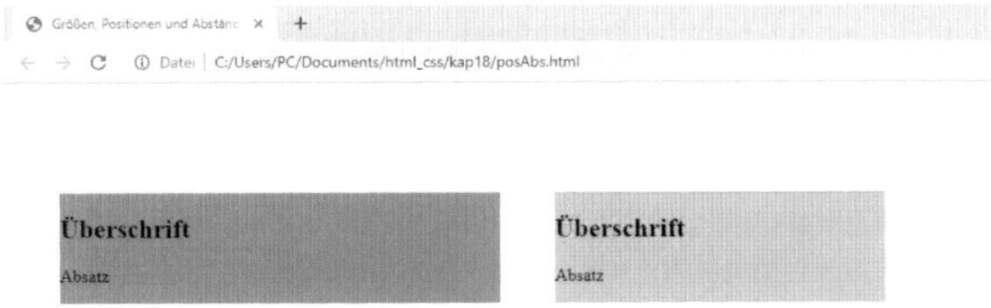

Screenshot 130: Die Positionierung auf der Seite

Auf diese Weise lassen sich die einzelnen Elemente ganz beliebig auf der Seite anordnen. Es ist sogar möglich, sie so anzubringen, dass sie sich gegenseitig überlappen. Um das zu demonstrieren, ändern wir im `aside`-Tag den Wert für das `top`-Attribut auf 150px und für das `left`-Attribut auf 200px:

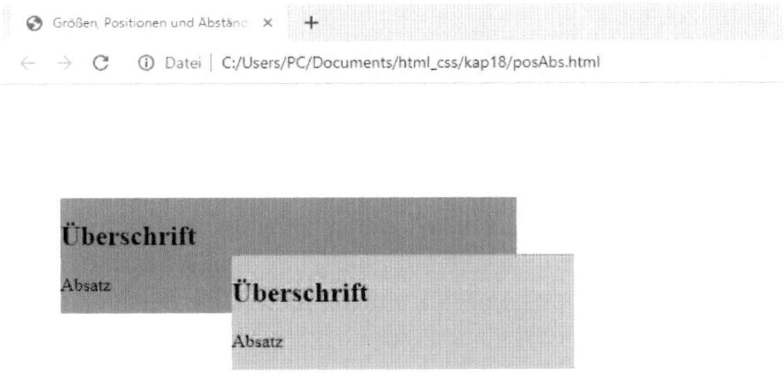

Screenshot 131: Die einzelnen Elemente können sich überlagern.

Für das nächste Beispiel lassen wir das HTML-Dokument unverändert und auch die bisherigen CSS-Vorgaben sollen bestehen bleiben. Allerdings fügen wir nun auch für die `p`-Tags eine Position ein. Außerdem geben wir ihnen einen Hintergrund, damit sie besser zu erkennen sind:

```
p {
    background-color: lightblue;
    position: absolute;
```

```
    top: 150px;
    left: 200px;
}
```

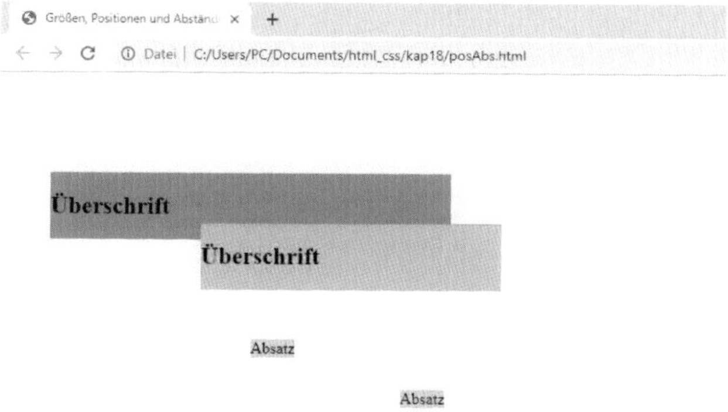

Screenshot 132: Die Anordnung der einzelnen Elemente

Die Darstellungsweise, die nun auf der Seite erscheint, ist wahrscheinlich für viele Leser überraschend. Schließlich haben wir für die `p`-Tags genau die gleiche Position wie für das `aside`-Tag gewählt. Daher wäre es eigentlich zu erwarten, dass sie auch an der gleichen Stelle erscheinen. Allerdings bezieht sich die Positionsangabe nicht grundsätzlich auf das gesamte Browserfenster. Vielmehr orientiert sie sich am übergeordneten Element – sofern dieses über eine feste Position verfügt. Da sich die `p`-Tags innerhalb des `article`- und `aside` Tags befinden, die bereits über eine feste Position verfügen, richten sie sich daher nach deren Werten. Das bedeutet, dass sich der Abstand stets auf das linke obere Eck der entsprechenden Elemente bezieht. Um die Position innerhalb des gesamten Browserfensters zu berechnen, muss man daher die Werte für das übergeordnete Element hinzuzählen. Das führt zu der Darstellungsweise, die im Screenshot zu sehen ist.

In den bisherigen Beispielen haben wir für die Positionierung immer die Eigenschaften `top` und `left` verwendet. Alternativ dazu kann man jedoch auch die Attribute `bottom` und `right` verwenden. Diese führen dazu, dass der Abstand zum unteren Ende der Seite beziehungsweise zum rechten Bildrand für die Positionierung des Elements herangezogen wird.

18.6. Weitere Alternativen für die Bestimmung der Position

Die Verwendung absoluter Positionsangaben stellt wahrscheinlich die am häufigsten verwendete Möglichkeit für die Positionierung der Elemente auf der Seite dar. Allerdings kann das `position`-Attribut auch noch weitere Werte annehmen. Eine Möglichkeit besteht beispielsweise darin, relative Angaben zu machen. Dazu verwenden wir wieder das gleiche HTML-Dokument wie im vorherigen Abschnitt. Das CSS-Dokument soll nun jedoch wie folgt aussehen:

```
article {
    width: 400px;
    background-color: orchid;
    position: relative;
    top: 100px;
    left: 50px;
}
aside {
    width: 300px;
    background-color: turquoise;
    position: relative;
    top: 100px;
    left: 50px;
}
```

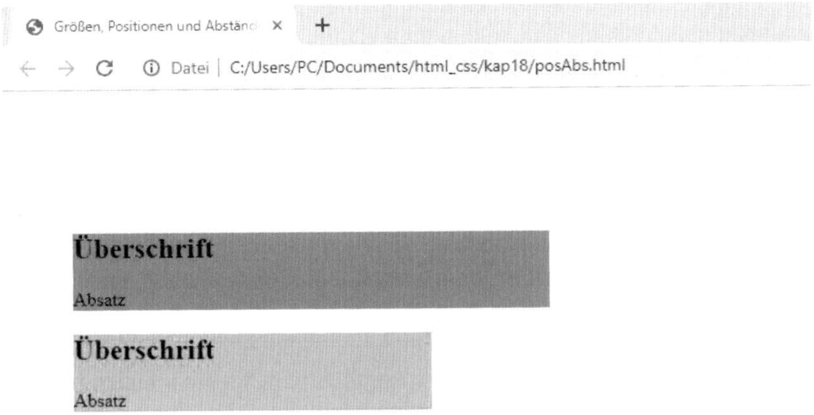

Screenshot 133: Die Anordnung bei der Verwendung relativer Werte

In diesem Beispiel verwenden wir für beide Elemente genau die gleichen Vorgaben. Bei der Verwendung absoluter Werte würden sie sich nun gegenseitig überdecken. Im Screenshot ist jedoch zu sehen, dass sie dennoch untereinander erscheinen.

Um diese Form der Anordnung zu verstehen, muss man sich mit der Funktionsweise der relativen Wertzuweisung befassen. Diese beziehen sich hierbei stets auf die Position, die das entsprechende Element einnehmen würde, wenn keinerlei Positionsangaben für die Seite bestehen würden. Wenn wir alle Positionsangaben entfernen, erscheinen die Elemente links oben auf der Seite und sie stehen untereinander. Wenn wir nun für beide die gleichen relativen Positionsangaben verwenden, werden beide Elemente von dieser ursprünglichen Position auf die gleiche Weise verschoben. Daher stehen sie auch weiterhin untereinander.

Ein weiterer Wert, den das position-Attribut annehmen kann, ist `fixed`. In diesem Fall bezieht sich die Positionsangabe immer auf das gesamte Browserfenster. Das Element verharrt stets an dieser Position. Das ist insbesondere eine interessante Option, wenn die Seite längere Inhalte aufweist. Auf diese Weise kann man dafür sorgen, dass wichtige Bereiche stets sichtbar bleiben – selbst wenn der Anwender nach unten scrollt. Um das zu verdeutlichen, fügen wir nun in den Absatz des `article`-Tags einen sehr langen Blindtext ein. Die CSS-Angabe für die Seite soll dann so aussehen:

```
article {
    width: 400px;
    background-color: orchid;
}
aside {
    width: 300px;
    background-color: turquoise;
    position: fixed;
    bottom: 50px;
    right: 50px;
}
```

18

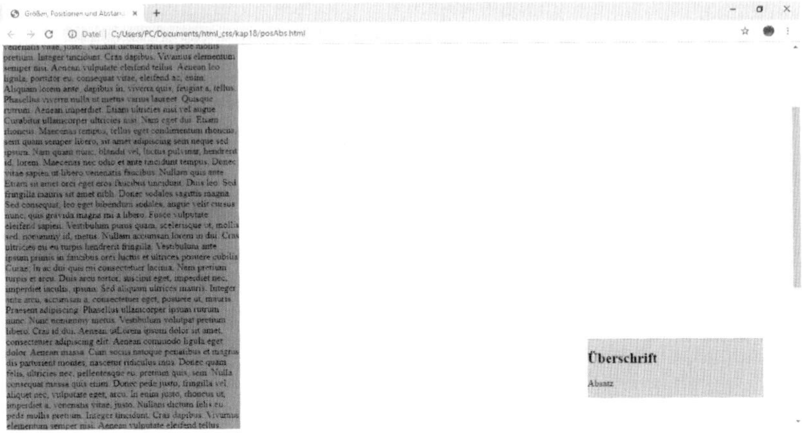

Screenshot 134: Der türkisfarbene Bereich bleibt immer an der gleichen Stelle.

18.7. float und clear: Inhalte innerhalb eines Containers positionieren

In den vorherigen Abschnitten haben wir bereits gelernt, wie wir einen Container auf einer Seite positionieren. Allerdings ist es auch wichtig, die Inhalte innerhalb der Container an der richtigen Stelle anzeigen zu lassen. Das zeigt das folgende Beispiel. Hierfür verwenden wir wieder das Katzenbild aus den vorherigen Kapiteln. Dieses verkleinern wir jedoch etwas. Es soll eine Höhe von 200 Pixeln und eine Breite von 150 Pixeln bekommen. Danach fügen wir einen Absatz mit einem längeren Blindtext ein. Beide Inhalte stehen zusammen in einem `article`-Tag. Dieser soll eine Breite von 400 Pixeln erhalten. Außerdem soll er einen Rand bekommen, damit der Bereich, den er einnimmt, klarer zu erkennen ist:

```
article {
    width: 400px;
    border-style: solid;
    border-width: 1px;
}
```

Screenshot 135: Der Text wird unter dem Bild angezeigt

Diese Darstellungsform wirkt jedoch nicht sehr ansprechend. Deutlich besser wäre es, wenn der Text bereits rechts neben dem Bild beginnen würde und unterhalb des Fotos fortgesetzt wird. Wenn man hierfür die bisherigen Möglichkeiten für die Positionierung verwenden will, wäre diese Aufgabe sehr schwierig. Dazu müsste man einen kleinen Teil des Texts in einen separaten Container setzen und ihn rechts neben dem Bild platzieren. Der Rest müsste dann in einem anderen Container unterhalb des Bildes gesetzt werden.

Deutlich einfacher lässt sich dieses Layout mit der Eigenschaft `float` erzeugen. Diese muss man einfach dem Bild zuweisen und mit dem Wert `right` oder `left` versehen. Zu diesem Zweck fügen wir im `img`-Tag eine Klasse hinzu. Diese soll den Namen bild erhalten. Daraufhin ergänzen wir die CSS-Datei um folgende Regel:

```
.bild {
    float: left;
}
```

Screenshot 136: Jetzt umfließt der Text das Bild

Auf diese Weise lässt sich das gewünschte Layout erzeugen. Nun wäre es nur noch sinnvoll, einen Abstand einzufügen, damit der Text nicht ganz so dicht am Bild sitzt. Dieser soll im folgenden Beispiel ergänzt werden. Außerdem geben wir nun dem `float`-Attribut den Wert `right`, um auch dessen Verwendung vorzustellen. Das sorgt dafür, dass das Bild am rechten Rand erscheint:

```
.bild {
    float: right;
    margin: 10px;
}
```

Screenshto 137: Nun erscheint das Bild auf der anderen Seite.

Solange man nur ein einzelnes Element mit dem `float`-Attribut auszeichnet, ist die Anordnung relativ eindeutig: Es erscheint an der Seite, die wir hier als Wert angeben. Wenn man jedoch mehrere Elemente auf diese Weise miteinander verbinden will, ist das nicht immer der Fall. Um das zu zeigen, fügen wir nach dem ersten Bild noch ein weiteres Foto ein. Der Einfachheit halber verwenden wir hierfür genau das gleiche Bild mit identischen Größenangaben – allerdings geben wir diesem die Klassenbezeichnung bild2.

Solange wir keine Angaben für diese Klasse machen, sieht das Ergebnis so aus:

Screenshot 138: Die beiden Bilder erscheinen nebeneinander.

Nun möchten wir, dass dieses Bild ebenfalls vom Text umflossen wird – allerdings auf der linken Seite und weiter unten im entsprechenden Element. Daher erstellen wir für die Klasse bild2 nun folgende CSS-Regel:

```
.bild2 {
    float: left;
    margin: 10px;
}
```

Screenshot 139: Nun umfließt der Text beide Bilder

Zwar umfließt der Text nun beide Bilder, allerdings erscheinen diese nach wie vor nebeneinander. Um dies zu vermeiden, ist es notwendig, ein neues Attribut einzufügen: clear. Dieses kommt dann zum Einsatz, wenn man ein weiteres Element nach einem Inhalt, der mit dem `float`-Attribut ausgezeichnet wurde, einfügen will. Es kann die Werte `left`, `right` oder `both` annehmen und sorgt dafür, dass entweder auf der linken Seite, auf der rechten Seite oder auf beiden Seiten kein float-Element stehen darf. Wenn wir dieses Attribut nun zur entsprechenden Klasse hinzufügen, erscheint das zweite Bild weiter unten im Text – da es nicht neben dem anderen `float`-Element stehen darf:

```
.bild2 {
    float: left;
    margin: 10px;
    clear: right;
}
```

Screenshot 140: Jetzt erscheint das zweite Bild unterhalb des ersten.

18.8. Darstellung zu großer Inhalte mit overflow anpassen

In Kapitel 18.1 haben wir bereits vorgestellt, was passiert, wenn man für ein Container-Element eine feste Größe vorgibt, aber der Inhalt nicht hinein passt. In diesem Fall ragt die Schrift einfach über den entsprechenden Bereich hinaus. Diese Darstellungsweise ist in der Regel nicht erwünscht.

In Kapitel 18.1 wurde als Lösung für dieses Problem vorgeschlagen, nur die Breite des Containers vorzugeben. Auf diese Weise wird die Höhe automatisch an den Inhalt angepasst. In den meisten Fällen ist diese Vorgehensweise die richtige. Allerdings kann es auch vorkommen, dass das Layout für einen bestimmten Container zwingend sowohl eine feste Breite als auch eine feste Höhe vorsieht. In diesem Fall ist es wichtig, die Darstellung der Inhalte anzupassen. Hierfür kommt die `overflow`-Eigenschaft zum Einsatz.

Wenn der Inhalt nicht in den Container passt, können wir diesem Attribut den Wert `scroll` zuweisen. Das sorgt dafür, dass eine Scrollbar angebracht wird und der Anwender den Text scrollen kann.

Um das an einem Beispiel zu verdeutlichen, erstellen wir zunächst eine HTML-Seite mit einem `article`-Tag. Dieses enthält eine Überschrift und einen Absatz mit einem längeren Blindtext. Danach geben wir folgende Regel in der CSS-Datei vor:

```
article {
    width: 300px;
    height: 200px;
    background-color: aquamarine;
    overflow: scroll;
}
```

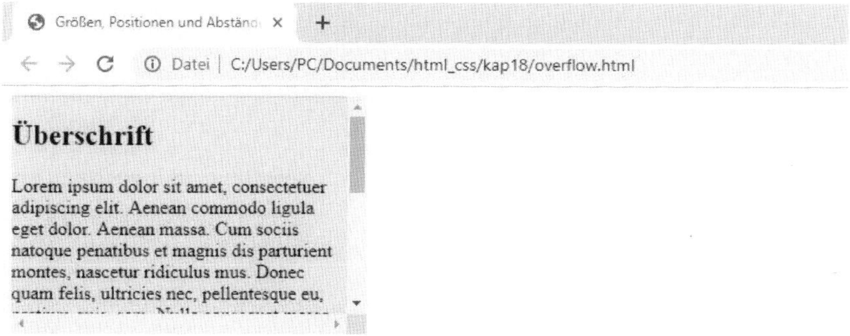

Screenshot 141: Die Darstellung mit der Scrollbar

Auf diese Weise entspricht die Größe des Containers den Vorgaben, er kann aber dennoch alle Inhalte aufnehmen. Allerdings ist die Verwendung dieses Befehls nur dann zu empfehlen, wenn man fest davon ausgeht, dass der Inhalt nicht in den vorgesehenen Bereich passt. Denn wenn man nun den Inhalt so kürzt, dass er in das eigentliche Feld passt, bleiben die Scrollbars dennoch bestehen. Das wirkt nicht sehr ansprechend.

Aus diesem Grund ist es besser, dem `overflow`-Attribut den Wert `auto` zuzuweisen. Das führt dazu, dass der Inhalt wie gewohnt dargestellt wird, wenn er in den vorgesehenen Bereich passt. Nur wenn er zu groß ist, wird eine Scrollbar eingefügt. Die Verwendung dieses Werts bringt noch einen weiteren Vorteil mit sich. Der letzte Screenshot zeigt, dass bei der Verwendung des Werts `scroll` auch am unteren Ende eine Scrollbar eingefügt wird. Diese ist jedoch nicht nutzbar und wirkt deshalb störend. Wenn wir hingegen den Wert `auto` verwenden, verschwindet diese und nur die seitliche Scrollbar wird angezeigt.

18.8. Übungsaufgabe: Positionen und Abstände vorgeben

1. Gestalten Sie eine Seite mit einem header-Bereich sowie mit einem `article`- und mit einem `aside`-Tag. Der `header`-Bereich soll ein kleines Logo (verwenden Sie hierfür ein beliebiges Foto) und eine `h1`-Überschrift erhalten. Die article- und aside-Bereiche erhalten jeweils eine `h2`-Überschrift und etwas Blindtext.

   Geben Sie dem header-Bereich eine Größe von 500 x 150 Pixeln. Er soll einen Abstand von 50 Pixeln zum oberen Rand und 200 zum linken Rand erhalten. Damit die Überschrift neben dem Logo-Bild erscheint, kommt die `float`-Eigenschaft zum Einsatz. Der `article`-Bereich soll eine Breite von 300 Pixeln haben und direkt unter dem `header`-Bereich beginnen. Der Abstand zum linken Seitenrand soll identisch sein. Der `aside`-Bereich steht ohne Abstände direkt daneben und hat eine Breite von 200 Pixeln. Geben Sie hierfür die Positionen absolut vor. Verwenden Sie für alle drei Bereiche unterschiedliche Hintergrundfarben, um die Positionen deutlich zu machen.

2. Verwenden Sie weiterhin die gleiche HTML-Datei. Die CSS-Datei soll nun jedoch so abgeändert werden, dass die Hauptüberschrift im header-Bereich etwas weiter rechts und weiter unten erscheint. Verwenden Sie hierfür das `margin`-Attribut.

Außerdem soll das header-Tag einen Rand mit einer Stärke von 5 Pixeln erhalten. Passen sie die Breite so an, dass die Gesamtbreite des Elements gleich bleibt. Damit das Logo-Bild nach wie vor komplett hineinpasst, soll die Höhe weiterhin bei 150 Pixeln liegen. Daher ist es notwendig, die Positionsangabe des aside- und des article-Tags anzupassen, damit diese den unteren Bereich des header-Tags nicht abschneiden.

Gestalten Sie außerdem die Vorgaben für die Inhalte im article- und im aside-Tag so, dass sie nicht direkt am Rand des entsprechenden Bereichs beginnen. Passen Sie daraufhin die Breitenvorgaben so an, dass die bisherige Gesamtbreite der Elemente erhalten bleibt.

Lösungen:

HTML-Datei (mit abgekürztem Blindtext):

```
<!DOCTYPE html>
<html lang = "de">
    <head>
        <title>
            Größen, Positionen und Abstände
        </title>
        <meta charset="UTF-8">
        <link rel="stylesheet" href="style.css">
    </head>

    <body>
        <header>
            <img src="katze_klein.jpg" height = 150px width = "110px"
            class = "bild">
            <h1>Hauptüberschrift</h1>
        </header>
        <article>
            <h2>Überschrift</h2>
            <p>Lorem ipsum dolor sit amet, consectetuer adipiscing
            elit. ....... Aenean
            imperdiet.</p>
        </article>
        <aside>
            <h2>Überschrift</h2>
            <p>Lorem ipsum dolor sit amet, consectetuer adipiscing
            elit. ....... Aenean
            imperdiet.</p>
        </aside>
    </body>
</html>
```

CSS-Datei:

```
header {
    width: 500px;
    height: 150px;
    position: absolute;
    top: 50px;
    left: 200px;
    background-color: orchid;
}
```

```
.bild {
    float: left;
}

article {
    width: 300px;
    background-color: aquamarine;
    position: absolute;
    top: 200px;
    left: 200px;
}
aside {
    width: 200px;
    background-color: lightcyan;
    position: absolute;
    top: 200px;
    left: 500px;
}
```

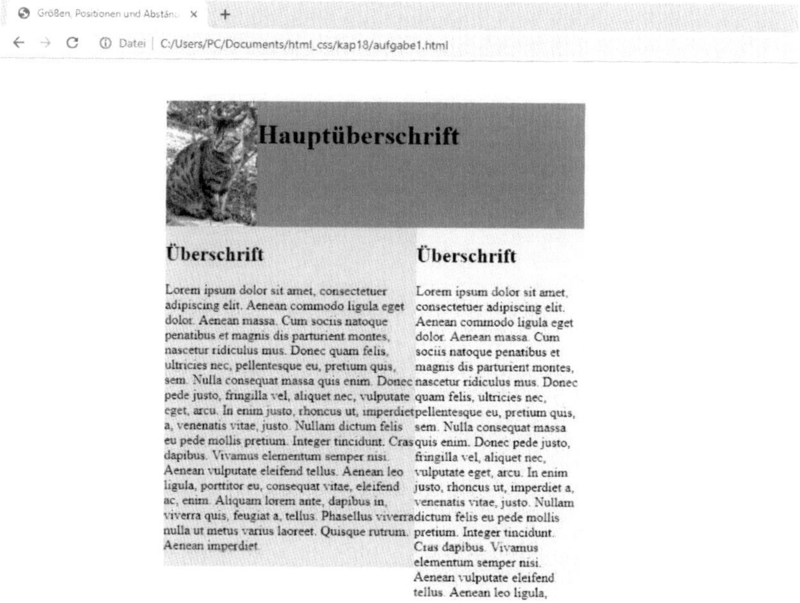

Screenshot 142: Die Seite mit den drei Elementen

2.

```
header {
    width: 490px;
    height: 150px;
    position: absolute;
    top: 50px;
    left: 200px;
    background-color: orchid;
    border: solid 5px firebrick;
}
.bild {
    float: left;
}

h1 {
    margin-left: 150px;
    margin-top: 50px;
}


article {
    width: 280px;
    background-color: aquamarine;
    position: absolute;
    top: 210px;
    left: 200px;
    padding: 10px;
}
aside {
    width: 180px;
    background-color: lightcyan;
    position: absolute;
    top: 210px;
    left: 500px;
    padding: 10px;
}
```

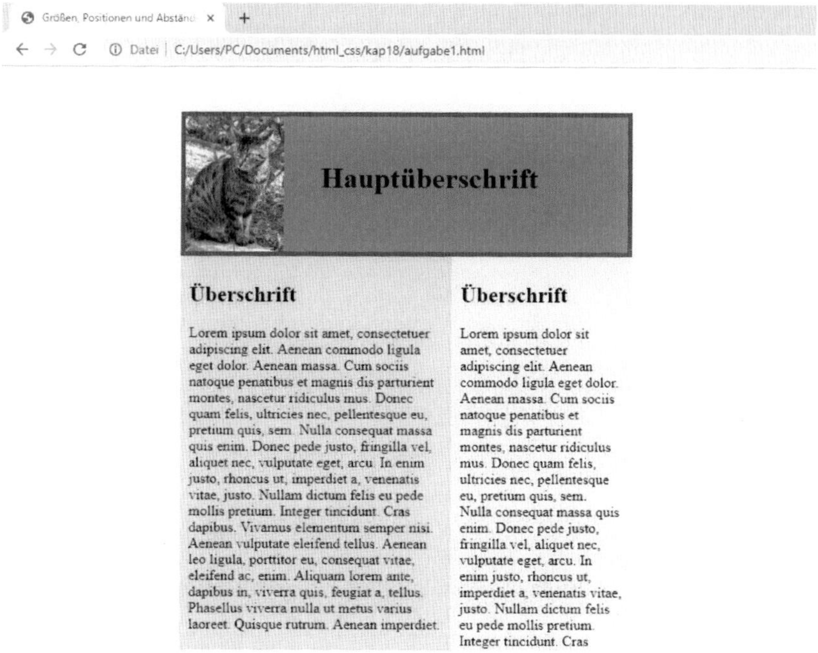

Screenshot 143: Die Seite mit den Anpassungen

Alle Programmcodes aus diesem Buch stehen kostenfrei zum Download bereit. Dadurch müssen Sie Code nicht abtippen.

Außerdem erhalten Sie die eBook Ausgabe zum Buch im PDF Format kostenlos auf unserer Website:

www.bmu-verlag.de/html-css
Downloadcode: siehe Kapitel 23

Kapitel 19
Das display-Attribut

In Kapitel 6.5 wurde bereits vorgestellt, dass ein HTML-Element entweder ein Inline- oder ein Block-Element sein kann. Das hat starke Auswirkungen auf die Darstellung im Browser. Auf den ersten Blick wird sichtbar, dass Block-Elemente nicht nebeneinander platziert werden, wenn man hierfür keine anderslautenden Positionsangaben macht. Vor und nach einem Block-Element steht immer ein Zeilenumbruch. Inline-Elemente werden jedoch horizontal aneinandergereiht. Da hierbei kein Zeilenumbruch integriert ist, stehen sie nebeneinander.

Das ist jedoch nicht der einzige Unterschied zwischen diesen beiden Eigenschaften. Beispielsweise lässt es ein Block-Element zu, Vorgaben für die Höhe und für die Breite zu machen. Das ist bei Inline-Elementen nicht möglich. Darüber hinaus gibt es noch eine Reihe an weiteren Unterschieden, die die Darstellung beeinflussen.

Jedes Element verfügt zwar über eine natürliche Vorgabe, ob es sich dabei um ein Inline- oder ein Block-Element handelt. Das `display`-Attribut erlaubt es jedoch, diese Eigenschaft zu verändern und weitere Vorgaben zu machen. Dieses Kapitel stellt dessen Verwendung vor.

19.1. Zeilenelemente als Block- oder als Inline-Element darstellen

19

Um die Verwendung des `display`-Attributs vorzustellen, gestalten wir zunächst eine HTML-Seite. Diese enthält in einem `article`-Tag eine Überschrift und einen Absatz. Ein Teil des Texts ist mit `strong`-Tags markiert:

```
<article>
    <h1>Überschrift</h1>
    <p>Absatz mit einem <strong>hervorgehobenen Bereich</strong>
        und mit etwas Blindtext: Lorem ipsum dolor sit amet,
        consectetuer adipiscing elit. Aenean commodo ligula eget
        dolor.</p>
</article>
```

Damit man die Auswirkungen des `display`-Attributs besser erkennt, begrenzen wir die Breite des `article`-Tags und geben ihm einen Hintergrund:

```
article {
    width: 300px;
    background-color: aquamarine;
}
```

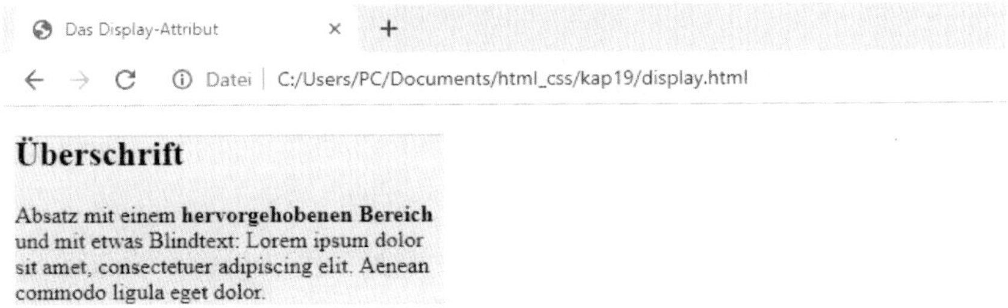

Screenshot 144: Die Darstellung ohne Veränderung der display-Eigenschaft

Am Screenshot erkennt man, dass nach der Überschrift ein Zeilenumbruch erfolgt. Der Absatz wird daher nicht in der gleichen Zeile begonnen, obwohl hier eigentlich noch Platz wäre. Das liegt daran, dass es sich sowohl bei der Überschrift als auch beim Absatz um ein Blockelement handelt. Darüber hinaus erkennt man, dass der Inhalt des `strong`-Tags in der gleichen Zeile weitergeführt wird. Dieses erzeugt demnach ein Inline-Element.

Nun soll der hervorgehobene Inhalt jedoch nicht nur durch eine stärkere Schrift kenntlich gemacht werden. Darüber hinaus soll er in einer eigenen Zeile stehen. Dafür könnte man nun manuelle Zeilenumbrüche einfügen. Es ist jedoch auch möglich, die `strong`-Tags in ein Block-Element umzuwandeln:

```
strong {
    display: block;
}
```

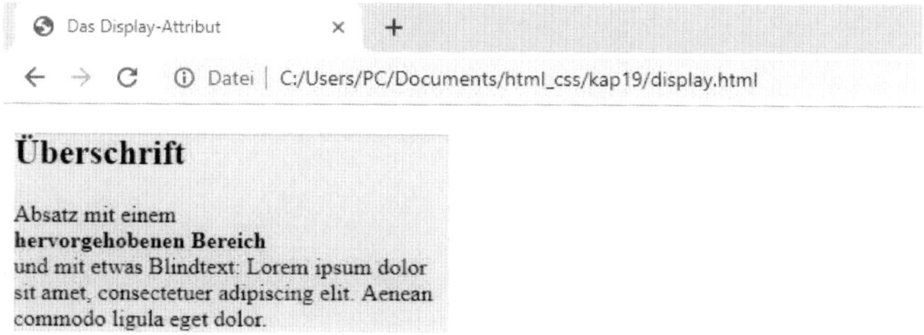

Screenshot 145: Die Darstellung als Block-Element

Es ist nicht nur möglich, ein Inline-Element in ein Block-Element umzuwandeln. Auch der umgekehrte Weg ist möglich. Um dies zu zeigen, soll der Text des Absatzes nun direkt nach der Überschrift begonnen werden – also in der gleichen Zeile. Dazu entfernen wir zunächst die eben gemachte Angabe für die `strong`-Tags. Danach wandeln wir sowohl das `h1`-Tag als auch das `p`-Tag in Inline-Elemente um:


```
h1 {
    display: inline;
}
p {
    display: inline;
}
```

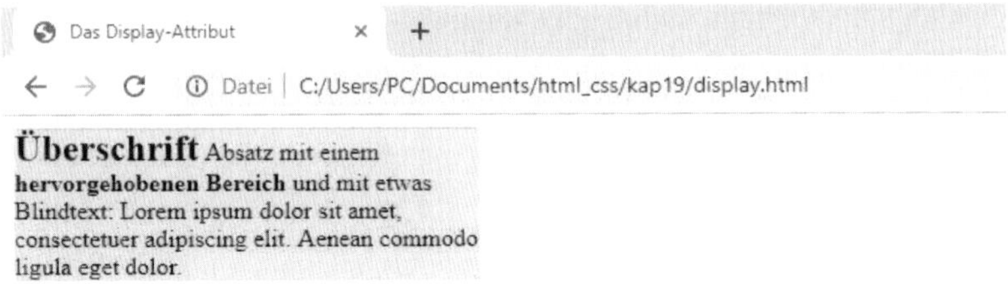

Screenshot 146: Die Darstellung als Inline-Elemente

Anmerkung: Block-Elemente erzeugen vor und nach dem Inhalt einen Zeilenumbruch. Damit der Absatz in der gleichen Zeile wie die Überschrift beginnt, muss man daher beide Tags in Inline-Elemente umwandeln.

Neben dem Zeilenumbruch hat das `display`-Attribut noch weitere Auswirkungen. Von großer Bedeutung ist es beispielsweise, dass Größenangaben für Inline-Elemente unwirksam sind. Um das zu zeigen, entfernen wir die Vorgaben für das `h1`- und für das `p`-Tag und stellen anstatt dessen eine neue Regel für das `strong`-Tag auf:

```
strong {
    width: 200px;
    height: 50px;
    background-color: orchid;
}
```

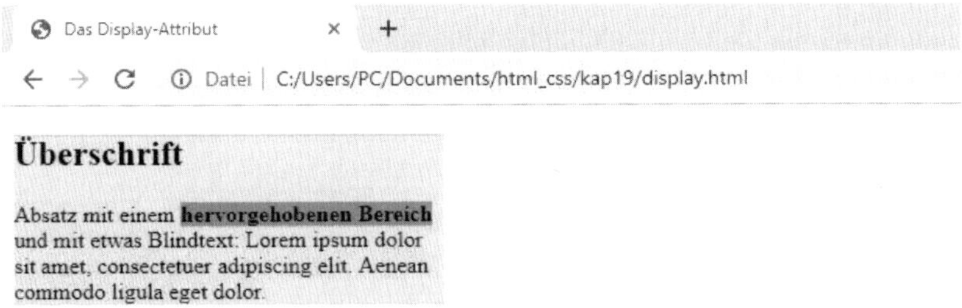

Screenshot 147: Die Größenangaben haben keine Auswirkung

Diese Vorgabe soll dafür sorgen, dass der hervorgehobene Bereich größer dargestellt wird. Darüber hinaus wird ihm eine Hintergrundfarbe zugewiesen, um den Effekt zu verdeutlichen. Wenn wir jedoch den Screenshot betrachten, erkennen wir, dass die Größenvorgaben keinerlei Auswirkungen haben. Lediglich die Hintergrundfarbe wurde angepasst.

Um das zu verändern, machen wir aus dem `strong`-Tag wieder ein Block-Element:

```
strong {
    width: 200px;
    height: 50px;
    background-color: orchid;
    display: block;
}
```

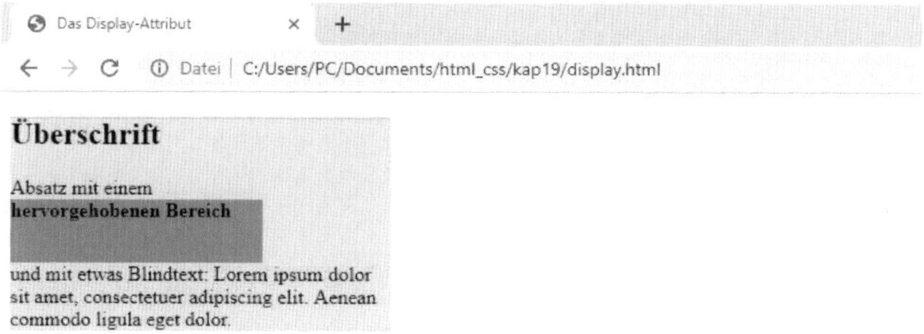

Screenshot 148: Nun hat der hervorgehobene Bereich die gewünschte Größe

Nun hat der entsprechende Bereich zwar die gewünschte Größe. Allerdings entstanden auch Zeilenumbrüche vor und nach dem entsprechenden Element. Wenn dies nicht gewünscht ist, gibt es noch eine weitere Alternative: inline-block. Dieser Wert sorgt dafür, dass ein Inline-Element entsteht, dessen Größe jedoch wie bei einem Block-Element angepasst werden kann:

```
strong {
    width: 200px;
    height: 50px;
    background-color: orchid;
    display: inline-block;
}
```

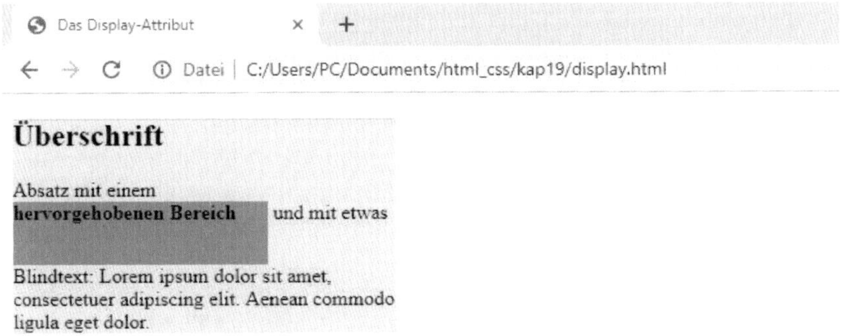

Screenshot 149: Das strong-Element mit der vorgegebenen Größe aber ohne Zeilenumbrüche

Um einen weiteren Unterschied zwischen Block- und Inline-Elementen vorzustellen, erstellen wir eine HTML-Seite, deren `body`-Tag lediglich folgenden Code enthält:

```
<div>Block-Element</div>
<span>Inline-Element</span>
```

Per CSS geben wir für die beiden Elemente lediglich eine Hintergrundfarbe vor:

```
div {
    background-color: aquamarine;
}
span {
    background-color: orchid;
}
```

Screenshot 150: Die Breite von Inline-Elementen richtet sich nach dem Inhalt

Der Hintergrund des `div`-Containers, bei dem es sich um ein Block-Element handelt, nimmt die komplette verfügbare Breite ein. Da er sich in keinem weiteren Container befindet, erstreckt er sich über die gesamte Bildschirmbreite. Beim `span`-Tag handelt es sich hingegen um ein Inline-Element. Das hat zur Folge, dass sich seine Größe stets an den vorhandenen Inhalt anpasst. An der Hintergrundfarbe ist zu erkennen, dass es lediglich den Text umfasst.

In vielen Fällen ist es jedoch auch bei Block-Elementen erwünscht, dass sich deren Breite am Inhalt orientiert. Auch das erreichen wir mit dem `display`-Attribut. Man könnte diesem nun den Wert inline zuweisen. In der Regel soll es jedoch nach wie vor möglich sein, die Größe anzupassen. Daher bietet sich die Verwendung des Werts inline-block an. Nun muss man nur noch darauf achten, dass dadurch auch die Zeilenumbrüche entfallen. Diese kann man jedoch per `br`-Tag einfach im HTML-Dokument wieder einfügen. Nachdem wir dies erledigt haben, passen wir die CSS-Regel für das `div`-Tag so an:

```
div {
    background-color: aquamarine;
    display: inline-block;
}
```

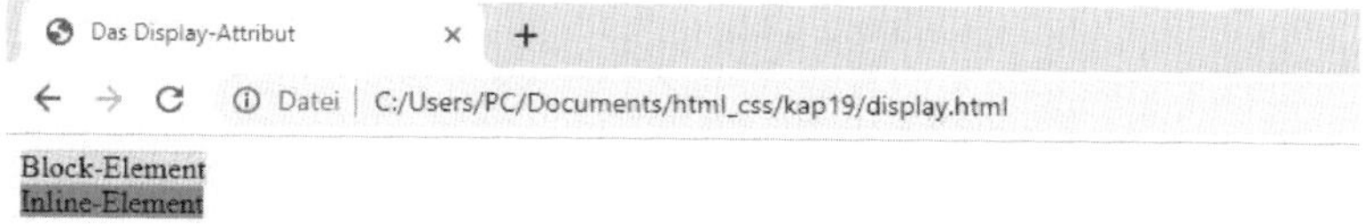

Screenshot 151: Die Breite des div-Tags passt sich nun an den Inhalt an.

19.2. Elemente unsichtbar machen

Das `display`-Attribut erlaubt es nicht nur, einzelne Inhalte als Block- oder als Inline-Element darzustellen. Darüber hinaus ermöglicht es, viele weitere Werte einzufügen. Ein häufig vorkommender Wert ist dabei `none`. Dieser führt dazu, dass der entsprechende Bereich überhaupt nicht sichtbar ist. Das soll das folgende Beispiel verdeutlichen. Für die HTML-Seite verwenden wir diesen Inhalt:

```
<p>Absatz 1</p>
<p id = "unsichtbar">Absatz 2</p>
<p>Absatz 3</p>
```

Im CSS-Dokument geben wir folgende Regel vor:

```
#unsichtbar {
    display: none;
}
```

Screenshot 152: Der zweite Absatz wird nicht angezeigt.

Dieses Beispiel zeigt, dass Elemente, die mit der Eigenschaft `display: none` ausgezeichnet sind, nicht auf der Seite erscheinen. Diese wird genau auf die gleiche Weise dargestellt, als wäre das entsprechende Element überhaupt nicht im HTML-Code vorhanden.

Nun stellt sich die Frage, weshalb es sinnvoll ist, diese Eigenschaft zu verwenden. Schließlich wäre es einfacher, das entsprechende HTML-Element überhaupt nicht in den Code einzufügen. Wenn man sich lediglich auf die Verwendung von HTML beschränkt, ist das sicherlich richtig. In diesem Fall ergibt die Verwendung dieses Attributs keinerlei Sinn. Allerdings kommt es sehr häufig in Verbindung mit der

Programmiersprache JavaScript zum Einsatz. Diese erlaubt es, die Seite dynamisch zu gestalten und an Nutzereingaben oder andere Vorgaben anzupassen. Je nach den Werten, die dabei auftreten, kann es notwendig sein, dass ein Inhalt auf der Seite erscheint oder nicht. Wenn er zu einem bestimmten Zeitpunkt nicht erscheinen soll, kann man dem `display`-Attribut per JavaScript den Wert `none` zuweisen. Wenn er später hingegen eingefügt werden soll, kann man einen anderen Wert vorgeben.

Um ein Element auf der Seite unsichtbar zu machen, besteht noch eine weitere Möglichkeit. Wenn man dem `visibility`-Attribut den Wert `hidden` zuweist, ist das Element ebenfalls nicht sichtbar. Das zeigt das folgende Beispiel:

```
#unsichtbar {
    visibility: hidden;
}
```

Screenshot 153: Die Darstellung mit visibility: hidden

Der Screenshot zeigt, dass das Element auf diese Weise ebenfalls nicht auf der Seite erscheint. Dennoch hat sich die Darstellung etwas verändert. Der Abstand zwischen den beiden sichtbaren Absätzen ist deutlich größer geworden. Der Grund dafür liegt darin, dass in diesem Fall der Platz, den das entsprechende Element belegen würde, freigehalten wird. Das bedeutet, dass alle anderen Bereiche genau am gleichen Platz erscheinen, wie wenn es sichtbar wäre. An der entsprechenden Stelle entsteht daher ein Freiraum.

19.3. Elemente mit flexibler Anzeige erzeugen

Ein weiterer Wert, den das display-Attribut annehmen kann, ist flex. Das ermöglicht es, Elemente mit flexibler Breite zu gestalten. Das bietet sich beispielsweise an, wenn man ein Layout für verschiedene Geräte mit unterschiedlicher Bildschirmgröße erstellen will. Bereiche mit flexibler Größe passen sich ganz automatisch an den verfügbaren Bereich an. Bevor wir dieses Thema vorstellen, sei jedoch erwähnt, dass dieses sehr umfangreich ist. Daher ist es nicht möglich, es in diesem Lehrbuch mit allen Details vorzustellen. Dieses Kapitel soll lediglich einen kleinen Einstieg darstellen. Wenn man sich für dieses Thema interessiert, ist es sinnvoll, hierfür ein spezialisiertes Lehrbuch zu erwerben oder an einem entsprechenden Tutorial teilzunehmen.

Um ein Layout mit flexiblen Breiten zu erstellen, ist es immer notwendig, einen flex-Container zu erstellen. Dieser wird mit dem Attribut display: flex ausgezeichnet. Das sorgt dafür, dass er immer den kompletten verfügbaren Raum einnimmt. In diesem Container sind dann weitere Elemente enthalten. Diese sind ebenfalls flexibel. Es ist jedoch nicht notwendig, sie dafür gesondert auszuzeichnen. Alle Elemente, die in einem flexiblen Container enthalten sind, werden automatisch ebenfalls flexibel.

Um dieses Verhalten aufzuzeigen, erstellen wir eine Seite, die ein div-Element enthält, in dem wir wiederum drei weitere div-Elemente anbringen. Jedes dieser Elemente erhält eine passende ID:

```
<div id = "container">
    <div id = "ele1">Element 1</div>
    <div id = "ele2">Element 2</div>
    <div id = "ele3">Element 3</div>
</div>
```

In der CSS-Datei machen wir zunächst einige allgemeine Vorgaben, um die Inhalte etwas größer und mit Abständen darzustellen. Danach fügen wir für jedes der drei Elemente eine Hintergrundfarbe hinzu:

```
div{
    font-size: 2em;
    padding: 30px;
    margin: 20px;
}

#ele1 {
    background-color: aqua;
}
#ele2 {
    background-color: orchid;
}
#ele3 {
    background-color: lightblue;
}
```

Screenshot 154: Die Darstellung ohne flexibles Layout

Wenn man die Seite nun aufruft, werden die drei Elemente untereinander angezeigt. Außerdem nehmen sie die gesamte verfügbare Breite ein. Um ein flexibles Layout zu erzeugen, geben wir nun dem Container den entsprechenden Wert:


```
#container {
    display: flex;
}
```

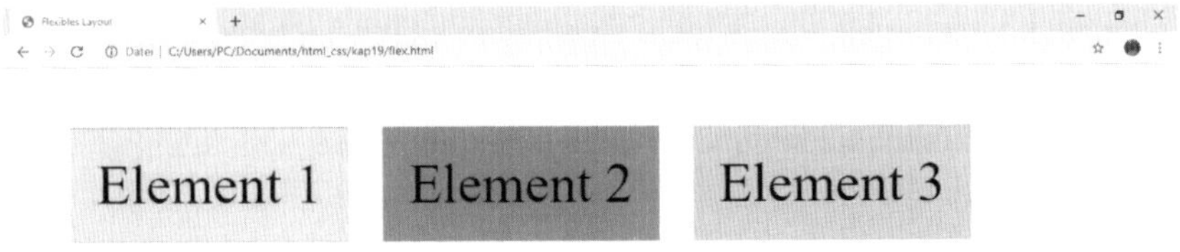

Screenshot 155: Die Darstellung mit flexiblen Containern

Wie sich flexible Elemente verhalten, wird deutlich, wenn wir das Browser-Fenster verkleinern. Sobald nicht mehr genügend Platz zur Verfügung steht, um alle Elemente nebeneinander darzustellen, verringern diese ihre Breite und werden dafür höher:

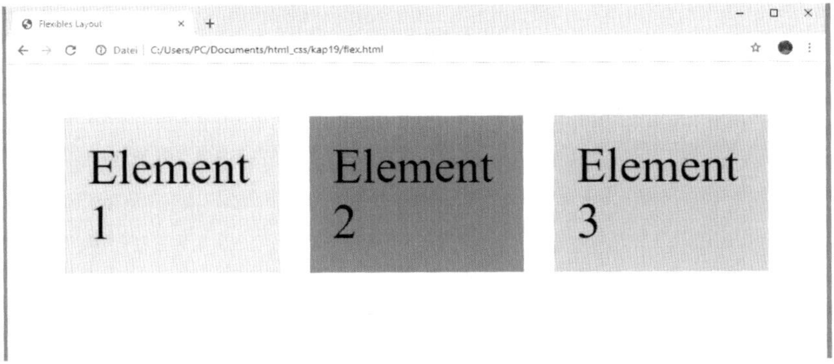

Screenshot 156: Die Darstellung bei einem verkleinerten Browserfenster

Das flexible Design macht es auch möglich, Größenverhältnisse vorzugeben. Hierfür verwenden wir das Attribut `flex`. Diesem können wir verschiedene Werte zuweisen. Die entsprechenden Felder werden dann im gleichen Verhältnis zueinander dargestellt. Im folgenden Beispiel soll das zweite Feld doppelt so groß sein wie das erste und das dritte Feld drei Mal so groß. Für eine bessere Darstellung verändern wir dabei auch die Angaben zur Schriftgröße und zu den Abständen:

```
div{
    font-size: 1.7em;
    padding: 20px;
    margin: 10px;
}

#ele1 {
    background-color: aqua;
    flex: 1;
}
#ele2 {
    background-color: orchid;
    flex: 2;
}
#ele3 {
    background-color: lightblue;
    flex: 3;
}
#container {
    display: flex;
}
```

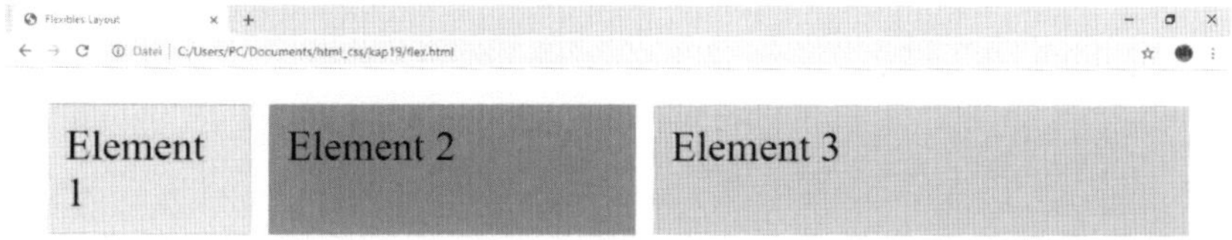

Screenshot 157: Die Felder mit unterschiedlichen Breiten

Eine weitere interessante Eigenschaft ist `flex-wrap: wrap`. Diese sorgt dafür, dass die Elemente untereinander angezeigt werden, sobald der Platz nicht mehr ausreicht, um sie nebeneinander darzustellen. Diese Eigenschaft muss stets zum Container hinzugefügt werden, der die anderen Elemente umschließt. Dementsprechend passen wir nun unseren Code für dieses Element an:


```
#container {
    display: flex;
    flex-wrap: wrap;
}
```

Wenn das Browserfenster die volle Größe hat, sieht man nach dieser Änderung zunächst keinen Unterschied. Wenn man es jedoch verkleinert, werden die Inhalte nun untereinander dargestellt, wie der folgende Screenshot zeigt:

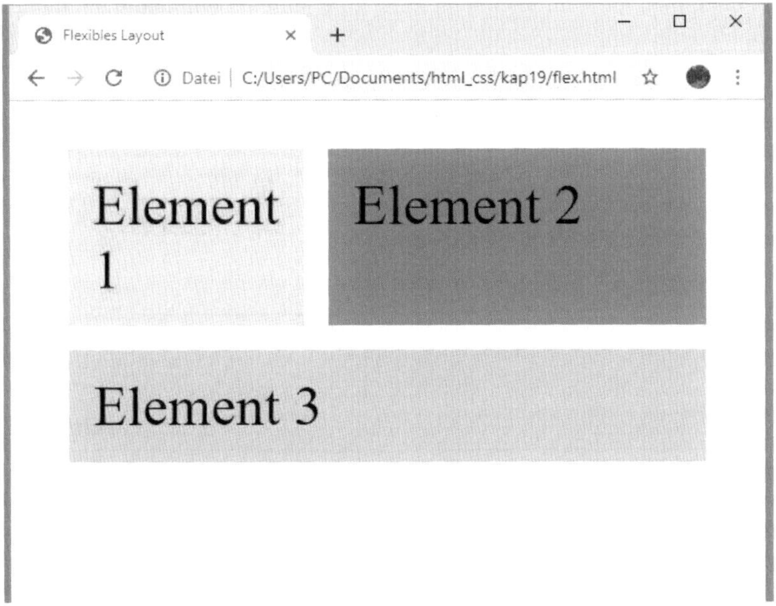

Screenshot 158: Die Darstellung bei einem verkleinerten Browserfenster

19.4. Übungsaufgabe: Die Sichtbarkeit der Elemente beeinflussen

1. Erstellen Sie eine Seite mit drei `div`-Containern. Diese sollen direkt im Bodytag stehen. Sorgen Sie dafür, dass sie nebeneinander auf der Seite erscheinen, ohne ihnen eine bestimmte Position zuzuweisen. Geben sie ihnen einen Rahmen, damit man ihre Position besser erkennen kann.

2. Um Inhalte auf einer Seite zu positionieren und um ihre Größe vorzugeben, kommen häufig `div`-Tags zum Einsatz. Man kann für

diese Aufgabe jedoch auch beliebige andere Tags verwenden. Über CSS ist es möglich, deren Eigenschaften so zu verändern, dass sie sich genau gleich verhalten wie `div`-Tags. Sie können beispielsweise `b`-Tags für diese Aufgabe verwenden. Setzen sie zwei kurze Textabschnitte in `b`-Tags und passen sie sie so an, dass der Inhalt nicht mehr fett gedruckt erscheint, dass man ihnen eine Größe zuweisen kann und dass sie sich positionieren lassen.

Geben Sie Werte für Größe und Position vor und versehen Sie die entsprechenden Elemente mit einer Hintergrundfarbe.

Lösungen:

1.

HTML-Dokument:

```
<!DOCTYPE html>
<html lang = "de">
    <head>
        <title>
            Aufgabe 1
        </title>
        <meta charset="UTF-8">
        <link rel="stylesheet" href="style.css">
    </head>

    <body>
        <div>Container 1</div>
        <div>Container 2</div>
        <div>Container 3</div>
    </body>
</html>
```

CSS-Dokument:

```
div{
    display: inline;
    border: solid 1px;
}
```

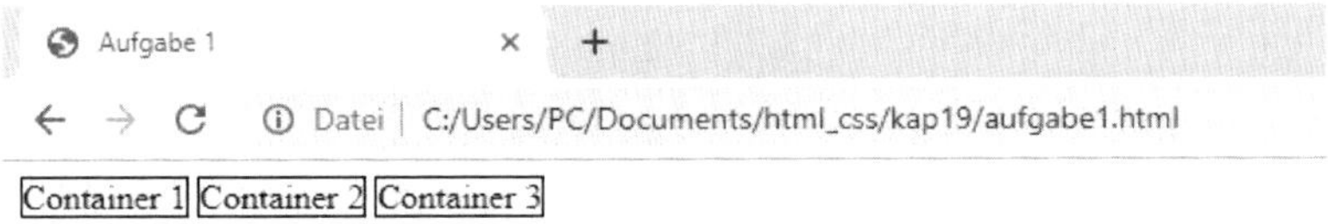

Screenshot 159: Die drei Container werden nun nebeneinander dargestellt.

2.

HTML-Dokument:

```
<!DOCTYPE html>
<html lang = "de">
    <head>
        <title>
            Aufgabe 2
        </title>
        <meta charset="UTF-8">
        <link rel="stylesheet" href="style.css">
    </head>

    <body>
        <b id ="text1">Hier steht Text 1.</b>
        <b id ="text2">Hier steht Text 2.</b>
    </body>
</html>
```

CSS-Dokument:

```
b {
    font-weight: normal;
    display: block;
}
#text1 {
    width: 150px;
    min-height: 100px;
    position: absolute;
    top: 50px;
    left: 100px;
    background-color: turquoise;
}
#text2 {
    width: 200px;
    min-height: 50px;
    position: absolute;
    top: 150px;
    left: 400px;
    background-color: lightcoral;
}
```

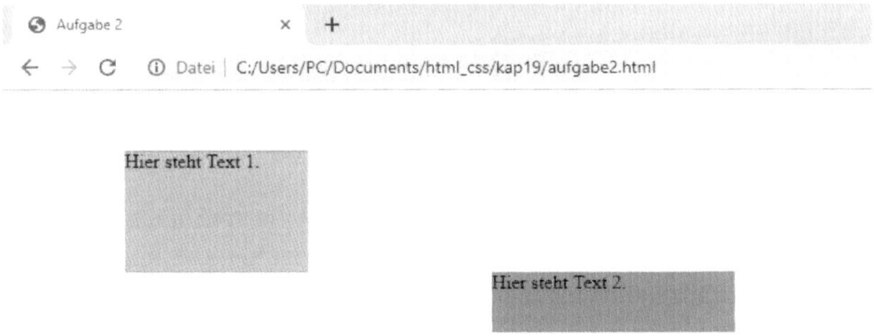

Screenshot 160: Die b-Tags haben nun das gleiche Verhalten wie gewöhnliche div-Tags.

Alle Programmcodes aus diesem Buch stehen kostenfrei zum Download bereit. Dadurch müssen Sie Code nicht abtippen.

Außerdem erhalten Sie die eBook Ausgabe zum Buch im PDF Format kostenlos auf unserer Website:

www.bmu-verlag.de/html-css
Downloadcode: siehe Kapitel 23

Kapitel 20
Animationen und spezielle Effekte: fortgeschrittene CSS-Techniken

Bislang haben wir stets feste Layouts mit CSS entworfen. Das bedeutet, dass sich diese nicht mehr ändern, wenn die Seite einmal geladen ist. Lediglich die Pseudoklasse hover stellte dabei eine Ausnahme dar. Diese kann das Erscheinungsbild eines Elements verändern, wenn der Anwender mit der Maus darüber fährt.

CSS bietet jedoch noch viele weitere Möglichkeiten, um das Layout einer Seite während der Nutzung zu verändern. Hierfür kommen Transformationen, Transitionen und Animationen zum Einsatz. Dieses Kapitel stellt vor, wie man diese verwendet. Dabei ist es wichtig, darauf zu achten, dass für die Darstellung dieser Spezialeffekte ein relativ neuer Browser notwendig ist. Ältere Modelle unterstützen diese Technik nicht. Auch beim Browser Safari ist Vorsicht geboten. Dieser unterstützt diese Effekte zwar, allerdings ist dafür ein anderer Code notwendig. Dieses Lehrbuch geht jedoch nur auf den Standard-Code ein. Daher funktionieren die folgenden Beispiele unter Safari nicht.

20.1. Transformationen

Transformationen stellen eine Möglichkeit dar, um die ursprünglichen Eigenschaften eines Elements zu verändern. Bei manchen Veränderungen, die wir mit dem Attribut transform vornehmen können, wäre es einfacher, diese direkt in den Größen- oder Positionsangaben unterzubringen. Das `transform`-Attribut bietet sich in diesen Fällen nur dann an, wenn wir während der Anzeige Veränderungen an der Darstellungsform vornehmen möchten. Wenn wir uns auf CSS beschränken, ist die Verwendung daher nur in Zusammenhang mit der Pseudoklasse `hover` sinnvoll. Darüber hinaus bieten sich derartige Transformationen an, wenn man eine Seite mit JavaScript erstellt und die Darstellung an Aktionen des Nutzers anpassen will. Andere Transformations-Befehle sorgen hingegen für eine einzigartige Darstellung, sodass man sie auch für das grundlegende Layout der Seite verwenden kann, ohne dabei auf Aktionen des Anwenders einzugehen.

Für Transformationen verwenden wir stets das Attribut `transform`. Diesem können wir verschiedene Werte zuweisen, die eine Veränderung der eigentlichen Darstellung bewirken. Um das aufzuzeigen, erstellen wir zunächst eine Seite mit einem einfachen `div`-Element. Diesem weisen wir dann per CSS folgende Eigenschaften zu:

```
div {
    width: 100px;
    height: 60px;
    background-color: aquamarine;
    position: absolute;
    top: 100px;
    left: 200px;
}
```

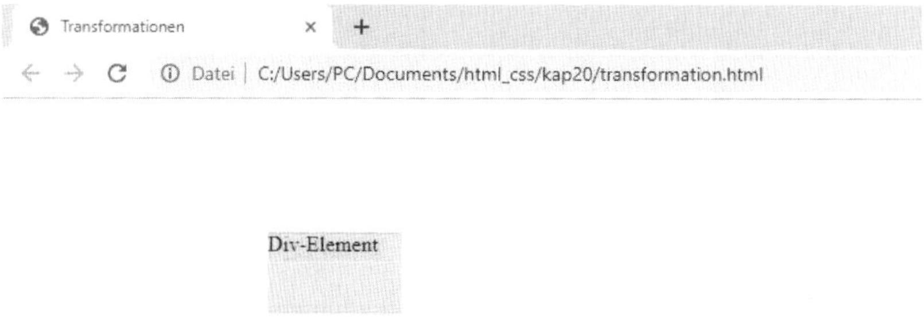

Screenshot 161: Die ursprüngliche Darstellung

Um die Größe des Elements zu verändern, dient der Wert `scale`. Diesem fügen wir in einer Klammer zwei Werte hinzu. Der erste gibt an, in welchem Verhältnis die Breite verändert werden soll, der zweite gibt das Verhältnis für die Höhe vor. Die folgende Angabe bewirkt, dass sich die Größe des Elements ändert, wenn der Anwender mit der Maus darüber fährt:

```
div:hover {
    transform: scale(2, 3);
}
```

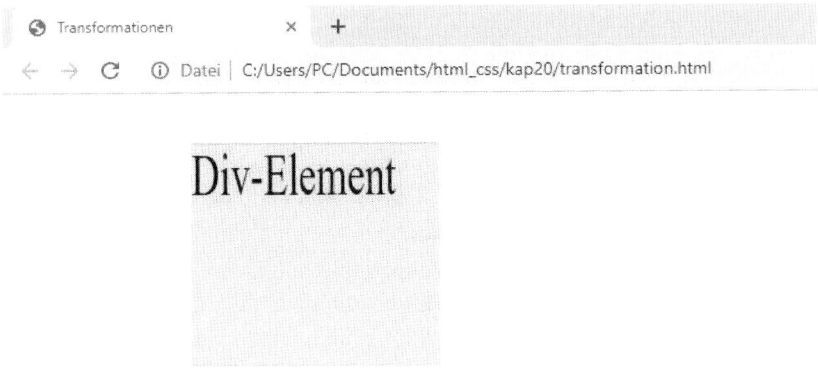

Screenshot 162: Die vergrößerte Darstellung

Die Verwendung des Werts `translate` bewirkt eine Änderung der Position. Auch hier muss man wieder zwei Werte in die Klammer eingeben. Der erste von ihnen gibt an, wie weit das Element nach rechts und der zweite, wie weit es nach unten verschoben werden soll. Negative Werte bewirken dabei eine Verschiebung nach oben beziehungsweise nach links:

```
div:hover {
    transform: translate(-50px, 20px);
}
```

Für die beiden bisherigen Beispiele wäre es auch möglich, die entsprechenden Effekte durch entsprechende Größen- und Positionsangaben zu erzeugen. Die nächsten Werte sorgen jedoch für eine Darstellungsweise, die man auf andere Weise nicht erzielen könnte. Daher ist die Verwendung in diesen Fällen auch ohne die Pseudoklasse `hover` (oder die Verwendung von JavaScript) sinnvoll. Dennoch bleiben wir beim bisherigen Beispiel und erzeugen die Transformation nur, wenn der Anwender mit der Maus über das entsprechende Element fährt. Beispielsweise ist es möglich, es mit dem rotate-Befehl zu drehen. Dazu muss man in der Klammer eine Angabe in Grad (mit der Einheit deg) angeben:

```
div:hover {
    transform: rotate(60deg);
}
```

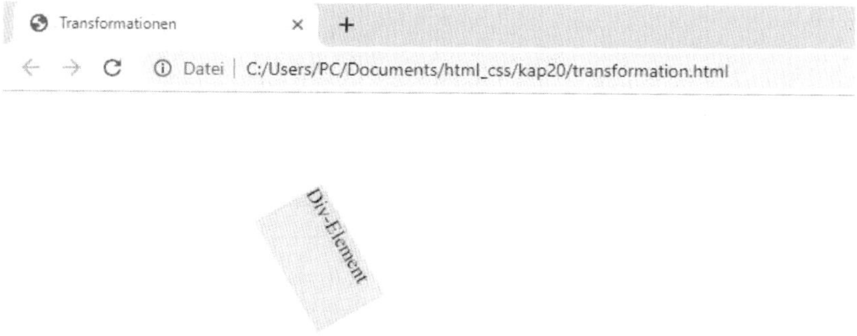

Screenshot 163: Die Darstellung mit der Drehung

Eine weitere Möglichkeit besteht darin, die Darstellung zu verzerren. Für die Verzerrung in horizontaler Richtung kommt der Wert skewX und für die Verzerrung in vertikaler Richtung der Befehl skewY zum Einsatz. Dabei muss man in der Klammer den gewünschten Wert für die Verzerrung in Grad angeben. Wenn man das Element in beide Richtungen verzerren will, kann man den Befehl skew verwenden. Dabei steht in der Klammer zunächst der Wert für die horizontale und danach für die vertikale Verzerrung. Das folgende Beispiel erzeugt drei div-Elemente mit entsprechenden IDs, um alle Möglichkeiten zu demonstrieren:


```
#ele1 {
    width: 100px;
    height: 60px;
    background-color: aquamarine;
    position: absolute;
```

```
    top: 100px;
    left: 200px;
    transform: skewX(20deg);
}
#ele2 {
    width: 100px;
    height: 60px;
    background-color: aquamarine;
    position: absolute;
    top: 200px;
    left: 200px;
    transform: skewY(10deg);
}
#ele3 {
    width: 100px;
    height: 60px;
    background-color: aquamarine;
    position: absolute;
    top: 300px;
    left: 200px;
    transform: skew(20deg, 10deg);
}
```

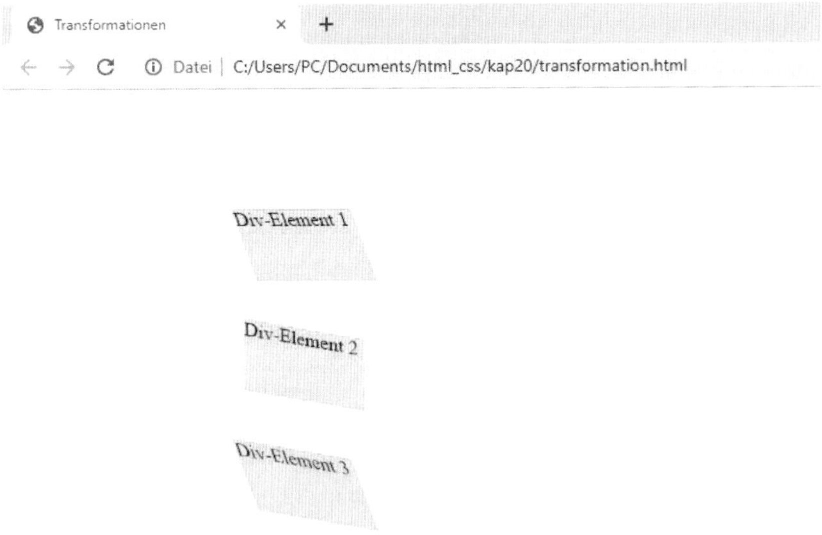

Screenshot 164: Die verzerrten Elemente

Weiter oben in diesem Abschnitt wurde bereits der Wert `rotate` vorgestellt. Dieser erzeugt eine zweidimensionale Drehung. Es ist jedoch auch möglich, eine dreidimensionale Drehung vorzunehmen. Dazu kommen die Werte `rotateX`, `rotateY` und `rotateZ` zum Einsatz. Diese drehen die Elemente um die X-, die Y- beziehungsweise um die Z-Achse. Dabei gilt es zu beachten, dass eine Drehung um die Z-Achse der zweidimensionalen Drehung entspricht. Die Werte `rotate` und `rotateZ` führen daher genau zu der gleichen Darstellung.

Diese Effekte sind bei einer statischen Seite jedoch wenig anschaulich. Sie wirken sich deutlich effektvoller aus, wenn man dafür eine Transition verwendet. Das wird jedoch erst im folgenden Beispiel erklärt. Dennoch soll die Funktion an einem Beispiel verdeutlicht werden. Dieses verwendet die gleichen `div`-Elemente wie die vorherige Seite. Allerdings führt es mit ihnen nun eine dreidimensionale Drehung durch:

```
#ele1 {
    width: 100px;
    height: 60px;
    background-color: aquamarine;
    position: absolute;
    top: 100px;
    left: 200px;
    transform: rotateX(180deg);
}
#ele2 {
    width: 100px;
    height: 60px;
    background-color: aquamarine;
    position: absolute;
    top: 200px;
    left: 200px;
    transform: rotateY(180deg);
}
#ele3 {
    width: 100px;
    height: 60px;
    background-color: aquamarine;
    position: absolute;
    top: 300px;
```

20

```
    left: 200px;
    transform: rotateZ(90deg);
}
```

Screenshot 165: Die Seite mit den gedrehten Elementen

20.2. Transitionen

Die im vorherigen Abschnitt vorgestellten Transformationen verwendeten einen Ausgangs-Status und bestimmten auf dieser Grundlage dann eine Veränderung zu diesem. Dabei erfolgte der Übergang zwischen den beiden Darstellungsweisen unmittelbar und von einem Moment auf den anderen war das neue Erscheinungsbild zu erkennen. Derartige Transformationen wirken jedoch besonders effektvoll, wenn man dafür einen langsamen Übergang verwendet. Insbesondere für dreidimensionale Drehungen ist dieser Effekt sinnvoll, da der Anwender erst auf diese Weise den Dreheffekt richtig erkennen kann. Für solche Anwendungen kommt das Attribut transition zum Einsatz.

Um eine Transition zu erzeugen, muss man zunächst wieder zwei verschiedene Zustände definieren: einen Normalzustand und eine Darstellungsweise, die erscheinen soll, wenn der Anwender mit der Maus über das Element fährt. Für die ersten Beispiele verwenden wir wieder eine HTML-Seite mit einem einzelnen `div`-Element. Für die Transition verwenden wir jedoch noch nicht die eben vorgestellten Transitionen, sondern wir verändern lediglich die Breite des Elements:

```
div {
    width: 100px;
    height: 60px;
    background-color: aquamarine;
    position: absolute;
    top: 100px;
    left: 200px;
}

div:hover {
    width: 200px;
}
```

Wenn man dieses Beispiel nun ausprobiert, findet die Veränderung sofort statt, sobald man mit der Maus über das Element fährt. Um für einen langsamen Übergang zu sorgen, muss man nun in der CSS-Regel für das ursprüngliche Element das Attribut `transition` einfügen. Diesem geben wir den Wert width, da sich die Transition auf die Änderung der Breite beziehen soll. Danach geben wir einen Wert in Sekunden an. Dieser gibt vor, wie lange der Übergang dauern soll:

```
div {
    width: 100px;
    height: 60px;
    background-color: aquamarine;
    position: absolute;
    top: 100px;
    left: 200px;
    transition: width 3s;
}
```

```
div:hover {
    width: 200px;
}
```

Wenn wir nun mit der Maus über das Element fahren, wird es innerhalb von drei Sekunden immer breiter, bis es seine endgültige Breite erreicht hat.

Dabei kann man nicht nur die Breite langsam verändern, sondern auch jeden beliebigen anderen Wert. Das soll das folgende Beispiel verdeutlichen. Darin verändern wir für die Pseudoklasse hover auch die Werte für die Höhe, für den Abstand vom linken und vom oberen Rand sowie für die Hintergrundfarbe. Für all diese Vorgaben können wir einen langsamen Übergang gestalten. Dazu müssen wir die entsprechenden Werte einfach durch ein Komma getrennt zum transition-Attribut hinzufügen. Dabei können wir für jeden einzelnen von ihnen eine individuelle Zeit vorgeben:

```
div {
    width: 100px;
    height: 60px;
    background-color: aquamarine;
    position: absolute;
    top: 100px;
    left: 200px;
    transition: width 3s, height 2s, top 5s, left 1s, background-
    color 4s;
}

div:hover {
    width: 200px;
    height: 100px;
    top: 150px;
    left: 250px;
    background-color: orchid;
}
```

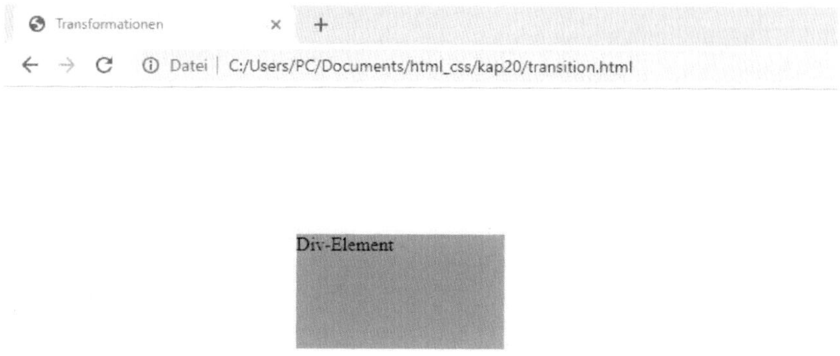

Screenshot 166: Das div-Element im Veränderungsprozess

Diese Transition lässt sich auch auf Transformationen anwenden. Gerade die Drehungen, die im vorherigen Kapitel noch nicht richtig zur Geltung kamen, lassen sich auf diese Weise deutlich effektvoller gestalten. Das zeigt das folgende Beispiel:

```
div {
    width: 100px;
    height: 60px;
    background-color: aquamarine;
    position: absolute;
    top: 100px;
    left: 200px;
    transition: transform 4s;
}

div:hover {
    transform: rotateX(180deg);
}
```


Auf diese Weise kann man die Drehung, die das Objekt durchführt, deutlich besser erkennen. Um die Unterschiede zwischen den einzelnen Drehbewegungen zu erkennen, kann man den Wert `rotateX` auch durch `rotateY` oder `rotateZ` ersetzen und den Effekt auf der Seite erneut ausprobieren.

Wenn man die entsprechenden Transitionen ausprobiert, stellt man fest, dass die Bewegung zu Beginn recht schnell verläuft. Danach verlangsamt sie sich, um zum Ende der Transition wieder schneller zu werden. Diesen Verlauf kann man jedoch auch mit dem Attribut `transition-timing-function` abändern. Der eben dargestellte Verlauf ist der Standardwert und entspricht der Angabe `ease`. Will man hingegen einen linearen Verlauf erzeugen, müsste man die CSS-Vorgaben so gestalten:

```
div {
    width: 100px;
    height: 60px;
    background-color: aquamarine;
    position: absolute;
    top: 100px;
    left: 200px;
    transition: transform 4s;
    transition-timing-function: linear;
}
div:hover {
    transform: rotateZ(180deg);
}
```

Darüber hinaus gibt es noch einige weitere Möglichkeiten. Der Wert `ease-in` erzeugt beispielsweise einen langsamen Start und eine bis zum Ende fortlaufende Beschleunigung. Der Wert `ease-out` führt genau zum umgekehrten Verlauf. Beim Wert `ease-in-out` ist sowohl der Beginn als auch das Ende verlangsamt.

20.3. Animationen

Eine weitere Möglichkeit, um einen Übergang von einem Zustand zu einem anderen zu gestalten, stellen Animationen dar. Diese sind etwas anders aufgebaut als Transitionen. Im Prinzip funktionieren sie jedoch auf eine sehr ähnliche Weise. Der wesentliche Unterschied zu Transitionen besteht darin, dass es hierbei möglich ist, mehrere Übergänge aneinanderzureihen. Das ermöglicht es, auch komplexe Abfolgen zu gestalten. Wenn man die einzelnen Übergänge jedoch für sich nehmen würde, könnte man diese auch mit einer gewöhnlichen Transition erzeugen.

Um eine Animation zu erstellen, muss man zunächst eine `keyframes`-Regel erstellen. Diese wird mit dem Begriff `@keyframes` eingeleitet. Danach muss man ihr einen individuellen Namen geben. Der Inhalt dieser Regel steht in einer geschweiften Klammer. Der grundlegende Aufbau sieht demnach so aus:

```
@keyframes name {
      Ausgangzustand
      Zwischenschritt 1
      Zwischenschritt 2
      .
      .
      Zwischenschritt n
      Endzustand
}
```

Wenn man eine Animation ohne Zwischenschritte durchführen will, kann man den Ausgangszustand mit dem Begriff `from` und den Endzustand mit `to` einleiten. Danach steht jeweils in einer geschweiften Klammer der jeweilige Zustand. Wenn man keine Zwischenschritte einfügt, ist die Funktionsweise genau die gleiche wie bei einer Transition. Lediglich die Schreibweise ist eine andere. Um dies zu verdeutlichen, erstellen wir nun ein Element, das genau die gleiche Bewegung ausführt, wie das erste Beispiel im vorherigen Kapitel:

```
@keyframes beispiel {
    from {width: 100px}
    to {width: 200px}
}
```

Darüber hinaus müssen wir die Vorgaben für die Darstellung des `div`-Elements angeben, die diese zu Beginn aufweisen soll. Dafür verwenden wir genau die gleiche CSS-Regel wie im Beispiel für die Transition, sodass wir diese von dort kopieren können.

Danach müssen wir noch vorgeben, was passieren soll, wenn der Anwender mit der Maus über das Element fährt. In diesem Fall müssen wir zunächst die Animation, die wir in der `keyframes`-Regel definiert haben, aufrufen. Dazu fügen wir das Attribut `animation-name` ein. Danach nennen wir den Namen, den wir der `keyframes`-Regel gegeben haben – in diesem Fall also beispiel. Darüber hinaus fügen wird die Dauer der Animation ein. Dazu dient das Attribut `animation-duration`. Dabei wählen wir wie bei der entsprechenden Transition einen Wert von 3s:

```
div:hover {
    animation-name: beispiel;
    animation-duration: 3s;
}
```

Wenn wir die Seite nun aufrufen und mit der Maus über das Objekt fahren, führt es zunächst genau die gleiche Veränderung durch wie bei der Verwendung des `transition`-Befehls. Allerdings gibt es dabei auch einen kleinen Unterschied. Bei der Verwendung einer Transition behält das Element so lange die abschließende Form bei, bis der Anwender den Mauszeiger wieder vom entsprechenden Objekt entfernt. Die Animation kehrt hingegen unmittelbar nach ihrem Abschluss in ihren ursprünglichen Zustand zurück.

In unseren bisherigen Beispielen haben wir die Transitionen oder Animationen immer mit einem speziellen Auslöser verbunden: mit der Pseudoklasse hover. Wir können sie jedoch auch ohne einen solchen Auslöser einfügen. Sie werden dann automatisch ausgeführt, sobald die Seite geladen ist. Das zeigt der folgende Code:

```
@keyframes beispiel {
    from {width: 100px}
    to {width: 200px}
}

div {
    width: 100px;
    height: 60px;
    background-color: aquamarine;
    position: absolute;
    top: 100px;
```

```
    left: 200px;
    animation-name: beispiel;
    animation-duration: 3s;
}
```

Nun wollen wir den Bewegungsablauf noch etwas abwechslungsreicher gestalten. Das Element soll nun zunächst deutlich breiter als der endgültige Wert werden. Danach wird es wieder schmaler und danach wieder breiter, bis es sich beim endgültigen Wert einpendelt. Dafür können wir Zwischenschritte definieren.

Anstatt der Begriffe `from` und `to` verwenden wir dazu nun in der `keyframes`-Regel Prozentangaben. Diese geben vor, nach welchem Teil der Gesamtdauer der entsprechende Wert erreicht werden soll. Die folgende Animation besteht insgesamt aus fünf einzelnen Zuständen, sodass wir in Schritten von 20 Prozent vorgehen können:

```
@keyframes beispiel {
    0% {width: 100px}
    20% {width: 400px}
    40% {width: 150px}
    60% {width: 250px}
    80% {width: 180px}
    100% {width: 200px}
}
```

Innerhalb der `keyframes`-Regel können wir auch mehrere Eigenschaften verändern. Dazu müssen wir sie lediglich durch ein Semikolon voneinander trennen. Dabei ist es nicht notwendig, in jedem Zwischenschritt alle Werte zu verändern. Wenn einer von ihnen in der entsprechenden Phase gleich bleiben soll, kann man ihm einfach jeweils den gleichen Wert zuweisen:

```
@keyframes beispiel {
    0% {width: 100px; background-color: aquamarine; top: 100px;}
    20% {width: 400px; background-color: aquamarine; top: 100px;}
    40% {width: 150px; background-color: blue; top: 100px;}
    60% {width: 250px; background-color: blue; top: 100px;}
    80% {width: 180px; background-color: orchid; top: 50px;}
    100% {width: 200px; background-color: orchid; top: 150px;}
}
```

Die Hintergrundfarbe wird in diesem Beispiel nur in jedem zweiten Schritt verändert. Die Position bleibt zunächst gleich. Erst im vorletzten und im letzten Schritt kommt es hierbei zu einer Veränderung.

Animationen erlauben es, noch viele weitere Vorgaben zu machen, mit denen sich der Ablauf präzise steuern lässt. Diese muss man jedoch nicht in die `keyframe`-Regel einfügen, sondern in die CSS-Regel des Elements, mit dem man die Animation durchführt. Die folgende Liste stellt die wichtigsten Möglichkeiten vor:

- `animation-delay`: Verzögerung vor der Ausführung der Animation. Benötigt eine Zeitangabe in Sekunden.
- `animation-iteration-count`: Bestimmt die Anzahl der Durchgänge. Benötigt eine natürliche Zahl oder die Angabe `infinite` für eine Endlosschleife.
- `animation-direction`: Gibt an, in welcher Richtung die Schritte ablaufen sollen. Der Standardwert hierbei ist `normal`. Das bedeutet, dass die einzelnen Schritte genau in der angegebenen Reihefolge ablaufen. Will man diese umkehren, muss man den Wert `reverse` einfügen. Der Wert `alternate` führt dazu, dass die Animation zwei Mal ausgeführt wird – zunächst in der eigentlichen Reihenfolge und danach in umgekehrter Richtung. Der Wert `alternate-reverse` bewirkt ebenfalls einen zweimaligen Durchlauf – allerdings zunächst in umgekehrter Reihenfolge und erst danach in der eigentlich vorgegebenen Richtung.
- `animation-timing-function`: Bestimmt den zeitlichen Ablauf. Die möglichen Werte sind hierbei genau wie bei Transitionen `ease`, `linear`, `ease-in`, `ease-out`, `ease-in-out`. Darüber hinaus kann man (wie übrigens auch bei Transitionen) den Wert `cubic-bezier(n,n,n,n)` verwenden. Damit kann man den zeitlichen Ablauf ganz individuell vorgeben. Wie diese Funktion funktioniert, ist hier nachzulesen: https://www.w3schools.com/cssref/func_cubic-bezier.asp.
- `animation-fill-mode`: Gibt an, welchen Zustand das Element vor und nach der Animation einnehmen soll. Der Standardwert none

bewirkt, dass es vor und nach der Animation so dargestellt wird, wie dies ohne die Animation der Fall wäre. Der Wert `forwards` führt dazu, dass sie nach dem Ende in der letzten Position verharrt. Die Verwendung des Werts `backwards` ist nur dann sinnvoll, wenn man das Attribut `animation-delay` verwendet und sich außerdem die eigentliche Vorgabe für das Element vom ersten Schritt der Animation unterscheidet. In diesem Fall sorgt dieser Wert dafür, dass das Element während der Wartephase so erscheint, wie es im ersten Schritt angegeben wurde. Will man sowohl die Funktion des Werts `backwards` als auch des Werts `forwards` nutzen, ist es nicht möglich, beide Werte zu nennen. Anstatt dessen muss man den Wert `both` verwenden.

20.4. Übungsaufgabe: Die Seite durch Spezialeffekte interessant gestalten

1. Gestalten Sie ein `div`-Element, das einen Absatz mit einem kurzen Text enthält und geben Sie ihm eine beliebige Hintergrundfarbe. Während das `div`-Element seine Ausrichtung beibehält, soll der Text jedoch eine Neigung von 45 Grad aufweisen. Dazu ist es notwendig, den Text in ein eigenes Tag einzufassen – am besten in p-Tags.

   Dabei kann es vorkommen, dass Teile des Texts außerhalb der `div`-Box erscheinen. Wählen Sie daher eine passende Größe und geeignete `padding`-Vorgaben für den `div`-Container, damit der Text nicht über diesen hinausragt.

2. Verwenden Sie das gleiche `div`-Element wie im vorherigen Beispiel (und damit auch die gleiche HTML-Datei). Sorgen Sie nun mit einer Transition dafür, dass sich die Schrift beim Laden der Seite innerhalb von 10 Sekunden in die endgültige Position dreht. Darüber hinaus soll in der gleichen Zeit die Schriftgröße auf 1.2em erhöht werden.

3. Auch für diese Aufgabe können Sie die gleiche HTML-Datei verwenden. Das `div`-Element soll nun jedoch etwas kleiner und in der Nähe der linken oberen Ecke platziert werden. 10 Sekunden nach

dem Öffnen der Seite soll dieses damit beginnen, sich wie ein Propeller zu drehen. Dafür muss man den Wert transform: `rotate` in die `keyframes`-Regel einer Animation schreiben. Damit es sich mehrfach dreht, ist es sinnvoll, ein Vielfaches von 360 Grad zu verwenden. Nach einem Viertel der Animation soll es sich etwas langsamer drehen und nach links wandern. Nach einem weiteren Viertel dreht es sich noch langsamer und wandert nach unten. Während des letzten Viertels verharrt es an dieser Stelle und führt nur noch eine Drehung aus. Bei jedem Schritt soll sich auch die Farbe verändern. Der zeitliche Ablauf soll linear sein und zum Schluss soll das Element in der Position verharren, die es am Ende der Animation einnimmt.

Lösungen:

1.

HTML-Datei:

```
<!DOCTYPE html>
<html lang = "de">
    <head>
        <title>
            Transformationen, Transitionen und Animationen
        </title>
        <meta charset="UTF-8">
        <link rel="stylesheet" href="style.css">
    </head>

    <body>
        <div><p>Div-Element mit einem kurzen Text.</p></div>
    </body>
</html>
```

CSS-Datei:

```
div {
    width: 300px;
    height: 150px;
    background-color: rosybrown;
    position: absolute;
    padding: 100px 50px 10px 10px;
    top: 200px;
    left: 500px;
}

p {
    transform: rotate(45deg);
}
```

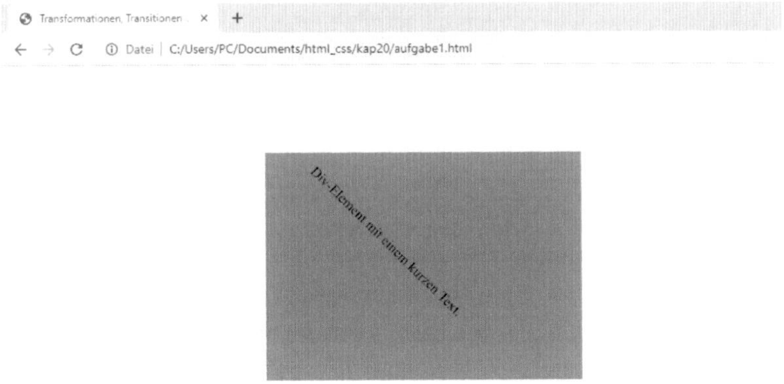

Screenshot 167: Das div-Element mit dem schrägen Text.

2.

```
div {
    width: 300px;
    height: 150px;
    background-color: rosybrown;
    position: absolute;
    padding: 100px 50px 10px 10px;
    top: 100px;
    left: 300px;
}

p {
    transform: rotate(45deg);
    font-size: 1.2em;
    transition: transform 10s, font-size 10s;
}
```

3.

```
@keyframes drehung {
    0% {transform: rotate(0deg); left: 100px; top: 50px; background-
    color: cyan}
    25% {transform: rotate(3600deg); left: 100px; top: 50px;
```

```
        background-color: orchid}
        50% {transform: rotate(2160deg); left: 1000px; top: 50px;
        background-color: firebrick}
        75% {transform: rotate(1080deg); left: 1000px; top: 500px;
        background-color: yellowgreen}
        100% {transform: rotate(360deg); left: 1000px; top: 500px;
        background-color: aquamarine}
}

div {
        width: 150px;
        height: 50px;
        background-color: cyan;
        position: absolute;
        top: 50px;
        left: 100px;
        animation-name: drehung;
        animation-duration: 5s;
        animation-timing-function: linear;
        animation-fill-mode: forwards;
        animation-delay: 10s;
}
```

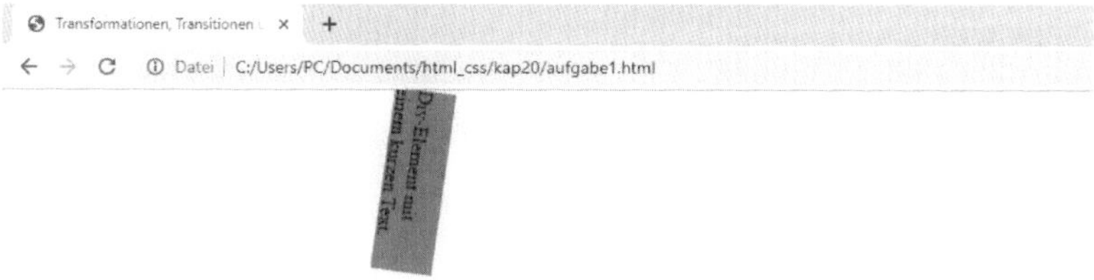

Screenshot 168: Das div-Element während seiner Bewegung

Alle Programmcodes aus diesem Buch stehen kostenfrei zum Download bereit. Dadurch müssen Sie Code nicht abtippen.

Außerdem erhalten Sie die eBook Ausgabe zum Buch im PDF Format kostenlos auf unserer Website:

www.bmu-verlag.de/html-css
Downloadcode: siehe Kapitel 23

Kapitel 21

Responsive Design

Die Seiten, die wir bisher im Rahmen dieses Lehrbuchs gestaltet haben, waren alle darauf ausgelegt, sie auf einem PC darzustellen. Das bedeutet beispielsweise, dass die Breite des Bildbereichs deutlich größer ist als dessen Höhe. Außerdem ist die Größe der einzelnen Inhalte so angepasst, dass sie auf einem gewöhnlichen PC-Bildschirm gut zu erkennen sind.

Immer mehr Menschen verwenden jedoch ein Smartphone, um im Internet zu surfen. Hinzu kommen zahlreiche Anwender, die ein Tablet nutzen. Insbesondere die Darstellung auf dem Smartphone weist jedoch einige erhebliche Unterschiede zum PC-Bildschirm auf. Das betrifft insbesondere die Größe. Das Smartphone ist deutlich kleiner. Außerdem nutzen die meisten Anwender dieses Gerät so, dass der Bildschirm im Hochformat erscheint. Diese Unterschiede führen dazu, dass Seiten, deren Design auf die Darstellung auf einem PC-Bildschirm ausgelegt ist, auf dem Smartphone nicht sehr ansprechend wirken.

Um dieses Problem zu beheben, kommt mittlerweile fast immer das sogenannte responsive Design zum Einsatz. Dieses sorgt dafür, dass die Darstellung der Inhalte so angepasst wird, dass sie sowohl auf dem PC als auch auf dem Smartphone gut zur Geltung kommen. Dieses Kapitel stellt vor, wie diese Technik funktioniert.

21.1. Die Grundidee hinter responsive Design

Als das Internet – und damit auch HTML – entstand, griffen alle fast Anwender mit einem PC auf die Seiten zu. Zwar gab es auch damals einige Unterschiede zwischen den Bildschirmgrößen, doch waren diese nur sehr gering. Das bedeutet, dass das Layout der Seiten auf allen Geräten beinahe identisch war. Das machte die Entwicklung einer Internetseite relativ einfach, da dafür nur ein einziger Design-Entwurf notwendig war.

Die Seiten, die wir in diesem Buch bislang erstellt haben, waren so gestaltet, als hätten sich diese Bedingungen nicht geändert. Sie waren lediglich auf die Darstellung auf dem PC-Bildschirm ausgelegt. Wenn man jedoch einmal eine dieser Dateien auf ein Smartphone lädt und dort im Browser aufruft, bemerkt man sicherlich, dass die Darstellung hierbei viel zu Wünschen übrig lässt. Da der PC-Bildschirm recht breit ist, werden hierbei häufig mehrere Elemente nebeneinander dargestellt. Bei einem schmalen Smartphone-Bildschirm bereitet diese Darstellungsweise jedoch Probleme. Wenn die komplette Seite angezeigt werden soll, sind die einzelnen Elemente so klein, dass man die Schrift beinahe nicht erkennen kann. Wenn man die Seite größer zoomt, um die Schrift zu erkennen, sieht man nur einen kleinen Teil der Inhalte. Um diese zu lesen, muss man den Ausschnitt ständige hin und her bewegen. Das sorgt für eine enorme Reduzierung des Nutzerkomforts.

Als die ersten Smartphones auf den Markt kamen und die Anwender damit Seiten im Internet aufriefen, hatten diese fast immer das gleiche Problem. Wenn man heutzutage eine Seite mit dem Smartphone aufruft, zeichnet sich diese jedoch fast immer durch eine ganz andere Darstellung aus. Die Elemente sind hierbei untereinander angeordnet. So werden sie auch auf dem schmalen Bildschirm in einer ansprechenden Größe angezeigt. Um die Inhalte zu lesen, ist es daher nicht mehr notwendig, den Ausschnitt größer zu zoomen. Um längere Texte zu lesen, muss man den Bildausschnitt einfach nach unten verschieben – aber nicht nach jeder Zeile zur Seite. Das erhöht den Nutzungskomfort deutlich.

Als die Verwendung von Smartphones zunahm, suchten die Webentwickler nach Möglichkeiten, um auch hier die Inhalte ansprechend darzustellen. Eine erste Lösung bestand darin, zwei alternative Seiten anzubieten – eine mit einem Design für den PC und eine weitere mit einem Design für mobile Geräte. Der Anwender konnte dann auswählen, welche der beiden Seiten er aufrufen wollte. Ein weiterer Entwicklungsschritt bestand darin, die Seiten so zu gestalten, dass Sie automatisch erkennen konnten, mit welchem Gerät der Anwender darauf zugriff. Eine automatische Weiterleitung sorgte dafür, dass er stets zur richtigen Darstellung gelangte. Dennoch mussten dafür zwei individuelle Seiten erstellt werden – eine für die Darstellung auf dem PC und eine andere für mobile Geräte. Das sorgte für zahlreiche Probleme.

Mittlerweile verwenden die meisten Internetangebote jedoch responsive Design. Dabei wird nur eine einzige Seite entwickelt. Das bedeutet, dass der HTML-Code stets der gleiche ist. Auch die Adresse der Seite bleibt identisch. Innerhalb des CSS-Codes sind jedoch unterschiedliche Angaben zum Layout vorhanden. Diese sind jeweils an die Breite des Bildschirms gekoppelt. Das bedeutet, dass der Browser je nach Breite des Geräts eine passende Darstellung auswählt. Das sorgt dafür, dass alle Geräte die gleiche Seite anzeigen, dass diese aber trotzdem auf jedem einzelnen Gerät ansprechend dargestellt wird.

21.2. Das Meta-Tag Viewport

Wenn man eine Seite für einen breiten PC-Bildschirm gestaltet hat und diese anschließend auf einem Gerät mit einem schmalen Bildschirm abruft, kann das zu erheblichen Problemen bei der Darstellung führen – insbesondere wenn man absolute Werte für Breiten, Abstände und Positionen verwendet hat. Das führt dazu, dass die Seite nur wenig ansprechend wirkt. Manchmal wird das Design dadurch so durcheinandergebracht, dass die Inhalte vollkommen ungeordnet erscheinen. Früher, als nur wenige Seiten für die Darstellung auf mobilen Webseiten optimiert waren, suchten die Entwickler der Webbrowser nach Lösungen, um derartige Seiten wenigstens halbwegs ansprechend darzustellen. Zu diesem Zweck führen sie den virtuellen Viewport ein. Das bedeutet, dass die Seite nicht auf die reale Größe des Bildschirms heruntergebrochen wird. Anstatt dessen wird sie so dargestellt, dass sie zur Größe des virtuellen Viewports passt. Diese liegt in der Regel zwischen der realen Bildschirmbreite und der Breite eines PC-Bildschirms.

Wenn die Darstellung auf diesen größeren Wert und nicht auf die reale Breite des Bildschirms ausgerichtet wird, erhöht das die Wahrscheinlichkeit, dass die Elemente ähnliche wie auf dem PC-Bildschirm angeordnet werden. Für den Betrachter einer nicht-optimierten Seite bringt das daher einen erheblichen Vorteil mit sich. Allerdings liegt es auf der Hand, dass die so erzeugte Seite nicht mehr auf den Smartphone-Bildschirm passt. Deshalb wird ihr Zoom anschließend so angepasst, dass die Seite genau den zur Verfügung stehenden Raum einnimmt. Das hat jedoch zur Folge, dass die Inhalte sehr klein dargestellt werden. Um sie zu betrachten, ist es notwendig, sie näher heranzuzoomen.

Für Seiten, die nicht für die Darstellung auf dem Smartphone optimiert sind, brachte diese Darstellung viele Vorteile mit sich und verbesserte die Nutzerfreundlichkeit zumindest ein wenig. Wenn man auf diese Weise jedoch eine Seite aufruft, die speziell für die Darstellung auf dem Smartphone optimiert ist, stellt sich diese Funktion als nachteilig heraus. Sie passt die Inhalte zunächst an einen größeren virtuellen Bildschirm an und verkleinert sie anschließend, damit die Seite auf den tatsächlichen Bildschirm passt. Daher werden die Texte und Bilder wieder kleiner dargestellt, als eigentlich erwünscht.

Um dieses Problem zu verhindern, besteht der erste Schritt darin, den Viewport an die tatsächliche Bildschirmbreite anzupassen. Dazu fügen wir folgendes Meta-Tag ein:

```
<meta name="viewport" content="width=device-width, initial-scale=1">
```

Mit dem Begriff `width=device-width` wird die Viewport-Breite an die tatsächliche Bildschirmbreite angepasst. Der Befehl `initial-scale=1` sorgt dafür, dass die Inhalte in der Originalgröße – also ohne Zoom – dargestellt werden. Um zu zeigen, welchen Effekt diese Maßnahme hat, erstellen wir eine Seite, die zunächst ein Foto mit einer Höhe von 400 und mit einer Breite von 300 Pixeln und danach ein `div`-Tag mit einem längeren Blindtext enthält.

Wenn man die Seite mit dem PC aufruft, erkennt man keinen Unterschied – unabhängig davon, ob man dieses Meta-Tag einfügt oder nicht. In beiden Fällen sieht die Seite so aus:

Screenshot 169: Die Seite auf dem PC-Bildschirm

Nun laden wir die Seite einmal auf ein Smartphone und rufen sie dort ab. Wenn wir hierbei auf das `Viewport`-Tag verzichten, sieht die Darstellung wie folgt aus:

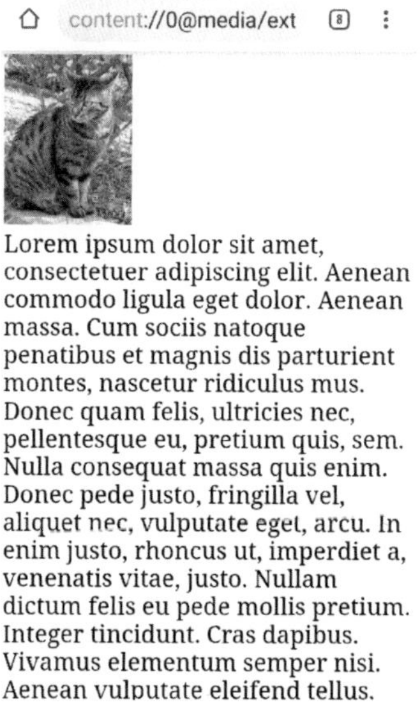

Screenshot 170: Die Darstellung auf dem Smartphone ohne Viewport-Tag

Wenn wir diese Angabe hingegen einfügen, behält das Foto seine ursprüngliche Größe bei und wird nicht verkleinert. Das wirkt deutlich ansprechender:

Screenshot 171: Die Darstellung mit dem Viewport-Tag

Damit das Design, das wir für das Smartphone entwerfen, immer in genau den Größenverhältnissen erscheint, die wir hierfür vorgesehen haben, ist es wichtig, das `Viewport`-Metatag stets im Kopfbereich der Seite einzufügen.

21.3. Unterschiedliche Designs für Desktop-PCs und Smartphones

Nach dieser Vorarbeit kann man damit beginnen, sich Gedanken darüber zu machen, wie die Seite auf einem PC-Bildschirm und auf einem Smartphone dargestellt werden soll. Wenn wir eine Seite für den PC gestalten, verwenden wir hierfür häufig ein Design, in dem mehrere Elemente nebeneinander platziert werden. Das sorgt bei einem breiten PC-Bildschirm für eine optimale Darstellung. Auf dem Smartphone hingegen ist es besser, wenn die entsprechenden Inhalte untereinander platziert werden. Stünden sie nebeneinander, müsste man immer wieder nach rechts und links scrollen, was den Anwendungskomfort erheblich mindert.

Zunächst wenden wir uns der Darstellung auf dem PC zu. Um die grundlegende Idee für das Layout zu verstehen, kann man sich nochmals die Seite anschauen, die wir in Kapitel 10 mithilfe einer Tabelle erstellt haben. Hierbei befand sich das Menü am linken Rand der Seite, danach folgte der Hauptteil im Zentrum und anschließend der Bereich mit den Fotos am rechten Rand. Eine derartige Aufteilung tritt recht häufig auf.

Um das aufzuzeigen, erzeugen wir nun eine Seite mit drei Elementen: `nav`, `article` und `aside`. Die `article`- und `aside`-Bereiche füllen wir mit einer Überschrift und etwas Blindtext. Für den `nav`-Bereich verwenden wir eine Liste. Außerdem fügen wir einen `header`-Bereich mit einer Überschrift ein. Dieser soll die gesamte verfügbare Breite einnehmen. Deshalb verwenden wir das Attribut width: 100%. Die übrigen Bestandteile ordnen wir mit dem `float`-Befehl nebeneinander an. Per CSS weisen wir dem `nav`- und dem `aside`-Bereich eine Breite von 25 Prozent und dem `article`-Bereich eine Breite von 50 Prozent zu. Außerdem geben wir den drei Bereichen jeweils unterschiedliche Hintergrundfarben. Für eine etwas ansprechendere Darstellung fügen wir bei allen Elementen darüber hinaus einen `Padding`-Wert von 25 Pixeln ein.

Unsere HTML-Datei sieht nun so aus:

```
<!DOCTYPE html>
<html  lang = "de">
<head>
<title>
    Responsive Design
</title>
<meta name="viewport" content="width=device-width, initial-
scale=1.0">
<link rel="stylesheet" href="style.css">
</head>
<body>
    <header>
    <h1>Überschrift</h1>
    </header>

    <nav>
    <ul>
        <li>Seite 1</li>
        <li>Seite 2</li>
        <li>Seite 3</li>
        <li>Seite 4</li>
        <li>Seite 5</li>
    </ul>
    </nav>

    <article>
        <h2>Zwischenüberschrift</h2>
        <p>
            Lorem ipsum dolor sit amet, consectetuer adipiscing elit.
            Aenean
            commodo ligula eget dolor. Aenean massa. Cum sociis
            natoque penatibus
            et magnis dis parturient montes, nascetur ridiculus mus.
        </p>
    </article>
    <aside>
        <h2>Zwischenüberschrift</h2>
        <p>
            Lorem ipsum dolor sit amet, consectetuer adipiscing elit.
            Aenean
            commodo ligula eget dolor. Aenean massa. Cum sociis
            natoque penatibus
            et magnis dis parturient montes, nascetur ridiculus mus.
        </p>
    </aside>
</body>
</html>
```

Die CSS-Datei verwendet bislang folgenden Code:

```
header {
    padding: 25px;
    background-color: turquoise;
}

nav {
    width: 25%;
    float: left;
    padding: 25px;
    background-color: blueviolet;
}

article {
    width: 50%;
    float: left;
    padding: 25px;
    background-color: aquamarine;
}
aside {
    width: 25%;
    float: left;
    padding: 25px;
    background-color: orchid;
}
```

Wenn wir die Seite nun aufrufen, erscheinen die drei Inhalts-Bereiche jedoch nicht nebeneinander. Der Grund dafür besteht darin, dass die Breite der drei Bereiche zusammen genau 100 Prozent ergibt. Allerdings haben wir jeweils einen Wert für das Padding angegeben. Bei der Vorstellung des CSS Box Models haben wir gelernt, dass man diesen Wert zur angegebenen Breite hinzuzählen muss. Daher ergibt sich ein Wert von über 100 Prozent. Deshalb passen die drei Elemente nicht mehr nebeneinander auf den Bildschirmbereich, sodass das letzte von ihnen unterhalb der beiden anderen Blöcke angezeigt wird.

Nun wäre es natürlich möglich, genau auszurechnen, welchen prozentualen Anteil der Padding-Wert ausmacht und daraufhin die Prozentzahlen anzupassen. Das wäre jedoch ausgesprochen kompliziert. Anstatt dessen fügen wir folgende Regel in die CSS-Datei ein:

```
* {
    box-sizing: border-box;
    padding: 0;
    margin: 0;
}
```

Hier steht anstatt eines Tag-, Klassen- oder ID-Namens einfach ein Stern. Das bedeutet, dass die folgende Regel für alle Elemente der Seite gültig ist. Der erste Befehl sorgt dafür, dass die Größenangaben stets das gesamte Element umfassen – also inklusive aller Angaben für `margin`, `padding` und `border`. Das führt dazu, dass die drei Felder nun trotz `padding` jeweils genau 25 beziehungsweise 50 Prozent der verfügbaren Breite einnehmen. Darüber hinaus setzen wir alle `margin`- und `padding`-Angaben auf 0. Das ist sinnvoll, da manche der verwendeten Tags bereits in den Standardeinstellungen einen Abstand erhalten. Das würde unser Layout jedoch durcheinanderbringen. Daher entfernen wir all diese Vorgaben zunächst. Wenn wir später in einer Klasse wieder einen Abstand eingeben möchten, wird selbstverständlich die dort gemachte Angabe berücksichtigt.

Die Seite sieht dann wie folgt aus:

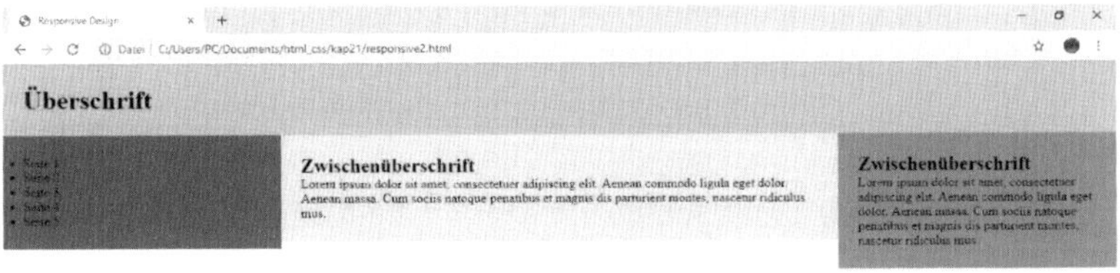

Screenshot 172: Die Seite mit den drei Bereichen

Bislang nimmt die Seite die gesamte Bildschirmbreite ein. Bei der Darstellung am PC ist dies jedoch in der Regel nicht gewünscht. Die große Breite führt zu sehr langen Zeilen, die nur schwer lesbar sind. Aus diesem Grund ist es üblich, links und rechts Ränder einzufügen. Dazu erstellen wir einen `div`-Bereich, der den gesamten Inhalt umfasst. Diesem geben wir die ID container. Für diesen erstellen wir dann folgende CSS-Regel:

```
#container {
    width: 70%;
    margin: auto;
}
```

Auf diese Weise wird die Gesamtbreite aller Inhalte auf 70 Prozent der Bildschirmbreite begrenzt. Die Angabe `margin: auto` führt dazu, dass der entsprechende Bereich mittig angezeigt wird:

Screenshot 173: Die Inhalte mit begrenzter Breite

Damit ist das grundlegende Layout für den PC fertiggestellt. Zwar könnte man noch viele Details verbessern, um die Darstellung ansprechender zu gestalten. Doch ist dies an dieser Stelle nicht notwendig.

Nun ist es an der Zeit, sich zu überlegen, wie das Design für das Smartphone aussehen soll. In diesem Fall wäre es wünschenswert, dass alle vier Blöcke untereinander erscheinen und jeweils die komplette Bildschirmbreite einnehmen. Zu diesem Zweck fügen wir folgende Regel ganz unten in unser CSS-Dokument ein:

```
header, nav, article, aside {
    width: 100%;
}
```

Diese gibt für die entsprechenden Inhalte eine neue Breite vor. Bei widersprüchlichen Angaben verwendet der Browser immer die Vorgabe, die wir als letztes in das Dokument eingefügt haben. Daher ist es wichtig, dass diese Angabe ganz unten steht. So werden die bisherigen Breitenvorgaben überschrieben und die entsprechenden Elemente erscheinen mit einer Breite von 100 Prozent:

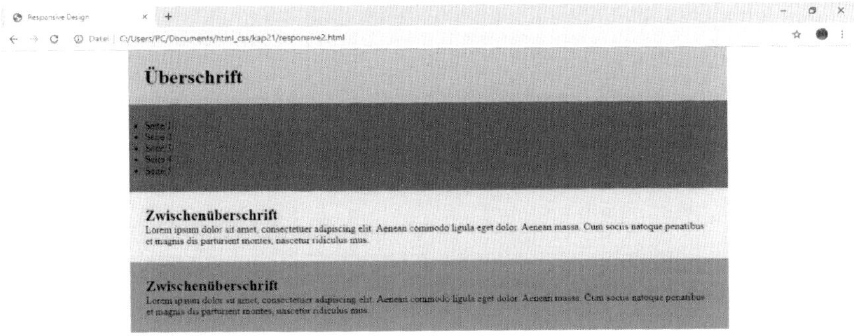

Screenshot 174: Die Elemente sind nun untereinander angeordnet.

Wenn wir die Seite auf dem PC betrachten, kommt das Layout unseren Vorstellungen bereits ziemlich nahe. Wenn wir die Datei jedoch auf einem Smartphone öffnen, wirken die seitlichen Ränder noch störend. Dieses Problem werden wir später lösen, sodass wir uns damit bislang noch nicht befassen.

Anstatt dessen sorgen wir nun dafür, dass unser ursprüngliches Layout immer dann angezeigt wird, wenn wir die Seite mit dem PC aufrufen. Wenn wir hingegen das Smartphone verwenden, soll das neue Design verwendet werden. Zu diesem Zweck kann man in CSS sogenannte Media Queries verwenden. Dabei kann man eine Höchst- oder Mindestbreite für einen bestimmten Bereich des Dokuments vorgeben. Die entsprechenden Regeln werden nur dann beachtet, wenn die dazugehörigen Vorgaben zutreffen.

Wenn eine Angabe nur für kleinere Geräte wie Smartphones und Tablets gültig sein soll, kann man folgende Angabe einfügen:

```
@media only screen and (max-width: 768px)
```

Diese gilt nur für Geräte, deren Breite höchstens 768 Pixel beträgt. Das heißt, dass diese Vorgabe auf alle handelsüblichen Smartphones zutrifft. Man kann auch eine Mindestbreite vorgeben. Um alle Geräte mit einem breiteren Bildschirm anzusprechen bietet sich beispielsweise folgende Vorgabe an:

```
@media only screen and (min-width: 768px)
```

Im Prinzip kann man hier jede beliebige Größe eingeben. Der Wert von 768 Pixeln ist jedoch üblich, da er eine gute Trennlinie zwischen Smartphones und Tablets auf der einen Seite und dem PC-Bildschirm auf der anderen Seite darstellt. Hierbei wird auch nochmals deutlich, wie wichtig es ist, die Viewport-Angabe einzufügen. Tut man das nicht, verwendet der Browser für die Gestaltung des Designs den virtuellen Viewport. Da dieser deutlich breiter ist, kann es vorkommen, dass die Seite nicht in dem Layout erscheint, das wir für das Smartphone vorgegeben haben – selbst wenn man sie mit diesem Gerät aufruft.

Nun wäre es möglich, für jedes Gerät von Grund auf eigene Vorgaben zu erstellen. Es ist jedoch wesentlich einfacher, wenn man zunächst die grundlegenden Layout-Vorgaben für einen der beiden Gerätetypen erstellt. Dort kann man dann auch alle Vorgaben machen, die für alle Geräte gültig sein sollen – beispielsweise die Hintergrundfarben. Danach gibt man eine Regel für das alternative Gerät vor. Hier macht man nur die CSS-Vorgaben, die vom ursprünglichen Layout abweichen.

Nun stellt sich die Frage, ob man zunächst das Design für den PC oder für das Smartphone definiert. Im Prinzip wären beide Alternativen möglich. Allerdings hat es sich eingebürgert, zuerst das Smartphone-Design anzugeben. Diese Vorgehensweise ist unter dem Schlagwort "mobile first" bekannt.

Das bedeutet, dass wir die Breitenangabe für das Smartphone nun zu Beginn des CSS-Dokuments einfügen – üblicherweise jedoch unterhalb der Regel, die mit dem Stern eingeleitet wird und für alle Elemente gültig ist.

Danach müssen wir die Breitenangaben, die für den PC gelten sollen, aus den entsprechenden Regeln entfernen. Außerdem kann man die float-Angaben löschen, die dafür sorgen, dass die Elemente nebeneinander dargestellt werden.

Nun muss man unten im Dokument die Media Query für den PC einfügen. In einer geschweiften Klammer stehen dann alle Regeln, die nur für den PC gültig sind. Das sind die Breitenangaben und die `float`-Befehle für die Elemente `nav`, `article` und `aside`. Die Hintergründe und die `Padding`-Vorgaben müssen wir nicht erneut einfügen, da diese weiterhin gültig bleiben, wenn wir keine anderen Angaben machen. Schließlich schneiden wir die Angabe für den umschließenden Container aus und fügen ihn ebenfalls im Bereich, der nur für den PC gültig ist, ein. Auf diese Weise sorgen wir dafür, dass die seitlichen Ränder nur bei der Anzeige auf dem PC erscheinen.

Die vollständige CSS-Datei sieht nun so aus:

```
* {
    box-sizing: border-box;
    padding: 0;
    margin: 0;
}
header, nav, article, aside {
    width: 100%;
}

header {
    padding: 25px;
    background-color: turquoise;
}

nav {
    padding: 25px;
    background-color: blueviolet;
}
```

```
article {
    padding: 25px;
    background-color: aquamarine;
}
aside {
    padding: 25px;
    background-color: orchid;
}

@media only screen and (min-width: 768px){
    nav {
        width: 25%;
        float: left;
    }
    article {
        width: 50%;
        float: left;
    }
    aside {
        width: 25%;
        float: left;
    }
    #container {
        width: 70%;
        margin: auto;
    }
}
```

Die Darstellung mit dem PC bleibt genau gleich wie im vorletzten Screenshot – vorausgesetzt wir verwenden den Browser im Vollbildmodus. Wenn man das Bild jedoch so weit verkleinert, dass die vorgegebene Breite unterschritten wird, wechselt auch hierbei das Design. Wenn wir die Seite mit einem Smartphone abrufen, erscheinen jetzt ebenfalls alle Elemente untereinander:

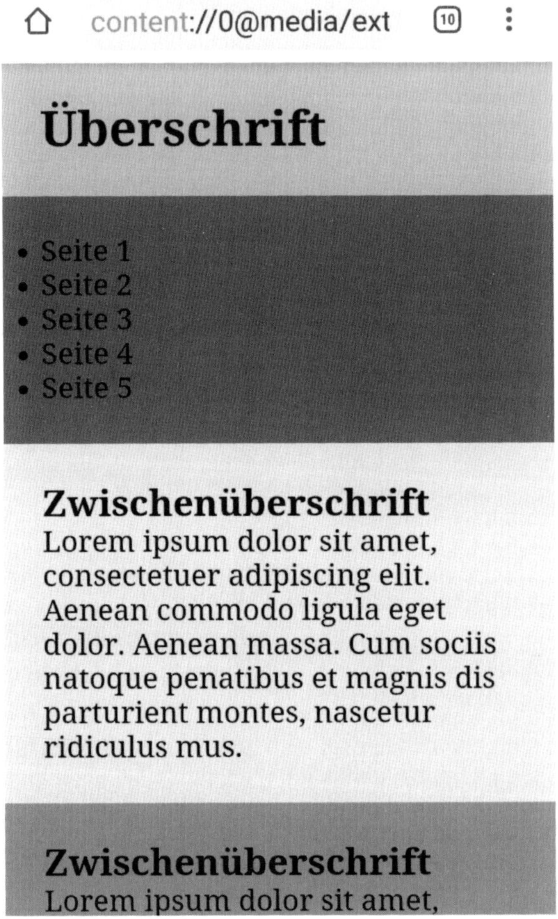

Screenshot 175: Die Darstellung der Seite mit einem Smartphone

21.4. Eine weitere Option für mittelgroße Geräte (Tablets) hinzufügen

Im bisherigen Beispiel haben wir zwei verschiedene Seiten entworfen: eine für kleine Mobilgeräte und eine andere für PCs mit einem breiten Bildschirm. Allerdings gibt es zwischen diesen beiden Darstellungsweisen noch zahlreiche Zwischenschritte. Beispielsweise gibt es auch Anwender, die die Seite mit einem Tablet aufrufen. Diese erhalten nach den bisherigen Einstellungen die Seite auf die gleiche Weise wie mit einem Smartphone präsentiert. Dieses Gerät hat jedoch einen deutlich größeren Bildschirm. Daher wirkt das entsprechende Layout hierbei nicht optimal. Eine andere Möglichkeit besteht darin, dass der Anwender das Smartphone quer hält. Auch hierfür könnte eine andere Form der Darstellung den Nutzungskomfort und den optischen Eindruck verbessern. Aus diesem Grund ist es sinnvoll, eine weitere Option für mittelgroße Geräte einzufügen.

Da hier nun eine größere Breite zur Verfügung steht, ist es nicht empfehlenswert, alle Inhalte untereinander anzubringen. Allerdings ist nicht genug Platz vorhanden, um alle drei Bereiche nebeneinander darzustellen – so wie wir dies beim PC gemacht haben. Als Kompromiss können wir ein Design wählen, das nur zwei Bereiche nebeneinander darstellt. Der dritte kann dann unter- oder oberhalb der beiden anderen Elemente erscheinen.

Eine Möglichkeit besteht darin, das Menü und den `article`-Bereich nebeneinander zu präsentieren. Der `aside`-Bereich erscheint dann darunter und nimmt die komplette Bildschirmbreite ein. Eine weitere Alternative besteht darin, das Menü horizontal darzustellen und ihm die komplette Bildschirmbreite zu überlassen. Dann kann man den `article`- und den `aside`-Bereich nebeneinander platzieren. Im folgenden Beispiel entscheiden wir uns für die zweite Alternative.

Die HTML-Datei bleibt hierbei unverändert. Auch die Bereiche, die bereits in der CSS-Datei vorhanden sind, bleiben weitestgehend unverändert bestehen. Allerdings fügen wir hier nun eine neue Angabe für mittelgroße Geräte ein. Diese steht dementsprechend zwischen den Vorgaben für das Smartphone und für den PC. Als Mindestbreite verwenden wir hierbei 600 Pixel.

Danach sorgen wir für eine passende Darstellung des Navigationsmenüs. Dieses soll nach wie vor eine Breite von 100 Prozent einnehmen. Daher lassen wir diesen Wert unverändert. Damit die Liste horizontal dargestellt wird, müssen wir jedoch die Zeilenumbrüche nach den einzelnen Listen-Elementen verhindern. Dazu verwandeln wir sie mit folgendem Befehl in inline-Elemente um:

```
li {
    display: inline;
}
```

Danach müssen wir dafür sorgen, dass der `article`- und der `aside`-Bereich nebeneinander dargestellt werden. Dafür fügen wir das `float`-Attribut ein. Außerdem passen wir die Breiten an. Der `article`-Bereich soll 60 Prozent einnehmen und der aside-Bereich 40 Prozent. Das führt zu folgender CSS-Vorgabe:

```
@media only screen and (min-width: 600px) {
    li {
        display: inline;
    }
    article {
        width: 60%;
        float: left;
    }
    aside {
        width: 40%;
        float: left;
    }
}
```

Um zu sehen, wie die Seite wirkt, können wir sie nun entweder mit einem Tablet aufrufen oder einfach das Browserfenster verkleinern. Dabei wird zunächst die Darstellung für den PC verwendet. Wenn man es weiter verkleinert, erscheint das Layout für das Tablet. Wenn man es ganz klein macht, wird die Seite wie auf dem Smartphone dargestellt.

Wenn man die Ergebnisse betrachtet, erkennt man noch einen kleinen Fehler: Die Listenelemente werden nun auch beim Layout für den PC nebeneinander dargestellt. Das liegt darin begründet, dass die Angaben für den mittleren Bildschirmbereich auch für den größten Bildschirmbereich bestehen bleiben, wenn man hier keine anderslautenden Angaben macht. Daher müssen wir im Layout für den PC die `li`-Tags wieder in Block-Elemente überführen:

```
li {
   display: block;
}
```

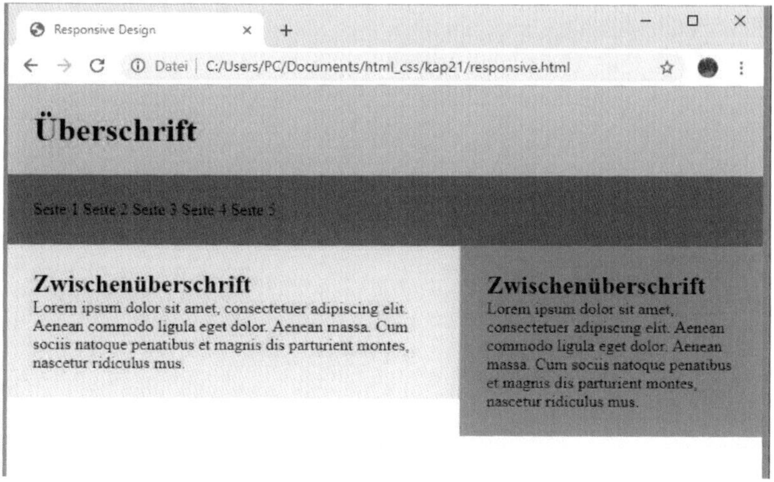

Screenshot 176: Das Layout für das Tablet – hier jedoch durch ein verkleinertes Browserfenster erzeugt

21.5. Bilder an die Bildschirmgröße anpassen

Im vorherigen Beispiel haben wir das Layout so gestaltet, dass die einzelnen Elemente bei verschiedener Bildschirmgröße unterschiedlich angeordnet sind. Damit die Seite auf Geräten jeder Größe ansprechend dargestellt wird, ist es darüber hinaus jedoch wichtig, die Breite der einzelnen Elemente variabel zu gestalten. So passt sich diese ebenfalls immer an die Größe des Bildschirms an. Diese Vorgabe haben wir umgesetzt, indem wir den einzelnen Blöcken eine Größe in Prozent zugewiesen haben. Das führt dazu, dass ihre Darstellung stets von der vorhandenen Fenstergröße abhängt.

Wenn die einzelnen Bereiche nun jedoch Elemente mit absoluten Größen enthalten, kann das zu Problemen führen. Daher ist es wichtig, darauf zu verzichten, Inhalte mit absoluten Größenangaben innerhalb der Container mit relativer Größe anzubringen.

21

Im nächsten Schritt möchten wir jedoch ein Foto in die Seite integrieren. Bisher haben wir Fotos jedoch immer eine feste Größe gegeben. Diese haben wir meistens selbst mit den Begriffen `width` und `height` angegeben. Doch selbst wenn diese Angaben fehlen, ist die Größe einer Grafik fest. In diesem Fall entspricht sie der ursprünglichen Größe des Bildes.

Um zu verdeutlichen, was in diesem Fall passiert, fügen wir nun im `aside`-Bereich ein Foto ein. Diesem geben wir eine Höhe von 200 Pixeln und eine Breite von 150 Pixeln. Wenn wir die Seite im kompletten Browserfenster aufrufen, befindet sich das Bild wie gewünscht im Bereich des `aside`-Elements. Wenn wir nun jedoch die Fenstergröße reduzieren, passt es nicht mehr in den dafür vorgesehenen Bereich hinein. Das führt dazu, dass es über den Rand hinausragt:

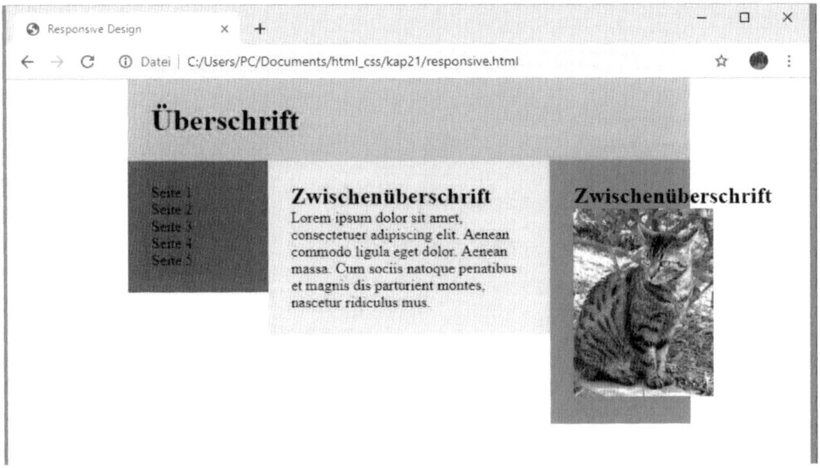

Screenshot 177: Das Bild ist nun zu groß für die Spalte

Um bei jeder beliebigen Bildschirmbreite für eine ansprechende Darstellung zu sorgen, ist es wichtig, auch die Größe des Bildes relativ zu gestalten. Dazu können wir ihm eine Breite von 100% zuweisen. Damit das Verhältnis zwischen Breite und Höhe dabei gleich bleibt, wählen wir für die Höhe den Wert `auto`. Diese Vorgaben machen wir in der CSS-Datei für das `img`-Tag:

```
img {
  width: 100%;
  height: auto;
}
```

Wenn wir die Seite nun erneut laden, erhält das Bild die richtige Größe:

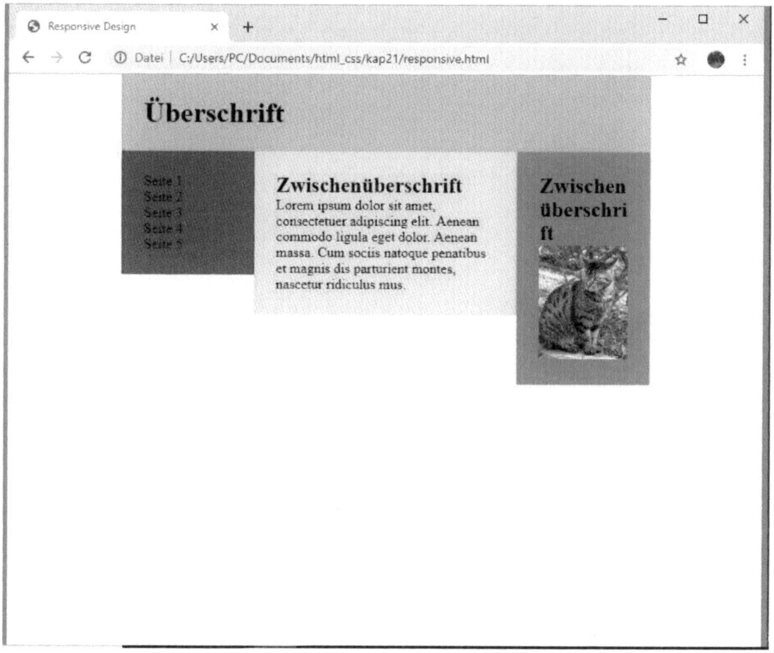

Screenshot 178: Das Foto fügt sich nun in den verfügbaren Bereich ein.

Anmerkung: Im vorherigen Screenshot ragte auch die Überschrift über den Container hinaus. Um dies zu verhindern, haben wir für die komplette Seite (also in der Vorgabe mit dem Sternsymbol) die Anweisung `word-wrap: break-word;` eingefügt. Diese führt dazu, dass zu lange Wörter nicht über ihren jeweiligen Container hinausragen, sondern in der nächsten Zeile weitergeführt werden.

Wenn wir die Breite auf 100 Prozent festlegen, führt das nicht nur dazu, dass das Bild verkleinert wird, wenn der Container für die Darstellung in Originalgröße nicht ausreicht. Ist er größer, vergrößert sich das Bild. Im Prinzip ist das für das Layout sehr praktisch, da es dann immer den verfügbaren Raum genau einnimmt. Allerdings kann eine Vergrößerung des Fotos zu einer schlechten Auflösung führen. Das lässt sich vermeiden, indem man folgende Vorgabe macht:

```
img {
  max-width: 100%;
  height: auto;
}
```

Diese führt dazu, dass das Bild bei Bedarf verkleinert wird. Es wird jedoch niemals über seine ursprüngliche Größe hinaus vergrößert.

21.6. Übungsaufgabe: Seiten mit responsive Design erstellen

1. Gestalten Sie eine Seite mit `header`-, `nav`-, `article`- und `footer`-Bereich. Für das Layout sollen zwei Optionen gestaltet werden – eine für das Smartphone und eine für den PC. Die Bereiche im `header`- und im `footer`-Tag sollen unabhängig von der Bildschirmgröße 100 Prozent der Breite einnehmen. Wenn die Seite auf dem PC angezeigt wird, sollen das Menü und der Hauptbereich nebeneinander erscheinen. Das Menü nimmt dabei 30 Prozent ein und der Hauptbereich den Rest. Außerdem sollen in diesem Fall seitliche Ränder erscheinen, damit die Gesamtbreite der Seite nicht zu groß wird. Bei der Darstellung auf dem Smartphone sollen diese Ränder jedoch nicht erscheinen. Außerdem sollen die beiden Bereiche untereinander dargestellt werden. Alle Blöcke sollen die gleiche Hintergrundfarbe und einen Rahmen erhalten.

2. Fügen Sie nun in den Hauptbereich ein Bild mit einer Größe von 500 auf 375 Pixeln ein. Dieses soll sich verkleinern, wenn der entsprechende Bereich zu klein für die Darstellung wird. Es soll jedoch die vorgegebene Größe niemals überschreiten.

Lösungen:

HTML-Code:

```
<!DOCTYPE html>
<html lang = "de">
<head>
<title>
    Aufgabe 1
</title>
<meta charset="UTF-8">
<meta name="viewport" content="width=device-width, initial-
scale=1.0">
<link rel="stylesheet" href="style.css">
</head>
<body>
    <div id = "container">
    <header>
    <h1>Überschrift</h1>
    </header>
    <nav>
    <ul>
        <li>Seite 1</li>
        <li>Seite 2</li>
        <li>Seite 3</li>
        <li>Seite 4</li>
        <li>Seite 5</li>
    </ul>
    </nav>

    <article>
        <h2>Zwischenüberschrift</h2>
        <p>
            Im Hauptbereich stehen die wesentlichen Inhalte der
            Seite.
        </p>
    </article>
    <footer>
        <p>Hier steht der Footer.</p>
    </footer>
    </div>
</body>
</html>
```

CSS-Code:

```
* {
    box-sizing: border-box;
    padding: 0;
    margin: 0;
    word-wrap: break-word;
}
header, nav, article, footer {
    width: 100%;
    background-color: cyan;
    padding: 25px;
    border: solid 2px firebrick;
}

@media only screen and (min-width: 768px){
    nav {
        width: 30%;
        float: left;
    }
    article {
        width: 70%;
        float: left;
    }

    #container {
        width: 70%;
        margin: auto;
    }
    footer {
        clear: both;
    }
}
```

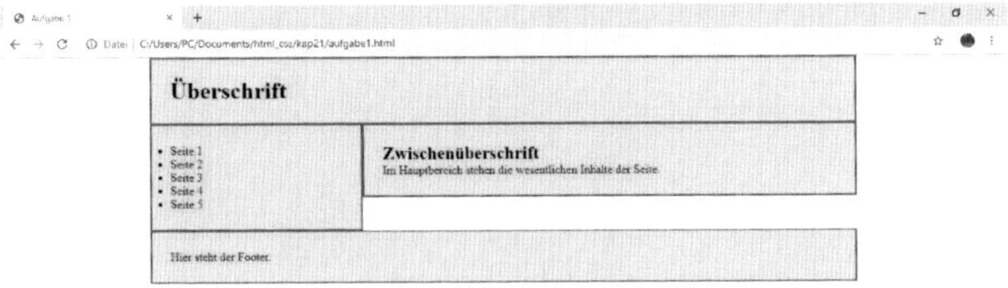

Screenshot 179: Die Darstellung der einzelnen Bereiche

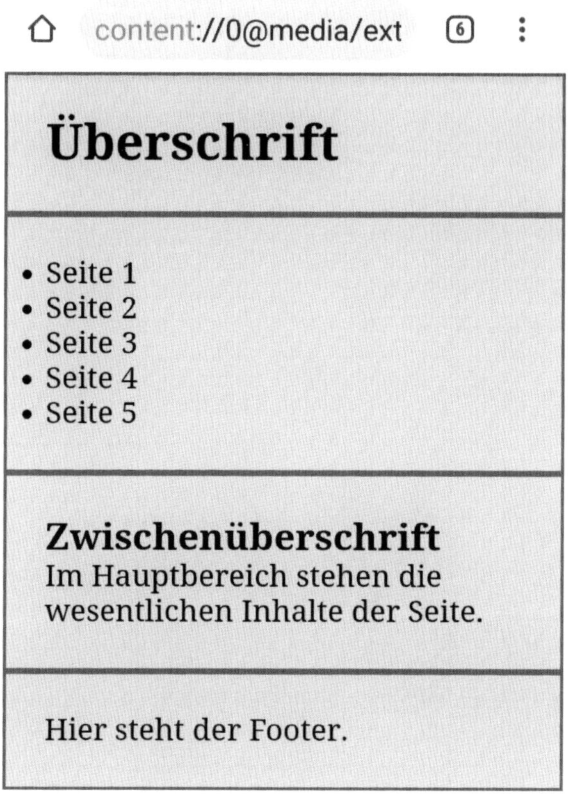

Screenshot 180: Die Darstellung auf dem Smartphone

2.

HTML-Code:

```
<!DOCTYPE html>
<html lang = "de">
<head>
<title>
    Aufgabe 2
</title>
<meta charset="UTF-8">
<meta name="viewport" content="width=device-width, initial-
scale=1.0">
<link rel="stylesheet" href="style.css">
</head>
<body>
    <div id = "container">
    <header>
    <h1>Überschrift</h1>
    </header>
    <nav>
    <ul>
        <li>Seite 1</li>
        <li>Seite 2</li>
        <li>Seite 3</li>
        <li>Seite 4</li>
        <li>Seite 5</li>
    </ul>
    </nav>

    <article>
        <h2>Zwischenüberschrift</h2>
        <p>
            Im Hauptbereich stehen die wesentlichen Inhalte der
            Seite.
        </p>
        <img src = "katze_klein.jpg" width = "375" height = "500">
    </article>
    <footer>
        <p>Hier steht der Footer.</p>
    </footer>
    </div>
</body>
</html>
```

CSS-Code:

```
* {
    box-sizing: border-box;
    padding: 0;
    margin: 0;
    word-wrap: break-word;
}
header, nav, article, footer {
    width: 100%;
    background-color: cyan;
    padding: 25px;
    border: solid 2px firebrick;
}
img {
    max-width: 100%;
    height: auto;
  }


@media only screen and (min-width: 768px){
    nav {
        width: 30%;
        float: left;
    }
    article {
        width: 70%;
        float: left;
    }

    #container {
        width: 70%;
        margin: auto;
    }
    footer {
        clear: both;
    }
}
```

Screenshot 181: Die Größe des Fotos wird an die Breite angepasst.

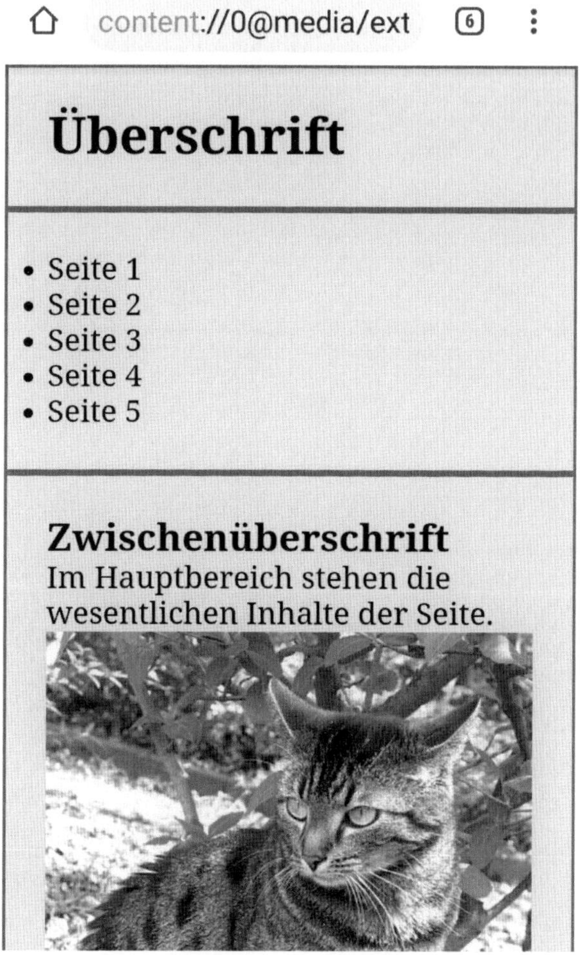

Screenshot 182: Die Darstellung auf dem Smartphone

Downloadhinweis

Alle Programmcodes aus diesem Buch stehen kostenfrei zum Download bereit. Dadurch müssen Sie Code nicht abtippen.

Außerdem erhalten Sie die eBook Ausgabe zum Buch im PDF Format kostenlos auf unserer Website:

www.bmu-verlag.de/html-css
Downloadcode: siehe Kapitel 23

Kapitel 22

Praxisbeispiel: Eine Website für ein Tierheim anlegen

In den vorherigen Kapiteln haben wir viele wichtige Techniken kennengelernt, mit denen sich unterschiedliche Aspekte einer Internetseite beeinflussen lassen. Zu Beginn des Buchs haben wir die Auszeichnungssprache HTML kennengelernt, die die Grundlage jeder Internetseite darstellt. Diese dient in erster Linie dazu, die Inhalte entsprechend ihrer Funktion zu kennzeichnen und bestimmte Gruppen zu definieren, die später für das Layout wichtig sind.

Die letzten Kapitel haben die Stylesheetsprache CSS vorgestellt. Diese bietet vielfältige Möglichkeiten, um ein ansprechendes Design zu erstellen. Dabei haben wir jedoch immer nur einzelne Aspekte vorgestellt und nur deren Verwendung in Beispielen vorgestellt. Um eine ansprechende Internetseite zu gestalten, ist es jedoch notwendig, diese verschiedenen Aspekte miteinander zu kombinieren. Nur so kann man ein Layout erzeugen, das einladend auf die Besucher wirkt und die Inhalte so präsentiert, dass sie die Aufmerksamkeit auf sich ziehen.

In diesem abschließenden Kapitel wollen wir daher eine kleine Website erzeugen. Dafür wählen wir das Beispielprojekt des Tierheims, das bereits mehrfach in diesem Buch angeführt wurde. Die HTML-Seiten, die dafür notwendig sind, haben wir größtenteils bereits erstellt. Allerdings sind auch hierbei einige Verbesserungen und Ergänzungen notwendig. Die wesentliche Herausforderung besteht jedoch darin, das Design der Seite zu entwerfen. Dazu sollen viele der CSS-Techniken zum Einsatz kommen, die wir in den vorherigen Kapiteln vorgestellt haben, damit ein ansprechendes Gesamtbild entsteht.

Bei der Gestaltung der Seite achten wir darauf, dass diese auch auf mobilen Geräten gut zur Geltung kommt. Daher verwenden wir das responsive Design, das im vorherigen Kapitel vorgestellt wurde.

22.1. Die grundlegende Struktur und Layoutvorgaben für die Website vorgeben

Wenn man eine Website gestaltet, ist es sinnvoll, für alle enthaltenen Seiten eine einheitliche Gestaltungsweise auszuwählen. Zum einen reduziert es den Arbeitsaufwand erheblich, wenn man nicht für jede einzelne Seite einen eigenen Design-Entwurf erstellen muss. Zum anderen sorgt das dafür, dass die gesamte Website einen einheitlichen Eindruck macht. Das macht den Zusammenhang deutlich, wenn sich der Besucher durch die einzelnen Seiten klickt. Darüber hinaus sorgt das für einen gewissen Wiedererkennungseffekt. Das führt dazu, dass die Seite besser im Gedächtnis bleibt und auch beim nächsten Besuch bereits auf den ersten Blick die Erinnerung an die hier präsentierten Inhalte weckt.

Aus diesem Grund wollen wir einen Design-Entwurf umsetzen, der zu allen Unterseiten passt. Hierfür erstellen wir nur ein einziges Stylesheet, das für die komplette Website gültig ist. Wenn wir später die einzelnen Unterseiten gestalten, müssen wir uns jedoch an die vorgegebenen Strukturen halten und die gleichen Elemente verwenden.

Für die grundlegende Struktur orientieren wir uns wieder an unserem Tabellen-Layout, das wir in Kapitel 10 erstellt haben. Allerdings wollen wir diesen Entwurf dann per CSS umsetzen. Außerdem verwenden wir für die Auszeichnung der einzelnen Elemente semantische Tags. Ganz oben steht dabei der Kopfbereich. Hier wollen wir nun eine Überschrift, die für die gesamte Website gültig ist, einfügen. Außerdem bringen wir ein Logo an. Danach folgen das Navigationsmenü, der Hauptbereich sowie der nebengeordnete Bereich. In der Darstellung für den PC befinden sich all diese Elemente nebeneinander. Da wir unsere Seite jedoch auch für Smartphones und Tablets optimieren möchten, werden wir hierfür unterschiedliche Vorgaben machen.

In Übungsaufgabe 12.1 haben wir die Startseite für das Tierheim bereits mit semantischen Tags gestaltet und dabei genau die vorgegebene Struktur verwendet. Daher können wir diese übernehmen. Allerdings sind dabei noch ein paar kleinere Änderungen notwendig. Beispielsweise müssen wir das `Viewport`-Meta-Tag einfügen. Außerdem ist es erforderlich, noch zwei `div`-Container zu erstellen. Einer umfasst die kompletten Inhalte und ermöglicht es uns – wie im vorherigen Kapitel beschrieben – bei der Darstellung auf dem PC seitliche Ränder einzufügen. Darüber hinaus fügen wir einen `div`-Container ein, der das `nav`-, das `article`- und das `aside`-Tag umschließt. Dieser ist hilfreich, um diese Elemente später im Hauptbereich anzuordnen. Außerdem müssen wir den Link zum Stylesheet hinzufügen. Eine weitere kleine Änderung nehmen wir an der Überschrift im `header`-Tag vor. Diese teilen wir in zwei Teile auf. Einen davon kennzeichnen wir mit `h1`- und den anderen mit `h2`-Tags. Der HTML-Code der Startseite sieht dann so aus:

```
<!DOCTYPE html>
<html lang = "de">
    <head>
        <title>
            Unser Tierheim
        </title>
        <meta charset="UTF-8">
        <meta name="description" content="Darstellung unseres
        Tierheims">
        <meta name="keywords" content="Tierheim, entlaufene Tiere">
        <meta name="author" content="Max Mustermann">
        <link rel="stylesheet" href="style.css">
        <meta name="viewport" content="width=device-width, initial-
        scale=1.0">
    </head>

    <body>
        <div id = "gesamt">
        <header>
            <figure><img src = "bilder/logo.jpg" width = "100" height
            = "100" alt = "Logo"></figure>
            <h1>Tierheim Musterstadt</h1>
            <h2>Ein Zuhause für Tiere</h2>
        </header>
        <div id = "hauptbereich">
        <nav>
            <ul>
                <li><a href = "index.html">Startseite</a></li>
                <li><a href = "beschreibung.html">Über uns</a>
                </li>
                <li><a href = "spenden.html">Tieren helfen</a>
                </li>
                <li><a href = "adoption.html">Tier adoptieren
                </a></li>
```

```
            <li><a href = "kontakt.html">Kontakt</a></li>
        </ul>
    </nav>
    <main>
        <article>
            <h2>Unser Tierheim</h2>
            <p>
                In unserem <strong>Tierheim</strong> finden Tiere
                ein neues Zuhause.
                Wir nehmen <strong>entlaufene Tiere</strong> auf,
                deren Besitzer nicht
                auffindbar sind. Außerdem arbeiten wir mit einem
                <strong>Tierarzt
                </strong> zusammen, um die medizinische
                Versorgung sicherzustellen.
            </p>
            <p>
                Nun wollen wir einige unserer Bewohner
                vorstellen. Da ist
                beispielsweise die Katze <i>Kitty</i>, die
                bereits seit drei Jahren
                bei uns lebt. Der Hund <i>Wauwau</i> findet leider
                kein neues Herrchen,
                da er bei einem Unfall ein Auge verloren hat.
            </p>
        </article>
        <aside>
            <figure>
                <img src = "bilder/katze2.jpg" width = "200"
                height="150"
                alt = "Unsere Katze Kitty">
                <figcaption>Die Katze Kitty sucht ein neues
                Zuhause</figcaption>
            </figure>
            <figure>
                    <img src = "bilder/hund.jpg" width = "200"
                    height="150"
                    alt = "Unser Hund Wauwau">
                <figcaption>Der Hund Wauwau ist sehr verspielt</
                figcaption>
            </figure>
        </aside>
    </main>
    </div>
    <footer>
            <p>Unser Tierheim Hauptstraße 111 11111 Musterstadt
            Tel: 01234 9876543</p>
```

```
        </footer>
        </div>
    </body>
</html>
```

Des Weiteren ist es notwendig, die verwendeten Bilder in den Ordner zu verschieben, in dem wir dieses Projekt umsetzen, damit sie richtig auf der Seite angezeigt werden.

Darüber hinaus ist es sinnvoll, sich bereits zu Beginn Gedanken über die Farben zu machen, die für die Seite zum Einsatz kommen sollen. Dabei ist es sinnvoll, sich auf zwei intensive Farben zu beschränken, die den optischen Eindruck prägen. Verwendet man zu viele unterschiedliche Farben, wirkt die Seite zu bunt. Allerdings kann man auch leichte Variationen dieser Farben verwenden – beispielsweise für einen sanften Farbverlauf. Hinzu kommen einige helle Farben, die nicht allzu intensiv wirken. Diese kommen häufig für Hintergründe oder als Schriftfarbe auf einem dunklen Untergrund zum Einsatz.

Als bestimmende Farben für die Seite wählen wir darkcyan und orchid aus. Diese stellen einen Kontrast zueinander dar, sie wirken aber dennoch sehr harmonisch. Für helle Hintergründe ohne intensive Farbgebung verwenden wir die Farbe honeydew.

22.2. Grundlegende Vorgaben für die gesamte Seite

Nachdem die HTML-Seite erstellt ist, müssen wir uns um das Stylesheet kümmern. Dieses erstellen wir wie gewohnt in einer separaten Datei, die die Bezeichnung style.css trägt. Im ersten Schritt ist es sinnvoll, alle grundlegenden Angaben zu machen, die die gesamte Seite betreffen. Hierzu zählt beispielsweise die Festlegung, dass für die Bestimmung der Breite und Höhe auch die Ränder und Abstände hinzugezählt werden sollen. Außerdem ist es empfehlenswert, alle inneren und äußeren Abstände auf 0 zu setzen – genau wie wir dies im vorherigen Kapitel getan haben. Auch ein Zeilenumbruch bei Wörtern, die nicht in den dafür vorgesehenen Bereich passen, soll hinzugefügt werden. Daher stellen wir zunächst folgende Regel auf:

```
* {
    box-sizing: border-box;
    padding: 0;
    margin: 0;
    word-wrap: break-word;
}
```

Eine weitere Vorgabe, die für gesamte Seite gültig ist, betrifft die Anpassung der Größe von Bildern. Diese legen wir so fest, dass sie sich bei einem kleineren Bildschirm ebenfalls verkleinern. Wenn mehr Platz zur Verfügung steht, sollen sie die Originalgröße jedoch nicht überschreiten. Daher verwenden wir folgenden Befehl:

```
img {
    max-width: 100%;
    height: auto;
}
```

Außerdem geben wir dem gesamten body-Bereich die Hintergrundfarbe honeydew. Als Schriftart wählen wir Arial und entsprechende Alternativen aus:

```
body {
    background-color: honeydew;
    font-family: Arial, Helvetica, sans-serif;
}
```

Schließlich sorgen wir bei der Darstellung auf dem PC dafür, dass die Seite nicht den kompletten Bildschirmbereich einnimmt, sondern dass links und rechts jeweils ein Rand bleibt:

```
@media only screen and (min-width: 768px){

    #gesamt {
        width: 70%;
        margin: auto;
    }

}
```

Nach dem Einfügen dieser Vorgaben sind wir zwar nach wie vor weit von unserem gewünschten Layout entfernt. Die ersten Veränderungen sind jedoch bereits auf der Seite zu sehen:

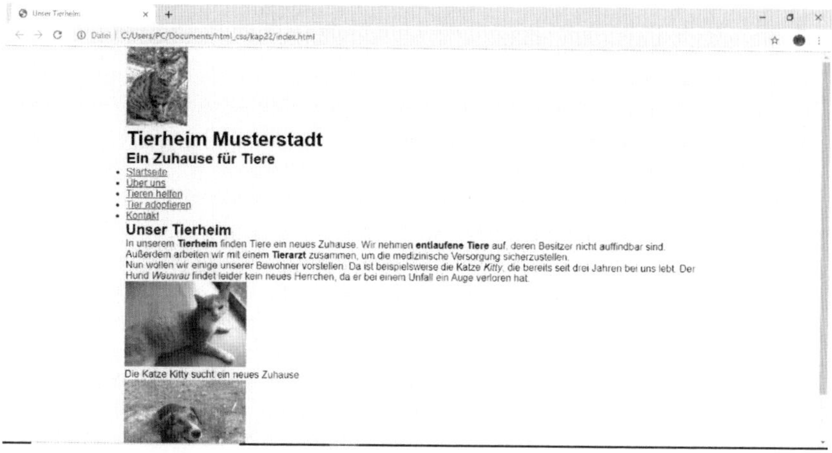

Screenshot 183: Die Seite nach den ersten Änderungen

22.3. Den Kopfbereich der Seite gestalten

Im nächsten Schritt gestalten wir den Kopfbereich der Seite. Diesem geben wir zunächst eine Breite von 100 Prozent. Außerdem passen wir die Hintergrundfarbe an: orchid. Mit dem Befehl `border-radius: 25px;` sorgen wir außerdem für abgerundete Ecken. Darüber hinaus fügen wir oben und unten einen äußeren Rand von 20 Pixeln hinzu. Der inneren Rand beträgt auf allen Seiten 10 Pixel. Das führt zu folgender CSS-Regel für den `header`-Bereich:

```
header {
    width: 100%;
    background-color: orchid;
    border-radius: 25px;
    margin-top: 20px;
    margin-bottom: 20px;
    padding: 10px;
}
```

Nun wenden wir uns dem Logo-Bild zu. Um dieses per CSS anzusprechen, können wir den Selektor header img verwenden. Das Bild soll links neben der Schrift stehen. Daher fügen wir die Anweisung float: left ein. Wenn wir die Seite nun nochmals aufrufen, sehen wir jedoch, dass sich der header-Bereich nicht mehr an die Größe des Bildes anpasst. Um dies wieder zu ändern, müssen wir noch folgende Regel für das header-Tag hinzufügen: overflow: auto;

Daraufhin wenden wir uns wieder dem Bild zu. Da uns kein richtiges Logo für die Seite zur Verfügung steht, haben wir einfach ein gewöhnliches Foto verwendet. Damit dieses wenigstens etwas mehr wie ein Logo wirkt, sorgen wir für eine runde Darstellung. Dafür verwenden wir den Befehl `border-radius: 50%`. Außerdem fügen wir einen äußeren Rand von 10 Pixeln hinzu. Damit ist die Regel für das Bild abgeschlossen:

```
header img {
    float: left;
    margin: 10px;
    border-radius: 50%;
}
```

Nun müssen wir noch die Schriftgröße und die Abstände der beiden Überschriften etwas anpassen, damit diese besser zur Geltung kommen. Dafür verwenden wir folgende Befehle:

```
header h1 {
    font-size: 2.2em;
    margin: 15px 15px 15px 120px;
}

header h2 {
    font-size: 1.3em;
    margin-left: 50%;
}
```

Damit sind die Anpassungen für die Kopfzeile fertiggestellt. Sie erscheint nun bereits in der gewünschten Darstellung:

Screenshot 184: Die Seite mit der fertigen Kopfzeile

22.4. Die Vorgaben für den Hauptbereich

Als nächstes gestalten wir den kompletten Hauptbereich der Seite – also die Inhalte, die in den Tags `nav`, `article` und `aside` stehen. Diese stehen zumindest bei der Darstellung auf dem PC nebeneinander. Daher ist es sinnvoll, deren Planung gemeinsam zu gestalten.

Da wir jedoch nach dem Prinzip "mobile first" vorgehen, wenden wir uns zunächst der Darstellung für das Smartphone zu. Hierbei sollen alle drei Elemente untereinander und in voller Breite angezeigt werden. Dennoch verzichten wir auf eine Größenangabe. Die Standard-Einstellung sieht vor, dass sie den verfügbaren Bereich komplett ausfüllen. Allerdings setzen wir die Werte für das Padding jeweils auf 10 Pixel. Eine Hintergrundfarbe soll vorerst nur der `aside`-Bereich erhalten. Dafür wählen wir die Farbe orchid aus. Außerdem runden wir hierbei die Ecken ab. Das führt zu folgenden Vorgaben:

```
nav {
    padding: 10px;
}
article {
    padding: 10px;
}
```

```
aside {
    padding: 10px;
    border-radius: 25px;
    background-color: orchid;
}
```

Das Navigationsmenü und das `article`-Tag haben bislang noch keinen Hintergrund erhalten. Das liegt darin begründet, dass wir hierbei die Hintergrundfarbe nicht für die einzelnen Tags vorgeben möchten, sondern für den `div`-Container hauptbereich, der sie umspannt. Diesem weisen wir zunächst eine Breite von 100 Prozent zu. Für den Hintergrund verwenden wir die Grundfarbe darkcyan. Allerdings möchten wir hierbei einen Verlauf erstellen. Der obere Bereich soll etwas dunkler erscheinen als der untere Bereich. Da es hierfür jedoch keine Farbe mit der entsprechenden Bezeichnung gibt, müssen wir für den Startwert eine Hexadezimalangabe (#006060) verwenden. Darüber hinaus runden wir die die Ecken ab und fügen passende Abstände hinzu:

```
#hauptbereich {
    width: 100%;
    background-image: linear-gradient(#006060, darkcyan);
    margin-top: 20px;
    margin-bottom: 20px;
    padding: 15px;
    border-radius: 25px;
}
```

Nun wenden wir uns dem Navigationsmenü zu. Hierbei soll jedes einzelne Listenelement die Hintergrundfarbe orchid und passende `padding`-Werte erhalten. Ein äußerer Abstand soll nur oben und unten erscheinen – nicht jedoch an den Seiten. Darüber hinaus runden wir die Ecken ab und erhöhen die Schriftgröße etwas. Des Weiteren entfernen wir mit der Vorgabe `list-style: none` die Punkte für die Aufzählung:

```
nav li {
    background-color: orchid;
    border-radius: 15px;
```

```
    margin-top: 10px;
    margin-bottom: 10px;
    padding: 10px;
    font-size: 1.3em;
    list-style: none;
}
```

Außerdem stört es uns, dass die Links unterstrichen und in blauer beziehungsweise violetter Farbe erscheinen. Daher ändern wir auch diese Vorgaben ab:

```
nav a {
    color: black;
    text-decoration: none;
}
```

Wenn der Anwender mit der Maus über die Links fährt, sollen sie jedoch in einer anderen Farbe erscheinen – in darkcyan. Daher machen wir auch hierfür noch eine passende Vorgabe:

```
nav a:hover {
    color: darkcyan;
}
```

Nun müssen wir nochmals den eigentlichen Hauptteil bearbeiten. Für das `article`-Tag besteht bereits eine Regel, die wir zu diesem Zweck jedoch erweitern. Zunächst passen wir die Schriftart an. Um das Tierheim freundlich und nahbar zu präsentieren, wählen wir eine Schrift aus dem Bereich cursive aus, die ähnlich wie eine Handschrift wirkt. Deshalb geben wir hierfür folgenden Wert vor: `font-family: "Snell Roundhand", "Comic Sans MS", cursive`. Darüber hinaus wirkt die schwarze Schrift vor dem dunklen Hintergrund nicht sehr ansprechend. Daher geben wir hierfür die Farbe honeydew vor:

```
article {
    padding: 10px;
    font-family: "Snell Roundhand", "Comic Sans MS", cursive;
    color: honeydew;
}
```

Wenn wir die Seite jetzt aufrufen, wirken die Überschriften und die Absätze noch sehr eng beieinander. Das liegt darin begründet, dass wir zu Beginn des Dokuments alle Abstände auf 0 gesetzt haben. Daher geben wir nun für alle Überschriften und Absätze neue Abstände vor:

```
h1 {
    margin-top: 30px;
    padding-bottom: 20px;
}

p {
    margin-top: 10px;
    margin-bottom: 10px;
}
```

Auch die Bilder im `aside`-Bereich stehen noch sehr eng beieinander. Daher fügen wir auch hier einen Abstand ein:

```
figure {
    margin: 20px;
}
```

Mit dieser Maßnahme ist das Layout für den Hauptbereich abgeschlossen – zumindest für die Darstellung auf dem Smartphone. Wenn wir die Seite mit diesem Gerät aufrufen, sieht sie so aus:

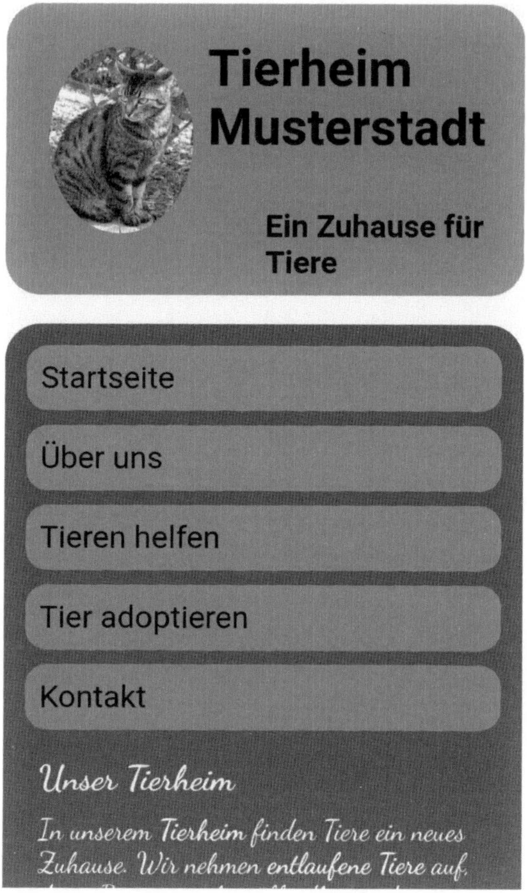

Screenshot 185: Die Darstellung der Seite auf dem Smartphone

Damit ist das Layout für das Smartphone abgeschlossen. Der Code dafür sieht so aus:

```
* {
    box-sizing: border-box;
    padding: 0;
    margin: 0;
    word-wrap: break-word;
}
```

```
img {
    max-width: 100%;
    height: auto;
}

body {
    background-color: honeydew;
    font-family: Arial, Helvetica, sans-serif;
}

header {
    width: 100%;
    background-color: orchid;
    border-radius: 25px;
    margin-top: 20px;
    margin-bottom: 20px;
    padding: 10px;
    overflow: auto;
}

header img {
    float: left;
    margin: 10px;
    border-radius: 50%;
}

header h1 {
    font-size: 2.2em;
    margin: 15px 15px 15px 120px;
}

header h2 {
    font-size: 1.3em;
    margin-left: 50%;
}

nav {
    padding: 10px;
}

article {
    padding: 10px;
    font-family: "Snell Roundhand", "Comic Sans MS", cursive;
    color: honeydew;
}
```

```
aside {
    padding: 10px;
    border-radius: 25px;
    background-color: orchid;
}

#hauptbereich {
    width: 100%;
    background-image: linear-gradient(#006060, darkcyan);
    margin-top: 20px;
    margin-bottom: 20px;
    padding: 15px;
    border-radius: 25px;
}

nav li {
    background-color: orchid;
    border-radius: 15px;
    margin-top: 10px;
    margin-bottom: 10px;
    padding: 10px;
    font-size: 1.3em;
    list-style: none;
}

nav a {
    color: black;
    text-decoration: none;
}

nav a:hover {
    color: darkcyan;
}

h1 {
    margin-top: 30px;
    padding-bottom: 20px;
}

p {
    margin-top: 10px;
    margin-bottom: 10px;
}

figure {
    margin: 10px;
}
```

Im nächsten Schritt entwerfen wir das Layout für mittelgroße Geräte. Daher fügen wir alle nun folgenden Vorgaben unter folgender Bedingung ein:

```
@media only screen and (min-width: 600px)
```

Bei der Darstellung auf dem Tablet soll das Navigationsmenü in horizontaler Form erscheinen. Allerdings verwenden wir nun nicht den `display`-Typ inline wie im vorherigen Kapitel, sondern inline-Block. Das ermöglicht es uns, vertikale Abstände einzufügen. Das ist wichtig, wenn nicht alle Listenelemente in eine Zeile passen. In diesem Fall sorgt diese kleine Änderung für eine deutlich ansprechendere Darstellung. Darüber hinaus reduzieren wir die Werte für die Rundungen und für das Padding etwas. Das wirkt sich bei der horizontalen Darstellung positiv aus. Für den rechten Rand wählen wir einen prozentualen Wert. Das bedeutet, dass der Wert von der Bildschirmgröße abhängt, sodass die Navigationsleiste bei einem breiteren Bildschirm ebenfalls etwas breiter wird:

```
nav li {
    display: inline-block;
    border-radius: 10px;
    margin-right: 2%;
    padding: 5px;
    font-size: 1.1em;
}
```

Nun sorgen wir per `float`-Befehl dafür, dass der `article`- und der `aside`-Bereich nebeneinader stehen. Dafür verwenden wir wieder den bereits bekannten `float`-Befehl. Außerdem passen wir die Breite der beiden Elemente an. Dafür wählen wir die Werte 60 und 40 Prozent aus. Auf diese Weise stehen die beiden Elemente nebeneinander und nehmen die komplette Breite des Containers ein:

```
article {
    width: 60%;
    float: left;
}
```

```
aside {
    width: 40%;
    float: left;
}
```

Nun tritt wieder das gleiche Problem auf, das wir schon im Kopfbereich hatten: Die Größe des Containers passt sich nicht mehr an die Inhalte an. Doch wissen wir bereits, wie wir es lösen können:

```
#hauptbereich {
    overflow: auto;
}
```

Das Layout für den mittleren Größenbereich sieht damit so aus:

Screenshot 186: Die Seite mit dem Layout für das Tablet

Der komplette Code für den Bereich, der das Layout für mittelgroße Geräte vorgibt, sieht dann so aus:

```
@media only screen and (min-width: 600px) {
    nav li {
        display: inline-block;
        border-radius: 10px;
        margin-right: 2%;
        padding: 5px;
        font-size: 1.1em;
    }

    article {
        width: 60%;
        float: left;
    }

    aside {
        width: 40%;
        float: left;
    }

    #hauptbereich {
        overflow: auto;
    }
}
```

Abschließend gestalten wir noch das Layout für den PC. Das bedeutet dass wir die folgenden Regeln in den Bereich schreiben müssen, der für eine Bildschirmbreite ab 768 Pixeln gilt und in dem schon die Vorgabe für den Container mit der ID gesamt steht.

Auf dem PC sollen der `nav`-, der `article`- und der `aside`-Bereich nebeneinander dargestellt werden. Daher fügen wir für das `nav`-Tag noch die Regel `float: left` hinzu. Für die anderen Bereiche haben wir das schon bei der Darstellung für das Tablet erledigt. Die dort gemachten Angaben bleiben weiterhin bestehen. Darüber hinaus müssen wir die Breiten anpassen. Auch hier müssen wir wieder Werte auswählen, die in der Summe 100 Prozent ergeben: 25%, 50% und 25%. Schließlich passen wir den oberen Abstand des article- und des `aside`-Bereichs auf 20 Pixel an. Diese Maßnahme dient dazu, dass die beiden Bereiche auf der gleichen Höhe wie das Navigationsmenü beginnen. Da das `nav`-Tag über ein Padding von 10 Pixeln und jedes `li`-Tag über einen oberen Abstand von ebenfalls 10 Pixeln verfügt, wird der erste Menüpunkt 20 Pixel unterhalb der Stelle angezeigt, an der das `nav`- Tag und bislang auch das `article`- und das `aside`-Tag beginnen. Indem wir die beiden letztgenannten Bereiche 20 Pixel nach unten verschieben, erscheinen sie wieder auf der gleichen Höhe.

```
nav {
    float: left;
    width: 25%;
}

article {
    width: 50%;
    margin-top: 20px;
}

aside {
    width: 25%;
    margin-top: 20px;
}
```

Zum Schluss setzen wir die `li`-Tags innerhalb des `nav`-Bereichs wieder auf `display: block` zurück. Außerdem wählen wir einen etwas größeren `Padding`-Wert und eine größere Schriftgröße. Das wirkt bei der Darstellung auf dem PC-Bildschirm ansprechender:

```
nav li {
    display: block;
    padding: 10px;
    font-size: 1.3em;
}
```

Screenshot 187: Die Darstellung auf dem PC

Für den Bereich, der das Layout für den PC definiert, verwenden wir folgende CSS-Regeln:

```
@media only screen and (min-width: 768px){

    #gesamt {
        width: 70%;
        margin: auto;
    }


    nav {
        float: left;
        width: 25%;
    }

    article {
        width: 50%;
        margin-top: 20px;
    }

    aside {
        width: 25%;
        margin-top: 20px;
    }
```

```
    nav li {
        display: block;
        padding: 10px;
        font-size: 1.3em;
    }
}
```

22.5. Die Fußzeile gestalten

Zum Schluss müssen wir noch die Fußzeile gestalten. Diese soll auf allen drei Layouts die komplette Breite einnehmen. Die Hintergrundfarbe soll dabei orchid sein. Diese Vorgaben sind sehr ähnlich wie für den Titelbereich. Um uns etwas Arbeit zu ersparen, können wir nun einfach diesen Tag nach einem Komma zur Regel für den `header`-Bereich hinzufügen. Dann gelten die entsprechenden Vorgaben für beide Elemente:

```
header, footer {
    width: 100%;
    background-color: orchid;
    border-radius: 25px;
    margin-top: 20px;
    margin-bottom: 20px;
    padding: 10px;
    overflow: auto;
}
```

Das Ergebnis entspricht nun zwar bereits ungefähr unseren Vorstellungen. Doch sind noch einige Verbesserungen notwendig. Daher müssen wir dennoch eine eigene Regel für das `footer`-Tag erstellen. Diese Vorgaben müssen wir in den Teil des Dokuments einfügen, der für alle Bereiche gültig ist – also nicht in die Bereiche mit den Vorgaben für größere Bildschirme, die wir zuletzt bearbeitet haben.

Zunächst sorgen wir dafür, dass die Fußzeile etwas größer dargestellt wird. Dafür geben wir ihr eine Mindesthöhe von 80 Pixeln. Außerdem soll der Text zentriert dargestellt werden. Das erreichen wir mit dem Attribut `text-align`. Damit er auch in vertikaler Ausrichtung einigermaßen in der Mitte erscheint, fügen wir den Befehl `padding-top: 20px` ein. Schließlich verwenden wir die gleiche Schriftfarbe wie im Hauptteil. Das sorgt für einen optischen Anknüpfungspunkt. Auf diese Weise entsteht folgende CSS-Regel:

```
footer {
    min-height: 80px;
    text-align: center;
    padding-top: 20px;
    color: honeydew;
}
```

Damit ist unsere Startseite bereits fertiggestellt. Das Ergebnis sieht so aus:

Screenshot 188: Die Seite mit der Fußleiste

Für einen besseren Überblick wird abschließend nochmals das komplette CSS-Dokument vorgestellt:

```
* {
    box-sizing: border-box;
    padding: 0;
    margin: 0;
    word-wrap: break-word;
}

img {
    max-width: 100%;
```

```
    height: auto;
}

body {
    background-color: honeydew;
    font-family: Arial, Helvetica, sans-serif;
}

header, footer {
    width: 100%;
    background-color: orchid;
    border-radius: 25px;
    margin-top: 20px;
    margin-bottom: 20px;
    padding: 10px;
    overflow: auto;
}

header img {
    float: left;
    margin: 10px;
    border-radius: 50%;
}

header h1 {
    font-size: 2.2em;
    margin: 15px 15px 15px 120px;
}

header h2 {
    font-size: 1.3em;
    margin-left: 50%;
}

nav {
    padding: 10px;
}

article {
    padding: 10px;
    font-family: "Snell Roundhand", "Comic Sans MS", cursive;
    color: honeydew;
}

aside {
    padding: 10px;
    border-radius: 25px;
    background-color: orchid;
```

```
}

#hauptbereich {
    width: 100%;
    background-image: linear-gradient(#006060, darkcyan);
    margin-top: 20px;
    margin-bottom: 20px;
    padding: 15px;
    border-radius: 25px;
}

nav li {
    background-color: orchid;
    border-radius: 15px;
    margin-top: 10px;
    margin-bottom: 10px;
    padding: 10px;
    font-size: 1.3em;
    list-style: none;
}

nav a {
    color: black;
    text-decoration: none;
}

nav a:hover {
    color: darkcyan;
}

h1 {
    margin-top: 30px;
    padding-bottom: 20px;
}

p {
    margin-top: 10px;
    margin-bottom: 10px;
}

figure {
    margin: 10px;
}

footer {
    min-height: 80px;
    text-align: center;
    padding-top: 20px;
```

```
    color: honeydew;
}

@media only screen and (min-width: 600px) {
    nav li {
        display: inline-block;
        border-radius: 10px;
        margin-right: 2%;
        padding: 5px;
        font-size: 1.1em;
    }

    article {
        width: 60%;
        float: left;
    }

    aside {
        width: 40%;
        float: left;
    }

    #hauptbereich {
        overflow: auto;
    }
}

@media only screen and (min-width: 768px){

    #gesamt {
        width: 70%;
        margin: auto;
    }

    nav {
        float: left;
        width: 25%;
    }

    article {
        width: 50%;
        margin-top: 20px;
    }

    aside {
        width: 25%;
        margin-top: 20px;
    }
```

```
    nav li {
        display: block;
        padding: 10px;
        font-size: 1.3em;
    }
}
```

22.6. Die weiteren Unterseiten hinzufügen

Das Design unserer Website ist nun zwar bereits fertiggestellt, doch haben wir bislang nur die Hauptseite erstellt. Daher fehlen noch die Unterseiten. Diese müssen wir nun ebenfalls gestalten. Allerdings sind die wesentlichen Vorarbeiten hierfür bereits abgeschlossen. Daher ist diese Aufgabe schnell erledigt.

Das Design haben wir zwar für die Hauptseite erstellt, doch können wir es auch für alle Unterseiten verwenden. Dafür müssen wir lediglich den Link zum Stylesheet einfügen. Dabei ist es nur wichtig, dass man die Struktur der Seite beibehält und dafür genau die gleichen Tags verwendet. Wenn man dies berücksichtigt, kann man das Stylesheet ohne Änderungen übernehmen. Das zeigt nochmals eindrücklich, welche enorme Arbeitsersparnis die Verwendung externer Stylesheets bei größeren Webprojekten mit sich bringt.

In den Kapiteln 9 und 11 haben wir bereits die einzelnen Unterseiten für unsere Tierheim-Website erstellt. Die Inhalte, die wir hierbei erzeugt haben, können wir nun übernehmen. Allerdings muss man dabei beachten, dass wir die Struktur der Seite in der Zwischenzeit deutlich abgeändert haben. In den bisherigen Versionen haben wir beispielsweise keine semantischen Auszeichnungen verwendet. Einen nebengeordneten Bereich haben wir überhaupt nicht erstellt. Daher müssen wir hierfür noch zusätzliche Inhalte einfügen.

Aufgrund der deutlichen Änderungen ist es sinnvoll, für die Unterseiten stets die soeben erstellte Hauptseite als Vorlage zu verwenden. Hier muss man dann die Inhalte des article- und des `aside`-Tags löschen. Für das `article`-Tag können wir die Inhalte der Seiten aus den Kapiteln 9 und 11 verwenden. Für das `aside`-Tags müssen wir noch eine kleine zusätzliche Beschreibung einfügen. Auch den Titel und die `Meta`-Tags sollten wir anpassen.

Als erstes überarbeiten wir die Über-Uns-Seite. Dazu fügen wir die Inhalte aus Kapitel 9 in das `article`-Tag und gestalten einen weiteren beschreibenden Absatz für das `aside`-Tag:

```
<!DOCTYPE html>
<html lang = "de">
    <head>
        <title>
                Über uns: Unser Tierheim stellt sich vor
        </title>
        <meta charset="UTF-8">
        <meta name="description" content="Beschreibung unseres
        Tierheims: Wir stellen uns vor.">
        <meta name="keywords" content="Tierheim, entlaufene Tiere">
        <meta name="author" content="Max Mustermann">
        <link rel="stylesheet" href="style.css">
        <meta name="viewport" content="width=device-width, initial-
        scale=1.0">
    </head>

    <body>
        <div id = "gesamt">
        <header>
            <figure><img src = "bilder/logo.jpg" width = "100" height
            = "100" alt = "Logo"></figure>
            <h1>Tierheim Musterstadt</h1>
            <h2>Ein Zuhause für Tiere</h2>
        </header>
        <div id = "hauptbereich">
        <nav>
            <ul>
                <li><a href = "index.html">Startseite</a></li>
                <li><a href = "beschreibung.html">Über uns</a></li>
                <li><a href = "spenden.html">Tieren helfen</a></li>
                <li><a href = "adoption.html">Tier adoptieren</a>
                </li>
                <li><a href = "kontakt.html">Kontakt</a></li>
            </ul>
        </nav>
        <main>
            <article>
                <h2>Unsere Tätigkeiten</h2>
```

```
                <ul>
                    <li>Aufnahme entlaufener Tiere</li>
                    <li>Suche nach Besitzern</li>
                    <li>Vermittlung an andere Tierfreunde, wenn die
                    Besitzer nicht auffindbar sind</li>
                    <li>Pflege nicht vermittelbarer Tiere</li>
                    <li>Impfungen herrenloser Tiere</li>
                </ul>
            </article>
            <aside>
                <h2>Wir helfen Tieren</h2>
                <p>In unserem Tierheim dreht sich alles um den
                Tierschutz. Wir nehmen herrenlose
                    Tiere auf und geben ihnen ein neues Zuhause.
                    Außerdem sorgen wir für die
                    notwendige medizinische Versorgung.
                </p>

            </aside>
        </main>
        </div>
        <footer>
                <p>Unser Tierheim Hauptstraße 111 11111 Musterstadt
                Tel: 01234 9876543</p>
        </footer>
        </div>
    </body>
</html>
```

Screenshot 189: Die Über-uns Seite

Danach wiederholen wir die Anpassungen für die Spenden-Seite:

```
<!DOCTYPE html>
<html lang = "de">
    <head>
        <title>
            Für unser Tierheim spenden
        </title>
        <meta charset="UTF-8">
        <meta name="description" content="Spenden: So können Sie uns
        unterstützen.">
        <meta name="keywords" content="Tierheim, entlaufene Tiere">
        <meta name="author" content="Max Mustermann">
        <link rel="stylesheet" href="style.css">
        <meta name="viewport" content="width=device-width, initial-
        scale=1.0">
    </head>

    <body>
        <div id = "gesamt">
        <header>
            <figure><img src = "bilder/logo.jpg" width = "100" height
            = "100" alt = "Logo"></figure>
            <h1>Tierheim Musterstadt</h1>
            <h2>Ein Zuhause für Tiere</h2>
        </header>
        <div id = "hauptbereich">
        <nav>
            <ul>
                <li><a href = "index.html">Startseite</a></li>
                <li><a href = "beschreibung.html">Über uns</a>
                </li>
                <li><a href = "spenden.html">Tieren helfen</a>
                </li>
                <li><a href = "adoption.html">Tier adoptieren
                </a></li>
                <li><a href = "kontakt.html">Kontakt</a></li>
            </ul>
        </nav>
        <main>
            <article>
                <h2>Drei Gründe für die Unterstützung unseres
                Tierheims</h2>
                <ol>
                    <li>Wir pflegen kranke Tiere wieder gesund.</li>
                    <li>Wir bereiten alten Tieren einen angenehmen
                    Lebensabend.</li>
```

```
                    <li>Wir verhindern freilaufende und verwilderte
                    Tiere in unserer Stadt.</li>
                </ol>
            </article>
            <aside>
                <h2>Spenden helfen unseren Tieren</h2>
                <p>Ihre Spenden erlauben es uns, herrenlosen Tieren
                ein neues Zuhause
                    zu geben. Ohne Ihre Unterstützung ist das nicht
                    möglich. Für jede
                    Spende erhalten sie selbstverständlich eine
                    Spendenquittung.
                </p>
            </aside>
        </main>
        </div>
        <footer>
                <p>Unser Tierheim Hauptstraße 111 11111 Musterstadt
                Tel: 01234 9876543</p>
        </footer>
        </div>
    </body>
</html>
```

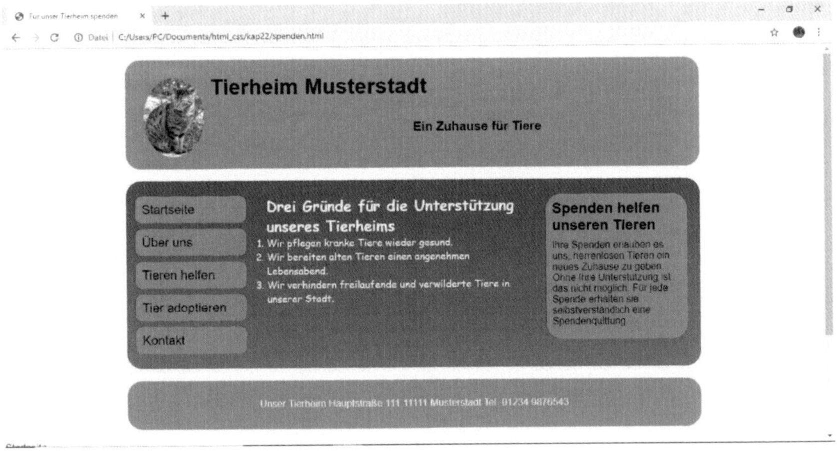

Screenshot 190: Die Spenden-Seite

Der Code der Seite für die Adoption eines Tiers:

```
<!DOCTYPE html>
<html lang = "de">
    <head>
        <title>
            Tiere zur Adoption
        </title>
        <meta charset="UTF-8">
        <meta name="description" content="Diese Tiere können Sie
        adoptieren.">
        <meta name="keywords" content="Tierheim, entlaufene Tiere">
        <meta name="author" content="Max Mustermann">
        <link rel="stylesheet" href="style.css">
        <meta name="viewport" content="width=device-width, initial-
        scale=1.0">
    </head>

    <body>
        <div id = "gesamt">
        <header>
            <figure><img src = "bilder/logo.jpg" width = "100" height
            = "100" alt = "Logo"></figure>
            <h1>Tierheim Musterstadt</h1>
            <h2>Ein Zuhause für Tiere</h2>
        </header>
        <div id = "hauptbereich">
        <nav>
            <ul>
                <li><a href = "index.html">Startseite</a></li>
                <li><a href = "beschreibung.html">Über uns</a>
                </li>
                <li><a href = "spenden.html">Tieren helfen</a>
                </li>
                <li><a href = "adoption.html">Tier adoptieren
                </a></li>
                <li><a href = "kontakt.html">Kontakt</a></li>
            </ul>
        </nav>
        <main>
            <article>
                <h2>Diese Tiere können Sie adoptieren</h2>
                <dl>
                    <dt>Kitty</dt><dd>Katze, 7 Jahre</dd>
                    <dt>Wauwau</dt><dd>Hund, 12 Jahre</dd>
                    <dt>Paul</dt><dd>Hamster, 2 Jahre</dd>
                    <dt>Wilhelmine</dt><dd>Schildkröte,
                    43 Jahre</dd>
                </dl>
            </article>
```

```
            <aside>
                <h2>Ein Tier adoptieren</h2>
                <p>Die beste Art, uns zu unterstützen, ist die
                Adoption eines
                    Tiers. Unsere Kapazitäten sind begrenzt und wir
                    sind fast
                    immer voll ausgelastet. Wenn Sie ein Tier bei
                    sich aufnehmen
                    und sich liebevoll um es kümmern, helfen Sie dem
                    gesamten
                    Tierheim.
                </p>
            </aside>
        </main>
        </div>
        <footer>
                <p>Unser Tierheim Hauptstraße 111 11111 Musterstadt
                Tel: 01234 9876543</p>
        </footer>
        </div>
    </body>
</html>
```

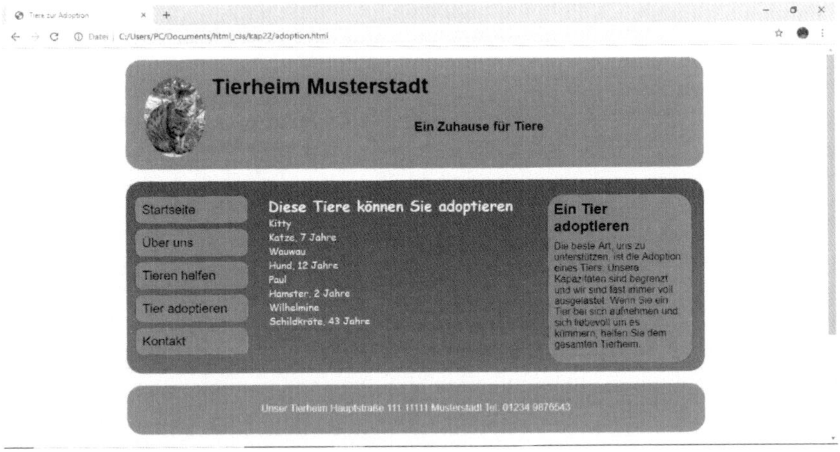

Screenshot 191: Die Adoptions-Seite

Der Code für die Seite mit dem Kontaktformular:

```
<!DOCTYPE html>
<html lang = "de">
    <head>
        <title>
            Kontakt: So erreichen Sie uns
        </title>
        <meta charset="UTF-8">
        <meta name="description" content="Hier können Sie Kontakt zu
        unserem Tierheim aufnehmen.">
        <meta name="keywords" content="Tierheim, entlaufene Tiere">
        <meta name="author" content="Max Mustermann">
        <link rel="stylesheet" href="style.css">
        <meta name="viewport" content="width=device-width, initial-
        scale=1.0">
    </head>

    <body>
        <div id = "gesamt">
        <header>
            <figure><img src = "bilder/logo.jpg" width = "100" height
            = "100" alt = "Logo"></figure>
            <h1>Tierheim Musterstadt</h1>
            <h2>Ein Zuhause für Tiere</h2>
        </header>
        <div id = "hauptbereich">
        <nav>
            <ul>
                <li><a href = "index.html">Startseite</a></li>
                <li><a href = "beschreibung.html">Über uns</a>
                </li>
                <li><a href = "spenden.html">Tieren helfen</a>
                </li>
                <li><a href = "adoption.html">Tier adoptieren
                </a></li>
                <li><a href = "kontakt.html">Kontakt</a></li>
            </ul>
        </nav>
        <main>
            <article>
                <h2>Kontakt</h2>
                <form action = "form1.html" method = "post"
                enctype="text/plain">
                    Ihr Vorname:
                    <input type = "text" name = "vorname" size =
                    "10"><br><br>
                    Ihr Nachname:
                    <input type = "text" name = "nachname" size =
                    "10"><br><br>
```

```
Ihre E-Mail-Adresse:
<input type = "text" name = "mail" size =
"10"><br><br>
Ihre Telefonnummer:
<input type = "text" name = "tel" size =
"10"><br><br><br>

Haben Sie selbst Tiere?<br><br>
<select name = "tiere">
    <option value = "0">Nein</option>
    <option value = "1">Ja, eines</option>
    <option value = "2">Ja, zwei</option>
    <option value = "3+">Ja, drei oder mehr</
    option>
</select><br><br><br>

Ich wünsche Informationen über:<br><br>
<input type="checkbox" value = "adoption" name =
"interessen">
Ein Tier adoptieren<br>
<input type="checkbox" value = "spenden" name =
"interessen">
Das Tierheim finanziell unterstützen<br>
<input type="checkbox" value = "mitarbeit" name =
"interessen">
Ehrenamtliche Mitarbeit<br>
<input type="checkbox" value = "veranstaltungen"
name = "interessen">
Informationsveranstaltungen<br>
<br><br><br>
Unser Förderverein:<br><br>
<input type = "radio" name = "verein" value =
"mitglied" checked>
Ich bin bereits Mitglied
<input type = "radio" name = "verein" value =
"mitgliedWerden">
Ich will gerne Mitglied werden
<input type = "radio" name = "geschlecht" value =
"keinInteresse">
Kein Interesse<br><br>

Platz für weitere Kommentare:<br><br>
<textarea name = "kommentar" rows = "7" cols =
"60"
placeholder="Fügen Sie Ihren Kommentar ein!"></
textarea><br><br>
<input type = "submit" value = "Formular
abschicken">
```

```
                    <input type = "reset" value = "Werte
                    zurücksetzen">
                </form>
            </article>
            <aside>
                <h2>Wir freuen uns auf Ihre Kontaktaufnahme</h2>
                <p>Wenn Sie Fragen zu unserer Tätigkeit haben, können
                Sie sich gerne an uns wenden.
                    Auch wenn Sie unsere Arbeit finanziell
                    unterstützen oder in unserem Tierheim
                    mithelfen möchten, können Sie unser
                    Kontaktformular nutzen. In Kürze werden Sie
                    dann von uns hören.
                </p>
            </aside>
        </main>
        </div>
        <footer>
                <p>Unser Tierheim Hauptstraße 111 11111 Musterstadt
                Tel: 01234 9876543</p>
        </footer>
        </div>
    </body>
</html>
```

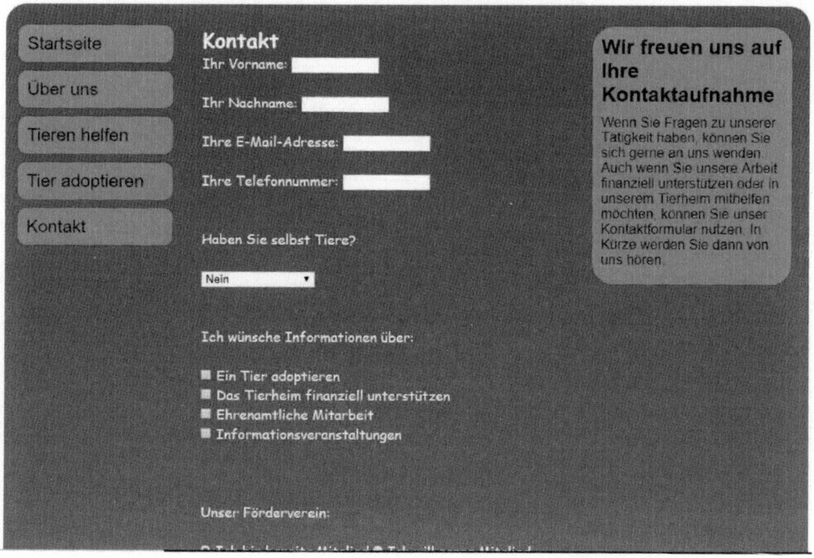

Screenshot 191: Die Seite für die Kontaktaufnahme

Wenn wir alle Unterseiten eingefügt haben, ist das Abschlussprojekt für dieses Buch fertiggestellt. Die Seite verfügt nun über eine ansprechende Gestaltung und die charakteristische Farbgebung sorgt für einen gewissen Wiedererkennungseffekt. Darüber hinaus haben wir ein passendes Design für Smartphones und Tablets entworfen, sodass unsere Seiten auch auf diesen Geräten ansprechend wirken und einen hohen Nutzungskomfort bieten.

Alle Programmcodes aus diesem Buch stehen kostenfrei zum Download bereit. Dadurch müssen Sie Code nicht abtippen.

Außerdem erhalten Sie die eBook Ausgabe zum Buch im PDF Format kostenlos auf unserer Website:

www.bmu-verlag.de/html-css
Downloadcode: siehe Kapitel 23

Kapitel 23

So geht es weiter

Mit diesem Projekt ist das gesamte Buch abgeschlossen. Im Verlauf haben wir die wesentlichen HTML-Tags kennengelernt und erfahren, wie man damit die Strukturen einer Seite vorgibt und die Inhalte kennzeichnet. Für das Layout haben wir die grundlegenden Techniken von CSS verwendet.

Mit diesem Basiswissen ist es bereits möglich, vielfältige Projekte selbst zu gestalten. Damit dies gelingt, ist jedoch noch viel Übung notwendig. Der beste Weg, um die Kenntnisse und Fähigkeiten zu erweitern, besteht daher darin, eigene Seiten zu gestalten. Dafür kann man sich ein beliebiges Thema auswählen und ein passendes Layout dafür entwerfen. Die wesentlichen Grundkenntnisse, die dafür notwendig sind, wurden in diesem Buch bereits vorgestellt. Daher stellt dieses ein geeignetes Nachschlagewerk dar, wenn man einmal nicht weiterkommt.

Allerdings bieten HTML und CSS noch vielfältige weitere Möglichkeiten. Insbesondere die Sprache CSS ist extrem umfangreich, sodass es in diesem Buch nur möglich war, die wichtigsten Inhalte vorzustellen. Wenn man sich über die weiteren Eigenschaften und Werte informieren will, empfiehlt es sich beispielsweise, auf der in diesem Buch bereits mehrfach verlinkten Seite https://www.w3schools.com/ nachzuschauen. Diese enthält ein umfangreiches Nachschlagewerk zu allen gängigen HTML-Tags und CSS-Attributen. Auf diese Weise kann man sich genau darüber informieren, welche Auswirkungen diese haben. Wenn man dennoch einmal nicht weiterkommt, hilft meistens eine Internetrecherche weiter. Es gibt unzählige Foren und Blogs, die verschiedene Themen rund um HTML und CSS aufgreifen. Dort findet man zu fast jedem Problem eine Lösung. Und wenn das einmal nicht der Fall sein sollte, kann man dort auch selbst eine Frage stellen. Eine aktive Community hilft einem dabei fast immer weiter.

Downloadcode für das kostenlose eBook: z6ipüthx8

JavaScript Programmieren für Einsteiger: Der leichte Weg zum JavaScript-Experten (374 Seiten)

JavaScript ist die wichtigste clientseitige Programmiersprache zur Erstellung moderner dynamischer Webseiten, und zudem überaus einfach zu erlernen. Mit diesem Buch lernen Sie das Programmieren mit JavaScript verständlich und praxisorientiert, ohne dass dabei Vorkenntnisse vonnöten wären. Aufbauend auf den Grundlagen werden fortgeschrittene Themen wie die objektorientierte Programmierung, Eventbehandlung, AJAX, CSS und jQuery behandelt, so dass Sie bald eigene anspruchsvolle, interaktive Webseiten mit JavaScript entwickeln können. Durch praxisnahe Erklärungen, Übungsaufgaben mit Lösungen nach jedem Kapitel und umfangreiche Praxisprojekte als Vorlage für eigene Projekte ist der nachhaltige Lernerfolg mit diesem Buch sicher!

Hier informieren: https://bmu-verlag.de/javascript

PHP und MySQL für Einsteiger: Dynamische Webseiten durch PHP 7, SQL und Objektorientierte Programmierung (224 Seiten)

PHP ist eine der wichtigsten serverseitigen Webprogrammiersprachen und in Kombination mit dem Datenbanksystem MySQL und der Datenbanksprache SQL eine einfach zu erlernende aber auch sehr leistungsfähige Programmiersprache, um dynamische Webseiten zu erstellen.

Mit diesem Buch lernen Sie beginnend mit den Grundlagen anhand vieler Praxisbeispiele, wie auch Sie eigene dynamische Webseiten mit PHP erstellen können. Dabei gibt es zu jedem Kapitel Übungsaufgaben mit ausführlichen Lösungen, um das Erlernte direkt selbst anwenden zu können.

2. Auflage: aktualisiert und erweitert

Hier informieren: http://bmu-verlag.de/php-mysql/

Python 3 Programmieren für Einsteiger: Der leichte Weg zum Python-Experten (310 Seiten)

Python ist eine weit verbreitete, universell einsetzbare und leicht zu erlernende Programmiersprache und eignet sich daher bestens zum Programmieren lernen!

In diesem Buch wird das Programmieren in Python beginnend mit den Grundlagen leicht und verständlich erklärt, ohne dass dabei Vorkenntnisse vorausgesetzt werden. Ein besonderer Fokus wird dabei auf die Objektorientiere Programmierung (OOP) und das Erstellen von grafischen Oberflächen gelegt.

Jedes Kapitel beinhaltet Übungsaufgaben, durch die man das Gelernte direkt anwenden kann. Nach dem Durcharbeiten des Buches kann der Leser eigene komplexere Python Anwendungen inklusive grafischer Oberfläche programmieren.

2. Auflage: aktualisiert und erweitert

Hier informieren: http://bmu-verlag.de/python/

Python 3 Programmieren für Einsteiger: Der leichte Weg zum Python-Experten (310 Seiten)

Java ist eine der beliebtesten Programmiersprachen der Welt, und das nicht ohne Grund: Java ist besonders leicht zu erlernen, vielfältig einsetzbar und läuft auf so gut wie allen Systemen. Egal ob du Apps für das Smartphone, Computerspiele oder Serveranwendungen schreiben willst, mit dieser Programmiersprache kannst du all diese Projekte umsetzen.

Dieses Buch wird dich dabei unterstützen. Beginnend mit den Grundlagen wird die Programmierung in Java leicht und verständlich erklärt. Besonderer Fokus wird dabei auf die Objektorientierte Programmierung und das Erstellen von grafischen Oberflächen mit Hilfe von JavaFX gelegt. Jedes Kapitel beinhaltet Übungsaufgaben, durch die man das Gelernte direkt anwenden kann. Nach dem Durcharbeiten des Buches kann der Leser eigene komplexere Java Anwendungen inklusive grafischer Oberfläche programmieren.

2. Auflage: komplett neu verfasst

Hier informieren: http://bmu-verlag.de/java-programmieren/

C++ Programmieren für Einsteiger: Der leichte Weg zum C++-Experten (278 Seiten)

Beginnend mit den Grundlagen der Programmierung wird die Programmiersprache C++ vermittelt, ohne, dass dabei Vorkenntnisse vorausgesetzt werden. Besonderer Fokus liegt dabei auf Objektorientierter Programmierung und dem Erstellen grafischer Oberflächen mit Hilfe von MFC.

Auch auf C++ Besonderheiten, wie die Arbeit mit Zeigern und Referenzen, wird ausführlich eingegangen. Jedes Kapitel beinhaltet Übungsaufgaben, durch die man das Gelernte direkt anwenden kann. Nach dem Durcharbeiten des Buches kann der Leser eigene komplexe C++ Anwendungen inklusive grafischer Oberflächen erstellen.

2. Auflage: aktualisiert und erweitert

Hier informieren: http://bmu-verlag.de/cpp_programmieren/

C# Programmieren für Einsteiger: Der leichte Weg zum C#-Experten (323 Seiten)

C# ist eine weit verbreitete, leicht zu erlernende plattformunabhängige Allzweckprogrammiersprache und eignet sich daher bestens zum Programmieren lernen!

In diesem Buch wird das Programmieren mit C# und Visual Studio 2017 beginnend mit den Grundlagen leicht und verständlich erklärt, ohne, dass dabei Vorkenntnisse vorausgesetzt werden. Ein besonderer Fokus wird dabei auf Objektorientiere Programmierung (OOP) und das Erstellen von grafischen Oberflächen mit Hilfe des modernen Windows Presentation Foundation gelegt.

Jedes Kapitel beinhaltet Übungsaufgaben, durch die man das Gelernte anhand praktischer Beispiele direkt anwenden kann.Nach dem Durcharbeiten des Buches kann der Leser eigene komplexere C# Anwendungen inklusive grafischer Oberfläche programmieren.

2. Auflage: aktualisiert und erweitert

Hier informieren: http://bmu-verlag.de/cs-programmieren/